¡Venga Tu Reino!

UN ESTILO DE APOSTOL
Si San Pablo viviera hoy...

José Antonio Alonso Fernández, L.C.
Jerusalén, 2014

DEDICATORIA

Al Movimiento Regnum Christi en el 45 aniversario de su fundación (Enero 1969) dedico este trabajo, y a todos cuantos han colaborado, ellos y ellas, consagrados y seglares, para hacer realidad en el mundo esa iniciativa del Corazón de Cristo Redentor. Y en muestra de recuerdo y gratitud para con aquellos legionarios y miembros del Tercer Grado Femenino y Masculino que gastaron su vida edificando la Legión y el Movimiento, y ya han llegado felizmente a la Patria del cielo.

"Sus obras les seguirán" (Apoc 14,13).

ÍNDICE

Introducción ... 7

PRIMERA PARTE

A MODO DE PRESUPUESTOS

Cap.1 El Cristianismo y su inermidad ... 15

Cap.2 La "parresía" o la pasión por evangelizar en el Nuevo Testamento ... 20

Cap.3 "Urgencia de un anuncio fuerte del evangelio" (JP II) ... 32

Cap.4 El talante evangelizador de la Legión y del *Regnum Chriti* ... 44

Cap.5 Algunas instancias evangelizadoras en la historia de la Iglesia ... 54

SEGUNDA PARTE

LA LEGIÓN Y EL *REGNUM CHRISTI*, UN ESTILO DE EVANGELIZAR.

Cap.6 Cuando el cristianismo deja de ser contagioso ... 77

Cap.7 Apóstoles equipados para toda obra buena ... 88

Cap.8 Elementos estratégicos del apostolado L.C. y R.C ... 97

Cap.9 El alma de todo apostolado ... 119

Cap.10 El Regnum Christi y su espacio en la Iglesia ... 135

Cap.11 Identidad, ideario, memoria ... 147

Cap.12 Mística, espíritu, carisma ... 153

Cap.13 ¿Qué hay en el nombre "Legionarios de Cristo"? ... 160

TERCERA PARTE

LOS COMIENZOS DEL MOVIMIENTO *REGNUM CHRISTI*

Cap.14 Los antecedentes	167
Cap.15 El progresivo fraguarse de la idea del Movimiento	184
Cap.16 Verano de 1968: lanzamiento del *Regnum Christi*	192
Cap.17 El triduo de incorporación y otras actividades	206
Cap.18 La Revisión de Vida, troquel de apóstoles	215
Cap.19 La Legión y *Regnum Christi*, una mutua pertenencia	223
Cap.20 La vida consagrada en el Movimiento *Regnum Christi*	226
Cap.21 Fundación y primer desarrollo del Tercer Grado Masculino	230
Cap.22 La fundación del Tercer Grado Femenino	234
Cap.23 Crecimiento del Tercer Grado Femenino	242
NOTA FINAL: Mirando al futuro	250
A modo de examen práctico	253

¡Venga tu Reino!

Introducción

LA LEGION DE CRISTO Y EL MOVIMIENTO DE APOSTOLADO *REGNUM CHRISTI*

"El fin de la Congregación es dar gloria a Dios y buscar que Cristo reine en la vida de sus miembros, en el corazón de los hombres y en la sociedad" (De las Constituciones de la Legión de Cristo).

"El fin de la asociación es el mismo del Regnum Christi -la santificación personal y la extensión del Reino de Cristo en el corazón de cada persona y en la sociedad" (Estatutos de las Consagradas del *Regnum Christi).*

"Jesucristo, creo que me has llamado a la Legión de Cristo y al Movimiento Regnum Christi para luchar incansablemente por la instauración de tu Reino entre los hombres" (Del Manual de oraciones).

"Conservar el núcleo del carisma, la "militia Christi", que caracteriza la acción apostólica y misionera de la Iglesia" (Benedicto XVI y Visitadores Pontificios).

****

La Legión y el Movimiento *Regnum Christi* fueron fundados en 1941 para llevar el mensaje de Cristo al mundo mediante un apostolado personal y organizado. Consta de seglares, consagrados y sacerdotes. La pertenencia al *Regnum Christi* y a la Legión de Cristo es fruto de la responsabilidad personal y del llamado de Dios. Lleva consigo el compromiso de dedicarse personalmente a llevar a otros al conocimiento y a la fe en Cristo. Los miembros se integran en la Legión y en el *Regnum Christi,* como un medio para vivir la llamada a la santidad y al trabajo apostólico. Buscan vivir la fe como la fuerza conductora de sus vidas en sus ambientes familiar, profesional, social y parroquial. Y hacen de la caridad evangélica la virtud característica, y la fuente de donde brota toda la actividad humana y sobrenatural de la Legión y del *Regnum Christi*.

El libro quiere hacer una presentación de la espiritualidad apostólica y evangelizadora de la Legión de Cristo y del Movimiento *Regnum Christi*. En síntesis esta espiritualidad se cifra en vivir y hacer vivir un cristianismo integral, plasmado en un conjunto de hombres y mujeres que cifra el sentido de su fe en hacer llegar el evangelio a todas las gentes y lugares. Como lo expresa el texto renovado de las Constituciones de la Legión: "El fin de la Congregación es dar gloria a Dios y buscar que Cristo reine en la vida de sus miembros, en el corazón de los hombres y en la sociedad" (n. 2,1). En esto consiste el fin mismo de la Iglesia como lo enseña el Vaticano II "la Iglesia, enriquecida con los dones de su Fundador, observando fielmente sus preceptos de caridad, de humildad y de abnegación, recibe la misión de anunciar el Reino de Cristo y de Dios, de establecerlo en medio de todas las gentes, y constituye en la tierra el germen y el principio de este Reino" (*Lumen Gentium*, n 5).

Es un hecho en la vida de muchas instituciones religiosas que con el paso del tiempo tienden a perder la evidencia primera que las motivaba a actuar con entusiasmo y frescura, y sienten la necesidad de volver a los ideales y a las convicciones de los orígenes.

Este correr del tiempo, y con él un distanciamiento de los comienzos fundacionales de la Legión y del Movimiento nos hace experimentar la necesidad de una vuelta a nuestros orígenes, a lo que por años constituyó una experiencia inmediata, y por ello, podríamos decir, "pre-conceptual" del ser y existir de la Legión y del *Regnum Christi*. Esta vuelta a los orígenes se debe en cierta medida a factores externos que han afectado a la institución. Pero no sólo a eso, sino principalmente a la necesidad de preservar algo que forma parte del patrimonio, del "DNA" que define la identidad propia de la institución. El estilo de cristiano y de apóstol que presentan la Legión y el Movimiento *Regnum Christi* está marcado por lo que llama el Papa

Francisco "la alegría de evangelizar", el entusiasmo apostólico que no se queda en eso sólo, sino que lleva forzosamente a emprender acciones y obras de apostolado en una línea evangelizadora determinada. En los primeros años de vida no se percibía esta necesidad de justificar y de fundamentar este estilo. Todo se vivía entonces con carácter de inmediatez fundacional, que equivalía prácticamente a una evidencia.

La reflexión que se ofrece en las páginas que siguen busca enraizar este estilo o talante apostólico, "la pasión por anunciar el evangelio", en la Sagrada Escritura, y en la tradición espiritual cristiana. La concepción antropológica de la vida cristiana como nos viene descrita en la Revelación sitúa la existencia humana en un escenario de fuerzas antagónicas, tanto inmanentes al hombre mismo, ser dividido interiormente, como externas al mismo, el enfrentamiento entre el Espíritu del Bien y el Espíritu de Mal, entre Dios y el Diablo. El desconocimiento o el pasar por alto este escenario nos impiden ver correctamente la realidad dialéctica de la existencia humana, el sentido ascendente de la misma, la experiencia de finitud y la aspiración a trascender los límites en los que se ve encerrado el hombre. Esta concepción de la vida cristiana, enraizada en la Biblia y en la Tradición más antigua, es unánimemente profesada por las Iglesias de Oriente y de Occidente, y por la tradición espiritual judeocristiana. Aunque hoy muchos cristiano-ortodoxos acusan a los cristianos de Occidente, y con cierta razón, de haberse pasado a otro evangelio, por el impacto que la secularización está teniendo en las costumbres y en el estilo de vida de nuestras Iglesias.

El libro quiere recoger la experiencia personal del Autor acumulada a lo largo de sus 64 años de vida legionaria, en los que colaboró en el hacerse de la Legión y del Movimiento *Regnum Christi*. El Autor quiere proponer lo que a su parecer, y a la luz de la historia, es la visión y el estilo propio de servir a la misión evangelizadora de la Iglesia.

Concluido el tiempo de profunda revisión de nuestro Instituto ordenada por la Santa Sede, reemprendemos el camino con renovada fe en nuestro carisma y con nuevo entusiasmo y propósito. En este momento y trance histórico tan importante nos debe preocupar el que se conserve intacto el espíritu que Jesucristo ha querido para la Legión y para el Movimiento Regnum Christi. La Legión no puede comportarse como camaleón. Tiene que mantener su identidad. La Iglesia nos ha advertido en diversas ocasiones de que la tarea de revisión es lograr que los ideales, los principios y los métodos que forman nuestro capital espiritual muestren una mayor pureza y genuinidad evangélica. Esto lo pide, no sólo la crisis institucional que se precipitó sobre la Legión, sino también el desgaste humano y las salpicaduras del camino que se nos han podido ir adhiriendo en estos setenta años desde la fundación. Este patrimonio, que forma nuestro equipamiento como legionarios se expresa en múltiples principios y con formulaciones diversas. Si nos referimos al talante apostólico del legionario decimos que este es "contemplativo y conquistador". No es esa la única manera que tenemos de describir ese talante apostólico. En el texto revisado de la Constitución se dice "contemplativo y evangelizador". En los decretos del Capítulo General se habla del "carácter conquistador". En la Legión nunca hemos hecho problema de términos. Reconocemos y echamos mano de una variedad de ellos para decir cómo entendemos nuestro espíritu. Si en algún contexto de culturas diferentes, de sensibilidades diferentes, y de gentes diferentes, el uso de una u otra palabra para designar el espíritu y el estilo apostólico causan problema sin duda que se pueden encontrar en el vocabulario otros términos afines. Esta consideración vale en especial para el término "Militante". Su origen es latino, y significa prestar un servicio como soldado. Más modernamente ha adquirido en algunas culturas un significado sociológico que lo identifica con un comportamiento social agresivo. Es claro que no conviene generar por nuestra parte ningún mal entendido que pudiera ser sumamente perjudicial para el desarrollo de nuestro apostolado. La Iglesia no es un poder político que impone la fe por medios agresivos o coercitivos. El término tiene una larga tradición en la literatura cristiana, católica y no católica. Su sentido puede ser explicado y aclarado donde convenga. Pero es cierto que se puede sustituir con otros términos más acordes con el modo de expresarse la Iglesia hoy día.

Pero tenemos que advertir que es el evangelio mismo en muchas de sus páginas el que suena mal en muchos círculos de la sociedad moderna. La cultura reinante es aséptica. Cuida de no contaminarse con lo que juzga políticamente incorrecto. Es también inquisitorial. Hay términos que hoy no se pueden usar. Han sido puestos en el "índice de términos prohibidos". No importa si la palabra puede decir algo justo y apreciable. Es la palabra la que queda proscrita sin posibilidad de justificación. Otro factor que no ayuda a discernir, sino a confundir, es lo que se ha dado en llamar la "inteligencia emocional", en la que sentir equivale a pensar.

En las páginas que siguen me he propuesto hacer un poco de luz sobre el talante o el estilo apostólico de la Legión y del *Regnum Christi*. Me sirvo para ello de una categoría bíblica, la "parresia", que está cobrando nueva actualidad en estos últimos años dentro de la Iglesia, y en el magisterio de los Papas. Es una categoría bíblica que pertenece a la esencia misma del cristiano apóstol, audaz, valiente y aguantador en anunciar a Cristo: "prædica verbum, insta opportune et importune" (2 Tim 4, 2).

Primera Parte

A MODO DE PRESUPUESTOS

Capítulo 1

El Cristianismo y su inermidad.

¿Cómo se autodefinen los miembros de la Legión de Cristo y del Movimiento Regnum Christi? Quisiéramos definirlos si fuera posible simplemente como cristianos; sin otros adjetivos. Quisiéramos en esto, como en otras cuestiones, ser gentes del sustantivo, del "ser cristiano" tomado en toda su extensión y pureza. Pensamos que los adjetivos añadidos al término "cristiano" lo pueden empobrecer y restarle calidad. La Legión y el movimiento son un ideal de vivir y ayudar a vivir un cristianismo que englobe y penetre toda la vida. Es posible concebir y vivir el seguimiento activo de Jesucristo como una militancia espiritual, imbuida de fe y de discernimiento evangélico, al estilo de San Pablo. Este Apóstol habla de la fe como una «milicia». Así llama a Epafrodito «compañero de armas» (Flp 2,25). Y a Timoteo le exhorta a «soportar la fatiga como buen soldado» (2 Tim 2,3). La Legión y el Regnum Christi entienden que la fe no es cómoda; ella nos habla de desafío; de estar empeñados en una batalla espiritual contra un mal que anida en nosotros y en el mundo. Jesucristo nos pone en guardia de cara a la conquista del Reino de los cielos que en este mundo sufre violencia.

La vida misma de Cristo no fue cómoda ni acomodaticia. Mucho de su sufrimiento le vino por ir contra la corriente y contra la cultura establecida de su tiempo. No tuvo miedo, aunque lamentaba el hecho, de tener que resultar molesto a la gente; lo daba por algo anunciado de antemano. Cristo caminaba hacia su destino con una claridad grande de mente y con una formidable entereza moral. El evangelio menciona la determinación con que Cristo camina hacia Jerusalén, lugar de su inmolación en la Cruz, y la timidez con que le siguen sus apóstoles.

La vida cristiana no es fácil. El Evangelio tiene exigencias fuertes, no negociables. Exige carácter. Como entonces, también hoy nos pueden parecer "duras sus palabras". Está en la mente de Cristo y en la lógica del evangelio la posibilidad de que su mensaje encuentre resistencia en el oyente. Esta es la enseñanza de algunas de las parábolas más significativas, como la de la semilla que cae en tierra, y la de los invitados descorteses que se excusaron de ir al banquete de bodas. Es la negativa de quien escucha y responde "gracias, pero no; eso no es para mí", como en el caso del joven rico. Sin embargo aunque el Evangelio nos resulta frecuentemente incómodo parece que no nos podemos librar de él y regresamos una y otra vez a ver lo que nos dice. Preferimos que las palabras de Cristo nos golpeen, y que incluso nos acusen de hipócritas, a aparentar que somos personas totalmente correctas.

El evangelio requiere carácter moral y sinceridad desarmada. Paradójicamente la fuerza del evangelio radica en su "inermidad", esto es, en la renuncia a responder a los ataques del mundo con las mismas armas. Pertenece al concepto de fortaleza interior del cristiano su aparente debilidad externa: "a quien te golpea en la mejilla derecha ofrécele la izquierda; a quien te pide el abrigo, dale también la capa".

Juan el Bautista es el ejemplo clásico del profeta inerme y valiente que resulta incómodo a los poderosos y termina siendo eliminado. Pero sobre todo Jesucristo es un caso único de hombre inerme, pues disponiendo del poder y de la autoridad que le daba su condición divina, según la cual podría hacer venir en su defensa doce legiones de ángeles (Mt 26,53), escogió por libre disposición el camino del padecer a manos de sus enemigos. Como dice San Pedro: "Cuando le insultaban, no devolvía el insulto; en su pasión no profería amenazas; al contrario, se ponía en manos del que juzga con justicia" (1P2, 22).

El demonio en las tentaciones le sugerirá el camino del poder, de la ostentación para cumplir su misión. Las gentes le piden señales portentosas; le quieren erigir en rey de este mundo; sus mismos apóstoles aspiran a los primeros puestos en el Reino a cambio de haberle seguido. Ninguna de estas maniobras logra moverle de su papel de Mesías pacífico y manso.

La inermidad con que se presenta Jesús, su renuncia a una defensa en la misma línea de la ofensa, escandalizó a los oyentes de Cristo, y a sus mismos apóstoles. Precisamente la fuerza del cristianismo radica aquí, en su "inermidad". El libro de Los Hechos de los Apóstoles cuenta como los Doce después de ser azotados y conminados a no hablar en el nombre de Jesús "salieron contentos de la presencia del sanedrín, porque habían sido dignos de padecer ultrajes por el nombre de Jesús; y en el templo y en las casas no cesaban todo el día de enseñar y anunciar a Cristo Jesús" (Hch5, 41-42). Nada hay tan fuerte y resistente a los embates del mal como esta "inermidad" cristiana, que no se deja doblegar, ni abatir. Ella tiene prometida la bienaventuranza de los pacíficos que "poseerán la tierra".

Esta actitud indefensa que adopta Cristo tiene excepciones, o si queremos no se trata de una actitud insensible a la injusticia. Por ejemplo, el pasaje de la expulsión de los mercaderes del Templo es de una marcada violencia. Igualmente las imprecaciones airadas que hace del comportamiento hipócrita de los líderes religiosos; o de las ciudades infieles.

En todo caso Jesús escoge el camino de invitar a la fe y de hacer un llamado a la buena voluntad del ser humano para que este lo reconozca como Mesías. Este es el tono de los discursos y controversias con los judíos que nos narra San Juan en su evangelio, en especial en los capítulos 8 a 12. Acepta la suprema libertad del hombre por la que cada uno se labra su destino acogiendo o rechazando el misterio de salvación que Él representa: "Muchos de sus discípulos se retiraron y ya no le seguían" (Jn6, 66). Así fue anunciado por Simeón: "este está puesto para caída y resurgimiento de muchos en Israel; será signo de contradicción." (Lc2, 34).

La actitud inerme o la mansedumbre del cristiano donde mejor se evidencian es en el martirio, donde la fuerza del evangelio triunfa sobre la debilidad humana, y los poderes del mal. En esos trances de persecuciones y de ataques Jesucristo enseña que no hay que preocuparnos por cómo vamos a actuar, porque el Espíritu Santo nos sugerirá en esos mementos cómo tenemos que comportarnos. El cristiano, el apóstol, tiene que ser combativo sólo en el sentido de no dejarse intimidar en el anunciar a Jesucristo.

* La intimidación y, como resultado, el miedo se apoderan del apóstol. La intimidación viene del mundo, de una cultura laica atea, materialista, relativista, y con frecuencia agresiva. El miedo viene de dentro del apóstol; genera silencio, huida, acomodamiento, resignación, atrincheramiento.

Frente a la realidad adversa del mundo y sus poderes, San Pablo respondía: "Si todavía tratara de agradar a los hombres, ya no sería siervo de Cristo" (1,10). Daba la cara a las persecuciones, y decía sentirse rebosante de ánimo: "Gracias a Cristo rebosa en proporción nuestro ánimo" (2Cor 1,5; 2Tim 4,16-17).

* La pasión por el evangelio llevó a San Pablo por todos los caminos del imperio romano y también hasta Atenas, la ciudad de la sabiduría; y en Atenas al Areópago, la más prestigiosa academia de la filosofía y del saber de entonces. San Pablo logró introducirse en aquel círculo de gente sofisticada, al igual que en Roma hizo llegar el anuncio del evangelio hasta el palacio del emperador. San Pablo debió soñar con aquel día y aquella oportunidad de encontrase en Atenas con un mundo lo más opuesto a la sabiduría del evangelio: "porque los griegos buscan la sabiduría" dirá en 1 Corintios 1:22-31. A esto hace referencia Juan Pablo II en la encíclica Redemptoris Missio: "Pablo, después de haber predicado en numerosos lugares, una vez llegado a Atenas se dirige al areópago donde anuncia el Evangelio usando un lenguaje adecuado y comprensible en aquel ambiente (cfr. Hech17, 22-31)" (RM 37). Si San Pablo viviese hoy día se haría presente sin duda alguna en nuestros modernos areópagos.

"¡Ay de mi si no evangelizo¡" no es la queja de un timorato; es la exclamación del que se siente obligado, como fueron los profetas, a salir y predicar. Pero el apóstol lo hace todo desde una actitud pastoral de inermidad; se cuida de no quebrar la caña cascada, o apagar la mecha vacilante; pero siente que el mensaje le arde en sus entrañas, como al profeta. Lo afirmaba el siervo de Dios Pablo VI cuando aclaraba que no se trata sólo de predicar, sino de "alcanzar y casi sacudir con la fuerza del Evangelio los criterios de juicio, los valores determinantes, los puntos de interés, las líneas de pensamiento, las fuentes inspiradoras y los modelos de vida de la humanidad, que están en contraste con la palabra de Dios y con el designio de salvación" (Enseñanzas XIII, 1975, 1448).

El "!ay de mi si no evangelizo¡" nos atañe a todos los discípulos de Jesús. Nos lo viene diciendo insistentemente la Iglesia desde el Concilio Vaticano II. Se es apóstol por vocación de "Aquel que nos llamó" para anunciar el evangelio, oportuna e inoportunamente; en casa y por la calle, a los amigos y a la gente con que trabajamos…Esto es precisamente lo que hace Juventud y Familia misionera: ir por las calles, las casas, encontrar a las personas, dialogar, invitar a escuchar el mensaje de Jesús. Y resulta sorprendente el número de gente que se detiene a oír a estos misioneros de calle hablar de Cristo y de la fe.

Hay que estar preparados para todo. Este es el sentido de la formación: una preparación espiritual y humana del hombre apóstol para hacer frente al quehacer apostólico, porque no sabemos anticipadamente qué modalidad tomará la batalla hasta que nos encontremos en el campo mismo. Lo aconsejaba San Pedro: "Necesitamos estar interiormente preparados para la acción, controlándonos bien, a la expectativa del don que nos va a traer la revelación de Jesucristo" (1P1, 13). Debemos ser maestros en convencer; no en imponer; debemos razonar, dialogar, haciendo que los hombres acepten a Cristo con la libertad y suavidad con que El se nos ofrece.

Capítulo 2

La "parresía" o la pasión por evangelizar en el Nuevo Testamento.

***Xavier León-Dufour* en su Diccionario de Teología Bíblica (1965),** explica el sentido que tiene en la Sagrada Escritura el enfrentamiento con el mal. Fijándonos en el Nuevo Testamento, el autor dice que en él se cumplen las promesas de Dios de dar al hombre el triunfo sobre las potencias el mal. El Nuevo Testamento revela la tensión entre el poder de Dios y el espíritu del mal que tendrá lugar en la fase del final de los tiempos. En él se presenta la batalla escatológica que se libra en un triple escenario: el de la vida terrena de Jesús, el de la historia de su Iglesia y de sus discípulos, y el de la consumación final.

Lo que Jesús aporta a través de su obra redentora a los hombres es en cierto sentido la paz con Dios y la paz entre ellos (Lc2, 14, Jn14, 27; 16, 33). Pero tal paz no es de este mundo. Así los hombres que creen en él estarán siempre expuestos al odio del mundo (Jn15, 18-21).

En esta lucha la Iglesia y sus miembros no se sirven ya de armas temporales, sino de las que ha legado Jesús. Queda superada la perspectiva bélica del Antiguo Testamento por la figura de un Mesías pacífico, según la profecía de Isaías: "La caña cascada no la quebrará y no apagará la mecha humeante hasta hacer triunfar el derecho; y en su nombre pondrán las naciones su esperanza (Mt 12,20). Son las virtudes cristianas las armas de la luz de que se reviste el soldado de Cristo (1Tes 5,8, Ef. 6,11.13-17). Es la fe en Cristo la que vence al maligno y al mundo (1Jn 2,14; 4,4; 5,4s).

El contexto histórico a tener en cuenta para comprender el sentido de las exhortaciones de San Pablo a sus iglesias, y de Jesús mismo, a tener aguante en las tribulaciones y persecuciones del mundo, y a confiar en el triunfo final, es el de la historia de una Iglesia naciente, y de unas comunidades cristianas colocadas en medio del vasto imperio romano, perseguidas por diversidad de poderes y de intereses. Unas comunidades que se caracterizaban por un gran fervor misionero, y a las que las persecuciones no lograban detener. En ese contexto sería anacrónico esperar que San Pablo se expresara como si de unas comunidades de nuestro tiempo se tratara, con dos mil años de tradición cristiana, y con una fe que achaca el desgaste de siglos y una gran debilitación cultural. Entonces se trataba de un mundo "precristiano", hoy se trata de un mundo "poscristiano", más difícil de evangelizar debido a la esclerosis que sufre la fe sobre todo en las iglesias del mundo occidental.

San Pablo describe la evangelización y la tarea del evangelizador sirviéndose frecuentemente de imágenes familiares a los destinatarios de sus cartas. Así llama a los cristianos "agricultura o labranza divina" y "edificación de Dios" (*1Cor* 3,9), "Templo sagrado" (ib.17). También usa las imágenes del cultivador: "Yo sembré, Apolo regó, Pero Dios dio el crecimiento" (*1Cor* 3,6).Y las imágenes del arquitecto y del constructor (*Heb* 11, 9-10). Las imágenes del labrador y del constructor con las que San Pablo describe la tarea del apóstol, además de ser imágenes familiares a sus oyentes, son indicativas de una tarea hecha con trabajo, con dedicación y con propósito de llevarla a su término, en colaboración con Dios y con los otros apóstoles. También Jesucristo se sirve de estas mismas imágenes en sus enseñanzas del Reino: el sembrador, la labranza, la construcción de una torre, los fundamentos de la casa.

De manera semejante compara San Pablo la vida del cristiano a la de un atleta compite en el estadio; o a la de un púgil que pelea en el circo; o a la de un soldado que lucha en la batalla. Jesucristo habla del rey que antes de presentar batalla a otro rey mira si tiene suficiente ejército para hacerle frente. Son imágenes elegidas a propósito por su carga expresiva. Con ellas llama San Pablo a los cristianos a ser hombres que se distingan en su vida por la pasión, la fuerza y la convicción en profesar la fe, sin dejarse intimidar por las dificultades y las persecuciones.

El término "parresia" en el Nuevo Testamento.

Para expresar este talante del evangelizador, caracterizado por la convicción, la pasión y la valentía en el dar testimonio el Nuevo Testamento emplea sistemáticamente el término "parresía" que en la cultura griega significaba la "libertad de decirlo todo", a costa si fuere necesario de sufrir por ello. Era un concepto técnico y legal, como nuestro concepto moderno de "libertad de expresión", que protegía el discurso político, social, y también el religioso, del que se sirvió Pablo para anunciar a Cristo en el Areópago de Atenas. La palabra "parresía" podía significar diversas actitudes según la situación. Equivalía a confianza en la prueba, intrepidez, libertad, valor, audacia, valentía, seguridad…

Tal vez no nos resulta familiar hoy el término "parresía". Podríamos decir que no figura en el vocabulario teológico. Sin embargo estamos asistiendo a una recuperación de esta categoría gracias a la prioridad dada en la Iglesia a la nueva evangelización. Esta se concibe como un anuncio gozoso, convencido, audaz y libre de temores. Y esto es la "parresía". La palabra describe el talante con el que hay que evangelizar.

Si se quiere una definición de la "parresía" podemos tomar la que ofrece el Papa Francisco en "Evangelii Gaudium": "Es la fuerza para anunciar la novedad del Evangelio con audacia (parresía), en voz alta y en todo tiempo y lugar, incluso contracorriente."(n.259).

Este hablar con "valentía" es un don del Espíritu Santo. Lo podemos identificar con el don de "fortaleza", dado al discípulo de Cristo por la recepción del sacramento del bautismo y de la confirmación, y del orden sagrado. Por gracia de los dos primeros se confiere al cristiano una gracia especial, una "virtud" para resistir los ataques del demonio y dar testimonio sin avergonzase de la propia fe (cfr.Sto.Tomás, S.T. III,c.72). En el caso de los ministros ordenados (como los Apóstoles y Timoteo) es un don, un "carisma", conferido por la imposición de las manos para ejercer el ministerio de evangelizador: "No descuides el carisma que hay en ti que se te comunicó... por la imposición de las manos del colegio de presbíteros" (1 Tm. 4:14; 2 Tm. 1:6).

Los Apóstoles y la primera comunidad de Jerusalén ruegan a Dios para que de a sus discípulos la valentía de poder dar testimonio en medio de un ambiente hostil. "Ahora, Señor, mira sus amenazas, y da a tus siervos hablar con toda valentía (*parrēsías* | παρρησίας) tu palabra" (Hch 4, 29).

Strong en su obra "Greek-English Concordance" recoge los pasajes del Nuevo testamento en que aparece el término "parresía". La palabra aparece 31 veces en su forma sustantivada, y 9 veces como verbo. Esta frecuencia indica ya su importancia y hace que forme parte del vocabulario bíblico con que el Nuevo testamento caracteriza el modo y el talante de la predicación apostólica. Como dice un comentador, la palabra "parresía" goza de un "un buen pedigrí". La "Parresia" expresa la actitud y el talante del evangelizador en medio del mundo en que vive. Junto con otros términos del Nuevo Testamento, concretamente el lenguaje pugilístico y atlético tan familiar a San Pablo, estos textos nos ayudan a entender la relación de los primeros cristianos con respecto a la fe recibida. La experiencia de la fe conllevaba un fuerte llamamiento a hacerla llegar a otros. Para San Pablo la existencia cristiana se asemeja a un estado de alerta militar (Ef 6,14) y a un llevar adelante la campaña contra el espíritu del mal, Satanás (ib. 6,12). Igualmente en este sentido hay que entender las exhortaciones de San Pablo a su discípulo Timoteo a "militar el buen combate de la fe". Y la confesión que hace de sí mismo: "he combatido el buen combate", estando ya próximo a su muerte.

San Juan caracteriza como "parresía" el estilo de predicar de Jesús. Cuando este es interrogado por el Sumo Pontífice acerca de su doctrina: *"Jesús le respondió: "He hablado abiertamente ("parresía") ante todo el mundo; he enseñado siempre en la sinagoga y en el templo, donde se reúnen todos los judíos, y no he hablado nada a ocultas" (Jn.18, 20).*

El comportamiento de Jesús en el cumplimiento de su misión es de una coherencia insobornable. La palabra *"parresía"*, entendida como intrepidez y entereza de ánimo para no ceder a los chantajes del miedo y para ser abiertamente fiel a la propia misión, es la que describe con mayor propiedad la actitud de Jesús de cara a su misión. Jesús no fue un tibio reformista ni un pragmático dedicado a "retocar" la sociedad de su tiempo. Más bien puso en discusión y relativizó los pilares sobre los que se sostenía Israel (la Ley y el Templo). Por eso tuvo que ser percibido como un peligro por los sectores dirigentes de esa sociedad. La respuesta de Jesús fue precisamente esa actitud de no dejarse intimidar y de abrazar valientemente su tarea de anunciar la Buena Nueva, aunque supiera que un día habría de pagar con su propia vida por esa valentía en dar testimonio de la verdad. Jesús fue reconocido incluso por sus adversarios como uno que no tenía acepción de personas y que decía la verdad sin respetos humanos. Y lo mismo pedía a sus discípulos. El cristiano es en la mente de Jesús algo muy diverso de un componedor, uno de esos que quedan bien con todos menos con su conciencia y con Dios. Jesús llama a sus seguidores "luz del mundo y sal de la tierra". Una luz que se esconde, y una sal que pierde su virtud propia no sirven para nada.

Jesús animó a sus discípulos a ser valientes. Son frecuentes en el evangelio las exhortaciones a "no tener miedo", a "tener valor". Y es que el miedo incapacita para ser cristiano. Porque aquí se trata de un camino peligroso. Difícil en su andadura y difícil en su término, que puede ser la cruz. En el evangelio de San Juan (16, 33), Jesús dice a sus discípulos: "En el mundo *tendréis* luchas; pero tened valor («Θαρσειτε») yo he vencido al mundo". "Tened valor" en otros pasajes se expresa con el término de "parresía", y significa "poder". Un poder que viene de arriba de Cristo a través de su Espíritu. Se trata de un poder que no es impositivo, autoritario, en virtud de una prerrogativa de mando. Esto es importante entenderlo así, para no dar a esas expresiones de Cristo un sesgo agresivo. Se trata de mostrar un poder en sentido de fuerza moral, de valor, de prevalecer en la lucha que enfrenta el discípulo de Cristo contra Satán y las fuerzas del mal.

Cristo les promete a los Apóstoles que serán "revestidos de la fuerza de lo alto" para dar testimonio de él hasta los confines del mundo.

Es posible caracterizar el libro de los Hechos de los Apóstoles como el libro de la "parresía" evangelizadora. En él la expresión siempre designa el proceder del verdadero discípulo, sobre todo a la hora difícil del testimonio. Así es cómo presenta Bernabé por primera vez a San Pablo a los Apóstoles reunidos en Jerusalén: *"Les contó cómo Pablo había visto al Señor en el camino y que le había hablado y cómo había predicado con valentía (eparresiasato) en Damasco en el nombre del Señor. Y andaba con ellos por Jerusalén, predicando con valentía ("parresiazomenos") en el nombre del Señor"* (Hch. 9,27-28).

La primera comunidad cristiana de Jerusalén no pide a Dios en la oración que la defienda, que le ahorre la prueba, el sufrimiento; no pide tener éxito, sino solamente poder proclamar con «*parresía*», es decir, con franqueza, con libertad, con valentía, la Palabra de Dios (cf. *Hch* 4, 29)

El libro de los Hechos nos presenta a Pedro (2,29) predicando con audacia a los que se habían congregado a las puertas del Cenáculo el día de Pentecostés: "Hermanos permitid que os diga con toda franqueza que el patriarca David murió y fue sepultado y su tumba permanece entre nosotros hasta hoy". La actividad evangelizadora de Pedro y Juan, y los milagros que hacían llamaron la atención de las autoridades judías que los detuvieron y les interrogaron. Y Pedro "lleno de Espíritu Santo" (Acts 4:8) les predicó el mensaje acerca de Jesús a quienes ellos habían crucificado. Las Autoridades quedaron impresionadas "viendo la valentía *("parresía")* de Pedro y Juan, y sabiendo que eran hombres sin instrucción ni cultura". Cuando uno está poseído por la "parresia" es imposible no hablar de su fe en el Señor.

San Pablo describe su predicación como un anunciar a Cristo a cara descubierta, "con toda franqueza" (*parresia*), y no como Moisés que se echaba un velo por la cara (2 Cor.2, 12). Quien está poseído de esta "parresía" no se detiene ante las dificultades, la oposición, y la misma persecución. Más bien las dificultades lo enardecen y le hacen cobrar mayor valentía y audacia. Encarcelado en Roma mientras esperaba el juicio del Cesar, "Pablo, como cuenta San Lucas, proclamaba el Reino de Dios con toda valentía" *(parresía)* (Hech28, 31).

En la carta a los Efesios (6, 11-20) San Pablo exhorta a los cristianos a "revestirse de la armadura de Dios". Este texto es sumamente esclarecedor para entender la dimensión agonista de la vida cristiana según la entiende San Pablo. Aparecen en el mismo pasaje juntas las palabras "fuerza" "fortaleza", "firmeza", "resistencia", "victoria" contra las acechanzas del "espíritu del mal". Para lo cual pide la oración en común, el velar juntos, y la intercesión por todos los santos, y en especial por el Apóstol. ¿Cuál es el objeto de ese orar y velar juntos? Que Dios le dé al apóstol "poder dar a conocer con valentía ("parresía") el misterio del Evangelio, del cual soy embajador entre cadenas, y pueda hablar de él valientemente ("parresía") como conviene". Por dos veces dentro del mismo versículo repite la palabra "parresía" como si quisiera poner el acento en ese valor para testimoniar por el que pide que recen. San Pablo llama a sus discípulos a revestirse ellos, también, de la armadura del cristiano ("panoplia"). Lo que entiende el Apóstol por esa expresión es un conjunto de virtudes dinámicas, capacitadoras de un hacer y de un padecer por la defensa de la fe, contra las acometidas y los poderes preternaturales, "en las alturas", que denota un mundo invisible de espíritus y fuerzas enemigas que conviven con el mundo real.

El contexto de esta recomendación de San Pablo a vestirse la armadura de la fe es el de unas comunidades cristianas que viven en situación de gran pobreza material, expuestas a las denuncias por practicar la fe, al encarcelamiento, a las torturas, a los apedreamientos y a las palizas públicas y al martirio. ¿Cómo hacer frente a eso? San Pablo exhorta a revestirse de fe y de verdad; de justicia y de celo por el Evangelio, y a empuñar la espada de la Palabra.

En este mismo sentido se entiende un texto paralelo al anterior en el que San Pablo exhorta a su discípulo Timoteo, para que "milite el buen combate" (1 Tm1, 18) a favor de la fe. En aquel entonces la batalla de la fe se libraba también contra los que querían seguir imponiendo la tiranía de la antigua ley, y contra aquellos que desertaban de la fe. Llama "buena" o "hermosa" (καλον) a esta lucha, porque es digna y vale la pena por causa del evangelio.

En la 2ª Carta a Timoteo (1,7), San Pablo anima a su discípulo a entregarse a la tarea evangelizadora, superando el "espíritu de timidez", que es lo contrario de la "parresia" cristiana. Escribe "que Dios no nos ha dado un espíritu de timidez, sino de fortaleza, de amor y de señorío de nosotros mismos". Hay diversas maneras de traducir la expresión griega (πνεῦμα δειλίας). La mayoría de los autores la traduce como "un espíritu de timidez, o de miedo". Pocos usan la palabra cobardía; sin embargo la palabra griega δειλίας literalmente significa cobardía.

En su obra *"Exposition of the Entire Bible"*, Gill traduce este verso de 2 Timoteo 1,7 con la expresión: "un espíritu de miedo", y lo entiende en el sentido de un "espíritu pusilánime o cobarde, temeroso de los hombres y los demonios, y de lo que estos pueden hacer o decir al que se les opone; el resultado es el desánimo, el hundimiento espiritual, y el desistir del trabajo de anunciar el evangelio. Semejante miedo no es de Dios; se trata de una gran trampa del demonio".

Barnes en el libro *"Notes on the Bible"* lo traduce también por "un espíritu de miedo", en el sentido de "timorato y servil". Y añade que Pablo escribe así para motivar a Timoteo que probablemente fuera un carácter de una cierta modestia personal, desconfiado de sí mismo. Jamieson-Fausset-Brown en su *"Comentario Bíblico"*, identifican "espíritu de miedo" con falta de fe, semejante a las palabras de Cristo a sus apóstoles: "Hombres de poca fe ¿por qué tenéis miedo?" (Mt 8, 26).

NOTA: Sobre la "PARRESÍA". La palabra aparece 22 veces en el Nuevo Testamento en su forma sustantivada, y 9 veces como verbo.

Strong en su obra "Greek-English Concordance" recoge los diversos lugares donde aparece el término.

Mc 8,32. El anuncio de la Pasión: "Abiertamente les hablaba parrēsía|παρρησίᾳ | de esto. Pedro, tomándole aparte, se puso a reprenderlo".

Jn 7,4. Sus familiares le invitan a manifestarse públicamente: "Nadie actúa en secreto cuando quiere ser conocido (εν παρρησια). Si haces estas cosas muéstrate al mundo".

Jn 7:13. La gente en Jerusalén: "Nadie hablaba de Él abiertamente (parrēsía) por temor a los judíos".

Jn 7:26. La gente en Jerusalén comentaba: "Y habla abiertamente (parrēsía) y no le dicen nada".

Jn 10:24. Los Judíos le exigen que les diga quién es él: "Le rodearon, pues, los judíos y le decían: ¿Hasta cuándo vas a tenernos en vilo? Si eres el Mesías dínoslo abiertamente. (parrēsía)".

Jn 11:14. Con ocasión de la muerte de Lázaro: "Entonces les dijo Jesús claramente (parrēsía): Lázaro ha muerto".

Jn 11:54. Debido a la conspiración de las autoridades en Jerusalén "Jesús, ya no andaba en público (parrēsía) entre los judíos; antes se fue a una región próxima al desierto, a una ciudad llamada Efrén, y allí moraba con los discípulos".

Jn 16:25 En el discurso de la Última Cena: "Esto os lo he dicho en parábolas; llega la hora en que ya no os hablaré más en parábolas; sino que con toda claridad (parrēsía) os hablaré del Padre".

Jn 16:29 En el mismo discurso: "Dijéronle los discípulos: Ahora sí que hablas claro (parrēsía) y no dices parábola alguna".

Jn 18:20   Ante el Sumo Pontífice: "Jesús le respondió: He hablado abiertamente (parrēsía) ante todo el mundo; he enseñado siempre en la sinagoga y en el Templo, donde se reúnen todos los judíos, y no he hablado nada a ocultas".

Ech2:29.   San Pedro en su primer discurso el día de Pentecostés: "Hermanos, séame permitido deciros con franqueza (meta parrēsías) del patriarca David que murió y fue sepultado y que su sepulcro se conserva entre nosotros hasta hoy".

Ech 4:13. Cuando el Sanedrín apresó a Pedro y a Juan: "Viendo la valentía (parrēsían) de Pedro y Juan y considerando que eran hombres sin letras, pues los habían conocido de que estaban con Jesús".

Ech 4:29. Orando por la comunidad perseguida: "Ahora, Señor, mira sus amenazas, y da a tus siervos hablar con toda valentía (parrēsías) tu palabra".

Ech 4:31. "Después de haber orado, tembló el lugar en que estaban reunidos, y todos fueron llenos del Espíritu Santo y hablaban la palabra de Dios con valentía (parrēsías)".

Ech 28:31. Pablo encarcelado en Roma, "predicaba "el Reino de Dios y enseñaba "con toda valentía (parrēsías) y sin obstáculos.

2Cor 3:12. San Pablo en su argumentación a favor del evangelio: "Teniendo, pues, esta esperanza, procedemos con toda franqueza (parrēsía)".

2Cor 7:4. En sus amonestaciones a los Corintios: "Tengo franqueza para hablaros (parrēsía). Estoy muy orgulloso de vosotros. Estoy lleno de consuelo y sobreabundo de gozo en todas nuestras tribulaciones".

Ef 3:12. El origen del valor de Pablo: "Quien mediante la fe en él, nos da valor (parrēsían) para llegarnos confiadamente a Dios".

Ef 6:19. Pide que oren por él "para que me sea dada la palabra al abrir mi boca para dar a conocer con valentía (parrēsía) el misterio del Evangelio".

Plp 1:20. Frente a la suerte que le espera: "Conforme a lo que aguardo y espero, que en modo alguno seré confundido; antes bien, con plena seguridad (parrēsía), ahora como siempre Cristo será glorificado en mi cuerpo, por mi vida o por mi muerte".

Col 2:15. Cristo: "una vez despojados los principados y las potestades, los exhibió públicamente (parrēsía) en su cortejo triunfal".

1Tm 3:13. Consejo a los diáconos: "Porque los que ejercen bien el diaconado alcanzan un puesto honroso y grande entereza (parrēsían) en la fe en Cristo Jesús".

Flm 1:8. A Filemón, en relación con Onésimo: "Por lo cual, aunque tengo en Cristo bastante libertad (parrēsían) para mandarte lo que conviene".

Hb 3:6. Cristo, el Hijo fiel "al frente de su propia casa, que somos nosotros, si es que mantenemos la confianza (parrēsían) y nos gloriamos en la esperanza".

Hb 4:16. Teniendo a Cristo como Sumo Sacerdote: "Acerquémonos confiadamente (parrēsías) al trono de gracia, a fin de alcanzar misericordia y hallar la gracia de un auxilio oportuno".

Hb 10:19. "Tenemos, pues, hermanos, plena confianza (parrēsían) para entrar en el santuario en virtud de la sangre de Jesús".

Hb 10:35. "No perdáis ahora vuestra valentía, (parrēsían), que lleva consigo una gran recompensa".

1 Jn 2:28. "Y ahora, hijos míos, permaneced en él para que cuando se manifieste, tengamos plena confianza (parrēsían) y nos quedemos avergonzados y lejos de él en su venida".

1 Jn 3:21. "Queridos, si la conciencia no nos condena tenemos confianza (parrēsían) total en Dios".

1 Jn 4:17. "En esto ha alcanzado la plenitud el amor en nosotros, en que tengamos confianza (parrēsían) en el día del juicio, pues según es él, así seremos nosotros en este mundo".

1 Jn 5:14. "Esta es la confianza (parrēsía) plena que tenemos en él: que si le pedimos algo según su voluntad, nos escucha".

Capítulo 3

"Urgencia de un anuncio fuerte del evangelio"

Entre los muchos documentos emanados por el magisterio en estos últimos cincuenta años hay unos con los que la Legión y el *Regnum Christi* se sienten en especial sintonía por ver reflejados en ellos su razón de ser en la Iglesia y el servicio a la misión de la misma. Entre estos documentos no se pueden dejar de mencionar los del Vaticano II referentes a la Iglesia, y al Apostolado de los seglares. Posteriormente las encíclicas y las Exhortaciones Apostólicas de los Papas. Merecen mención especial la Carta encíclica *"Ecclesiam suam"* (6 agosto 1964) de Pablo VI, y las Exhortaciones Apostólicas *"Evangelii Nuntiandi"* de Pablo VI, *"Christifideleslaici"* de Juan Pablo II, y *"Evangelii Gaudium"* del Papa Francisco. Estos documentos marcan hitos muy importantes en esclarecer y estimular la tarea evangelizadora de la Iglesia en el mundo de hoy, y en especial la misión apostólica del seglar. La espiritualidad de la Legión y del *Regnum Christi* se han alimentado grandemente en esos documentos. Ellos han constituido el libro de texto en el que se han formado las generaciones de Legionarios y miembros del Movimiento desde un principio. La doctrina ahí contenida es la explicación del talante evangelizador del Movimiento.

San Pablo, ejemplo de pasión evangelizadora.

La tradición cristiana reconoce a San Pablo como «el Apóstol de las Gentes». Colocado en la plenitud de los tiempos y portador del tesoro del Evangelio, Pablo se siente impelido y urgido a hacerlo llegar a todos, absolutamente a todos. Con satisfacción relata cómo el evangelio ha llegado hasta el palacio del Cesar en Roma. Una tras otra, irán cayendo distancias, fronteras y dificultades y el Evangelio irá extendiéndose de la mano de Pablo por todo el inmenso Imperio romano como un fuego incontenible. Su única obsesión será llevar el Evangelio y el nombre de Cristo allí donde todavía no es conocido (Rom15, 19-21; 2Cor10, 15-16).

El no sólo ha vivido apasionadamente la misión que le había sido confiada, también en sus cartas testimonia esta vivencia con trazos vigorosos. Sus escritos no son asépticos e impersonales, sino que en cada línea se manifiesta el alma y el corazón apasionados por hacer llegar el evangelio a todos los rincones de la vida humana. Sus deseos y anhelos, sus luchas y fatigas... se hacen patentes a quien lee sus cartas.

San Pablo ha sido siempre para la Iglesia un punto de referencia. Un apóstol al que contemplar e imitar en su dedicación al Evangelio, y en su total comunión de fe y de amor a Cristo. Ante el reto de la nueva evangelización y del comienzo del tercer milenio de la fe cristiana es necesario que la Iglesia se sienta invadida de un nuevo ardor evangelizador al estilo de San Pablo. Las actitudes apostólicas que San Pablo testimonia -válidas para todo apóstol, sacerdote, seglar o religioso- son básicas y esenciales; sin ellas ningún método resultará eficaz ni fructuoso.

José Gros y Raguer en su obra *"San Pablo Apóstol"* (1916) escribe cómo "la palabra y el ademán de Pablo, su vigor y fulgor místicos, subyugaban de una manera fulminante. Y fue incomparable la clara sutileza de su inteligencia. Dialéctico formidable, no disputa por puro placer, sino para lanzar las almas a Dios. Ahí está su sublime originalidad. «Discurre de una manera violenta, rápida, intuitiva —ha dicho muy justamente un autor—; dramatiza sus argumentos, los deja sin completar, arrastrado por el torbellino de las ideas, y lo mismo sus premisas que sus conclusiones se nos presentan tumultuosamente y de improviso".

Al final de la segunda carta a Timoteo (4, 6-8), San Pablo echa una mirada retrospectiva a su vida, ya próxima al martirio y al sacrificio último; y con palabras sumamente expresivas, como quien evoca una acción litúrgica con la que se consuma el sacrificio de una vida, declara: "Yo ya estoy a punto de ser derramado como una libación, y el momento de mi partida se aproxima: he peleado hasta el fin el buen combate, he terminado mi carrera, he conservado la fe". El texto griego llama "hermoso" (τον καλον) a ese combate de la vida del Apóstol. La misma expresión la había usado ya en la primera carta a Timoteo (6,12), exhortándole a combatir el buen combate de la fe: "agonizou ton kalon agona tes pisteos". Un texto anterior de la 1ª Cor 9, 24-27 nos deja entender mejor de qué clase de lucha se trata. Usa la imagen del atleta que compite en el estadio para decirnos que la vida cristiana es también una competición para ganar una corona, no perecedera, sino eterna. "¿No sabéis que en las carreras del estadio todos corren, más uno solo recibe el premio? Corred de manera que lo consigáis. Los atletas se privan de todo; y eso por una corona corruptible. Así pues, yo corro, no como a la ventura; y ejerzo el pugilato, no como dando golpes en el vacío, sino que golpeo mi cuerpo y lo esclavizo; no sea que, habiendo predicado a los demás, resulte yo mismo descalificado". Son imágenes, una carrera en el estadio, un pugilato en el circo, que describen el carácter agonal de la vida cristiana, que tiene como fin conquistar el premio.

Alfredo Sáenz, S.J., en su libro *"Arquetipos Cristianos"* (2005), explica cómo entender hoy este lenguaje paulino del "combate"… San Pablo ha visto en la analogía militar una ejemplaridad para explicar que la vida cristiana, y sobre todo la misión apostólica, tienen el carácter de una milicia. Al modo de un comandante en jefe San Pablo escribía, sostenía, consolaba, fortificaba, alimentaba, animaba e inflamaba a los romanos, a los corintios, a los efesios, a los gálatas. Aquel hombre pudo decir al final de su vida: «He combatido el buen combate, he terminado mi carrera, he guardado la fe» (2Tim 4, 7)" (cfr. *Arquetipos cristianos*, Alfredo Sáenz, 2005).

Los últimos Papas se han referido frecuentemente al Apóstol de las Gentes presentándole como modelo y arquetipo de la nueva evangelización. En especial han resaltado en un contexto de un mundo moderno en grave crisis de fe y de una Iglesia que necesita dar una respuesta fuerte a esa crisis, el celo, el valor y la audacia con que San Pablo llevó a cabo su misión evangelizadora.

Benedicto XVI en una homilía en la Vigilia de San Pedro y San Pablo decía: "Muchos presentan a san Pablo como un hombre combativo que sabe usar la espada de la palabra. De hecho, en su camino de apóstol no faltaron las disputas. No buscó una armonía superficial. En la primera de su *Cartas*, la que dirigió a los *Tesalonicenses*, él mismo dice: "Tuvimos la valentía de predicaros el Evangelio de Dios entre frecuentes luchas... Como sabéis, nunca nos presentamos con palabras aduladoras" (*1 Ts* 2, 2. 5) (*Homilía 28 de junio de 2008*).

El Papa Francisco desde un principio ha llamado la atención y ha urgido a los católicos a sacudirse actitudes y comportamientos de pereza, de cobardía y de retirada ante el mundo. Expresamente ha recordado el ejemplo de San Pablo. Decía en una de ellas: "Pablo enseña cuál debe ser el camino de la evangelización, un camino a seguir con valentía. Y cuando la Iglesia pierde esta valentía apostólica, se convierte en una Iglesia parada. Ordenada, bonita, todo bonito, pero sin fecundidad, porque ha perdido la valentía de ir a las periferias" (*Homilía del 8 de mayo 2013*).

En otra homilía hablaba de cómo San Pablo anunciando a Cristo "molestaba a los oyentes con su predicación". Porque tenía dentro de sí aquella actitud cristiana que es el celo apostólico. No era un hombre de componendas... Y aclaraba: San Pablo era un "hombre de fuego". Pero aquí no se trata solo de su temperamento. Es el Señor que "se involucra en esto", en esta batalla campal... Es algo que viene de dentro, que el Señor lo quiere de nosotros: un cristiano con celo apostólico... Esto es lo que empuja a Pablo a seguir, a proclamar a Jesús siempre. Está siempre en problemas, pero no en problemas por problemas, sino por Jesús. El celo apostólico, solo se puede entender "en una atmósfera de amor". El celo apostólico, "tiene algo de locura, decía el Papa, pero de locura espiritual, de sana locura". Y Pablo "tenía esta locura saludable..." *(Homilía del 16 de mayo,2013).*

Y en la homilía de Pentecostés de 2013 también mencionaba el caso de San Pedro, quien "lleno de Espíritu Santo, en pie «con los Once» y «levantando la voz» (*Hch* 2, 14), anunciaba «con franqueza» ("parresía") (Hch 2, 29) la buena noticia de Jesús, que dio su vida por nuestra salvación y que Dios resucitó de los muertos. He aquí otro efecto de la acción del Espíritu Santo: la valentía de anunciar la novedad del Evangelio de Jesús a todos, con franqueza (parresía), en voz alta, en todo tiempo y lugar. Y refiriéndose al tiempo presente decía: "Esto sucede también hoy para la Iglesia y para cada uno de nosotros: del fuego de Pentecostés, de la acción del Espíritu Santo, se irradian siempre nuevas energías de misión, nuevos caminos por los cuales anunciar el mensaje de salvación, nueva valentía para evangelizar. ¡No nos cerremos nunca a esta acción! ¡Vivamos con humildad y valentía el Evangelio!".

Es necesario "un anuncio fuerte del Evangelio"

A partir del Concilio Vaticano II ha venido resonando con mayor fuerza el llamado a testimoniar, encarnar y anunciar la fe. El Papa Benedicto XVI reconocía "el gran anhelo conciliar a la evangelización del mundo contemporáneo, anhelo que culmina en el decreto *Ad gentes*, pero que impregna, todos los documentos del Vaticano II. Un anhelo que, a diferencia de épocas pasadas, se ha hecho sentir a lo largo de todo el Pueblo de Dios, y ha encontrado respuesta efectiva en las muchas organizaciones católicas de apostolado seglar. Un llamado a que los católicos hagan suyo, según pedía el documento *Instrumentum Laboris*, sobre "La nueva evangelización" (2012), "el estilo evangelizador, el ardor, la confianza y la libertad de palabra (la *"parresía")* que se manifestaba en la predicación de los Apóstoles" (cf. *Hch* 4,31; 9,27-28)

El último gran documento, la exhortación apostólica "Evangelii Gaudium" del Papa Francisco, quiere despertar y alentar en la Iglesia ese fervor misionero. Busca levantar los ánimos contra posibles cansancios en la evangelización, o malos entendidos de la misma en un tiempo en el que se antoja más atractivo "eludir el bulto", que tener que hacer frente a las ideologías y estilos de vida que prevalecen en el mundo actual.

Este escrito del Papa es al mismo tiempo original, propio del modo de sentir y pensar del Papa, y al mismo tiempo es deudor de lo que dijeron sus predecesores a los que cita frecuentemente. El Papa Francisco no cesa de reivindicar la "misionariedad" de la Iglesia y de cada bautizado. Es significativo el modo cómo ve y siente el Papa esa misionariedad. La califica de alegre: "La alegría del evangelio". Y escribe frases lapidarias como queriendo que esa misionariedad se grabe hondamente en la conciencia de cada fiel cristiano. En el apartado 2, del capítulo segundo de ese documento, hablando de las tentaciones de los agentes pastorales: cansancio, relativismo, falta de confianza en el mensaje, mundanidad, etc. Contrapone una llamada fuerte "a no dejarnos robar el celo evangelizador. Tiene frases lapidarias con las que quiere levantar los ánimos:

"¡No nos dejemos robar el entusiasmo misionero!" (n. 83).
"¡No nos dejemos robar la alegría evangelizadora!" (n. 83).
"¡No nos dejemos robar la esperanza!" (n.86).
"¡No nos dejemos robar la comunidad!" (n.92).
"¡No nos dejemos robar el Evangelio!" (n.97).
"¡No nos dejemos robar el ideal del amor fraterno"! (n.101).
"¡No nos dejemos robar la fuerza misionera"! (n.109).

Es verdaderamente fuerte y comprometedor este modo de hablar del Santo Padre. No se puede tachar de recurso literario. El Papa habla muy en serio, y quiere ser tomado en serio. Al mismo tiempo las palabras del Papa suenan como una llamada a valorar el hermoso tesoro de la fe que poseemos y que vale la pena cuidarlo y hacerlo brillar para bien de la humanidad. El Papa repite una y otra vez la cantilena "no nos dejemos robar", como si dijera: "tenemos un rico tesoro, una gran misión, una humanidad que llevar a Cristo, una Iglesia que extender...y no podemos desentendernos. E invita a que la Iglesia se sacuda las posturas timoratas en relación al mundo, las cobardías, los complejos de inferioridad, las componendas con la mundanidad, la asimilación a los estilos de vida del mundo, las pretensiones de puestos, la ambición de ser y de poseer como los demás... Vienen a la mente aquellas palabras de Pablo VI: «el cristiano no es flojo y cobarde, sino fuerte y fiel" (Ecclesiam suam, n.20).

El Papa **Francisco,** el 9 de marzo 2013, días antes de su elección, hablaba de una Iglesia que se enferma cuando se hace auto-referencial: "Evangelizar supone en la Iglesia la *"parresía" (el coraje)* de salir de sí misma... Cuando la Iglesia no sale de sí misma para evangelizar se convierte en autorreferencial y entonces se enferma (en referencia a la mujer encorvada del Evangelio (Lc 13,11)). Los males que, a lo largo del tiempo, se dan en las instituciones eclesiales tienen su raíz en la auto-referencialidad, una suerte de narcisismo teológico".

El "coraje" para evangelizar ha sido uno de los temas en que más ha insistido el Papa Francisco en sus primeras homilías en Santa Marta. El 3 de mayo 2013, decía: "Cuando la Iglesia pierde el coraje, entra en la Iglesia la atmosfera de tibieza. Los tibios, los cristianos tibios, sin valor... Aquello que hace tanto daño a la Iglesia, porque la tibieza te ensimisma, comienzan los problemas entre nosotros; no tenemos metas, no tenemos coraje, ni el coraje de la oración hacia el cielo y ni siquiera el coraje de anunciar el Evangelio. Somos tibios... Y nosotros tenemos el valor de inmiscuirnos en nuestras pequeñeces, en nuestros celos, en nuestras envidias, en las ganas de hacer carrera, en el avanzar egoístamente... En todas estas cosas, pero esto no hace bien a la Iglesia. ¡La Iglesia debe ser valiente!"

Y en otra de sus homilías comentaba con una pizca de ironía que "la Iglesia necesita fervor apostólico y no cristianos de salón". Y, como buen Jesuita, familiarizado con las meditaciones ignacianas del Rey Eterno y de las dos banderas, añadía: "Dios le da las batallas más difíciles a sus mejores soldados".

En su mensaje para el *Domingo de las Misiones (2013)* constataba el Papa que: "A veces el fervor, la alegría, el coraje, la esperanza en anunciar a todos el mensaje de Cristo y ayudar a la gente de nuestro tiempo a encontrarlo son débiles; en ocasiones, todavía se piensa que llevar la verdad del Evangelio es violentar la libertad. Y citaba las palabras siempre esclarecedoras de Pablo VI en la *"Evangelii Nuntiandi"*: «Sería un error imponer cualquier cosa a la conciencia de nuestros hermanos. Pero proponer a esa conciencia la verdad evangélica y la salvación ofrecida por Jesucristo, con plena claridad y con absoluto respeto hacia las opciones libres que luego pueda hacer... es un homenaje a esta libertad» (*n.80)*.

A esa falta de celo de muchos evangelizadores se habían referido ya los Papas anteriores. El mismo **Pablo VI** en una alocución a los Obispos latinoamericanos lamentaba la falta de celo apostólico, la desilusión, la inercia existente en muchos sacerdotes. "Cuando un pastor, un creyente, un misionero, decía el Papa, está ayuno de fervor, su palabra entonces es tediosa, sus miradas son cerradas y estrechas como el horizonte de su tibio corazón".

Juan Pablo II en un discurso a los Movimientos Eclesiales recalcaba la urgente necesidad de un *"anuncio fuerte"* del Evangelio: "En nuestro mundo, frecuentemente dominado por una cultura secularizada que fomenta y propone modelos de vida sin Dios, la fe de tantos es puesta a dura prueba y no pocas veces sofocada y apagada. Se advierte entonces con urgencia la necesidad de un *anuncio fuerte y de una sólida y profunda formación cristiana*... ¡Cuánta necesidad de comunidades cristianas vivas!".

También una ***Nota Doctrinal de la Congregación para la Doctrina de la fe (3 de diciembre 2007)*** explica que evangelizar, tratar de convencer a otro en cuestiones religiosas no significa condicionar la libertad ajena, sino más bien iluminarla: "Hoy en día, observa la nota, hay una confusión creciente que induce a muchos a desatender y dejar inoperante el mandato misionero del Señor (cf. Mt28, 19). A menudo se piensa que todo intento de convencer a otros en cuestiones religiosas es limitar la libertad. Sería lícito solamente exponer las propias ideas e invitar a las personas a actuar según la conciencia, sin favorecer su conversión a Cristo y a la fe católica" (3). "En cualquier caso, la verdad «no se impone de otra manera, sino por la fuerza de la misma verdad». Por lo tanto, estimular honestamente la inteligencia y la libertad de una persona hacia el encuentro con Cristo y su Evangelio no es una intromisión indebida, sino un ofrecimiento legítimo y un servicio que puede hacer más fecunda la relación entre los hombres" (5).

Se da el caso de ciertos cristianos que son deudores de una cultura laicista en la que han crecido y que considera a la religión como algo perteneciente a la esfera privada del individuo. Y por ello tienen reparo o miedo de entrar en ese campo. Este reparo se da también en algunos sacerdotes y evangelizadores que sienten una gran reluctancia a interpelar al otro sobre el estado de su fe. Me viene a la memoria el testimonio emocionante de los "Evangelizadores de tiempo completo", que dejan trabajo, casa y ciudad para irse a vivir, a evangelizar, y a compartir otras muchas tareas en los pueblos pobres donde no hay sacerdote, o donde éste sólo puede ir muy de vez en cuando.

Hoy día en el campo del apostolado y según el sentir repetido de los Papas esta "parresía" evangelizadora es lo que se echa de menos en la Iglesia. Las constantes llamadas de los Papas deberían ayudar a despejar cualquier falso prejuicio sobre el deber que incumbe hoy a cada cristiano de anunciar a Cristo, con celo y fuerza moral; con la "parresía" propia del apóstol "siempre animado por *la pasión de llevar a Cristo a la humanidad*". Esta acción evangelizadora, dice la *"Nota de la Congregación de la Fe"* citada anteriormente, "no busca la extensión de un grupo de poder, sino la entrada de todos en la amistad de Cristo, que une el cielo y la tierra, continentes y épocas diferentes" (ib.9).

La Iglesia es consciente de que al evangelio se accede por el camino de la libertad y de la gracia. Esto hace que los cristianos tengamos que ser más solícitos para anunciar el evangelio de manera inteligente; sin timidez, con un sano convencimiento, y una actitud de fuerza moral. Viene a la memoria la recomendación de Cristo de ser sencillos y sagaces en nuestro modo de conducirnos y de presentar el mensaje.
Han pasado ya aquellos tiempos de la Edad Media en los que existía la cristiandad, aunque se echaban de menos los cristianos de verdad. No faltaron en esos tiempos personas santas y apóstoles de talla. Pero lo que prevalecía en el ambiente era una práctica religiosa externa, hecha de devociones, muchas de las cuales poco tenían que ver con la fe. La vida litúrgica, salvo en los monasterios, aquejaba una gran ignorancia por parte de clérigos y de fieles. La gente iba de Iglesia en Iglesia sólo

para ver la elevación de la Hostia y ganar con ello las indulgencias. Y gritarle al cura "altius Johanes, altius" cuando este se quedaba corto.

Pero había para esas gentes una realidad evidente: la cristiandad, con el Papa en Roma, y los obispos, los abades, los monjes y los curas que administraban los sacramentos. Estaba también el Emperador, el Rey, el Príncipe... todos representando y custodiando un orden sacro preestablecido. La gente nacía, vivía y moría en la fe. Hasta los que habían perpetrado grandes crímenes, se les hacía terminar la vida reconciliados con Dios y con la Iglesia.

Esa "cristiandad" es hoy un relato del pasado remoto. Hace mucho que dejó de existir, aunque queden algunos residuos de esos tiempos bajo formas de devociones populares. El mundo que vino a la luz con el advenimiento de la modernidad se caracteriza por la sustitución de la fe por la razón, del reino de Dios por el de la Justicia social. Y no es que esto último esté mal; pero no podrá realizarse sin lo primero. Hoy la voz del papa parece decir que nos falta el fuego misionero, evangelizador que haga de contrapunto saludable a la voz de la mundanidad y de la secularización.

En una Homilía con ocasión de la fiesta de San Pedro y San Pablo (2013) Benedicto XVI recordaba que "hay regiones del mundo que aún esperan una primera evangelización; otras, que la recibieron, necesitan un trabajo más profundo; y hay otras en las que el Evangelio ha echado raíces durante mucho tiempo, dando lugar una verdadera tradición cristiana, pero en las que en los últimos siglos —con dinámicas complejas— el proceso de secularización ha producido una grave crisis del sentido de la fe cristiana y de la pertenencia a la Iglesia.

En respuesta a este proceso de secularización el Papa ordenó la creación de un nuevo organismo, un «Consejo pontificio», con la tarea principal de promover la nueva evangelización en los países donde ya resonó el primer anuncio de la fe y están presentes Iglesias de antigua fundación, pero que están viviendo una progresiva secularización de la sociedad y una especie de «eclipse del sentido de Dios», y que constituyen un desafío a encontrar medios adecuados para volver a proponer la perenne verdad del Evangelio de Cristo.

Es un hecho que han sido los Papas venidos después del Vaticano II, desde Pablo VI hasta Francisco los grandes abanderados de la nueva evangelización. Nadie como ellos han ido por el mundo llevando este mensaje, y su voz se ha hecho sentir con fuerza en la Iglesia y en el mundo. Refiriéndose a su predecesor Juan Pablo II decía Benedicto XVI: "Él representó «en vivo» la naturaleza misionera de la Iglesia, con los viajes apostólicos y con la insistencia de su magisterio en la urgencia de una «nueva evangelización»: «nueva» no en los contenidos, sino en el impulso interior, abierto a la gracia del Espíritu Santo, que constituye la fuerza de la ley nueva del Evangelio y que renueva siempre a la Iglesia; «nueva» en la búsqueda de modalidades que correspondan a la fuerza del Espíritu Santo y sean adecuadas a los tiempos y a las situaciones; «nueva» porque es necesaria incluso en países que ya han recibido el anuncio del Evangelio. A todos es evidente que mi Predecesor dio un impulso extraordinario a la misión de la Iglesia, no sólo —repito— por las distancias que recorrió, sino sobre todo por el genuino espíritu misionero que lo animaba y que nos dejó en herencia al alba del tercer milenio.

Recogiendo esta herencia, afirmé al inicio de mi ministerio petrino que la Iglesia es joven, abierta al futuro. Y lo repito hoy, cerca del sepulcro de san Pablo: en el mundo la Iglesia es una inmensa fuerza renovadora, ciertamente no por sus fuerzas, sino por la fuerza del Evangelio, en el que sopla el Espíritu Santo de Dios, el Dios creador y redentor del mundo.

Los desafíos de la época actual, decía el Papa, están ciertamente por encima de las capacidades humanas: lo están los desafíos históricos y sociales, y con mayor razón los espirituales. A los pastores de la Iglesia a veces nos parece revivir la experiencia de los Apóstoles, cuando miles de personas necesitadas seguían a Jesús, y él preguntaba: ¿Qué podemos hacer por toda esta gente? Ellos entonces experimentaban su impotencia. Pero precisamente Jesús les había demostrado que con la fe en Dios nada es imposible, y que unos pocos panes y peces, bendecidos y compartidos, podían saciar a todos. Pero no sólo había —y no sólo hay— hambre de alimento material: hay un hambre más profunda, que sólo Dios puede saciar. También el hombre del tercer milenio desea una vida auténtica y plena, tiene necesidad de verdad, de libertad profunda, de amor gratuito. También en los desiertos del mundo secularizado, el alma del hombre tiene sed de Dios, del Dios vivo. Por eso Juan Pablo II escribió: «La misión de Cristo redentor, confiada a la Iglesia, está aún lejos de cumplirse», y añadió: «Una mirada global a la humanidad demuestra que esta misión se halla todavía en los comienzos y que debemos comprometernos con todas nuestras energías en su servicio» (*Redemptoris missio*, 1).

Citaba Benedicto XVI las palabras con las que Pablo VI comenzaba su Exhortación Apostólica *Evangelii nuntiandi*: «El esfuerzo orientado al anuncio del Evangelio a los hombres de nuestro tiempo, animados por la esperanza, pero a la vez perturbados con frecuencia por el temor y la angustia, es sin duda alguna un servicio que se presta a la comunidad cristiana e incluso a toda la humanidad» (n. 1). Impresiona la actualidad de estas expresiones, decía Benedicto XVI. Se percibe en ellas toda la particular sensibilidad misionera de Pablo VI y, a través de su voz, los pensamientos y el trabajo de los padres conciliares, reunidos para representar de modo más tangible que nunca la difusión mundial alcanzada por la Iglesia".

La Legión y el *Regnum Christi* son parte de esta Iglesia a la que los Papas llaman a hacer un esfuerzo supremo para que la fe en Cristo no se apague como un fuego que ha dejado de arder.

Capítulo 4

El talante evangelizador de la Legión y del *Regnum Christi*.

…"Que vuestra vida tenga el sabor de la "parresía" apostólica"…
(Papa Pablo VI).

Toda la espiritualidad legionaria y del Movimiento está penetrada del ideal de hacer reinar a Cristo en la sociedad, en cada familia, en las instituciones, y en las personas. El Legionario que tiene que llevar a cabo esta misión es concebido como "apóstol líder de sus hermanos". El espíritu con el cual se ha de llevar a cabo este ideal se expresa en términos fuertes como servicio a la causa del evangelio, mediante un espíritu contemplativo y conquistador, tenaz y perseverante, emprendedor, audaz, valiente, etc. Son términos que hablan de unas disposiciones interiores del apóstol que el Nuevo Testamento expresa, según ya indicábamos anteriormente, con el término "parresía". Cfr. Hch 4, 29-31: "Concede a tus siervos proclamar tu palabra con toda valentía… Y todos quedaron llenos del Espíritu Santo y proclamaban la palabra de Dios con valentía (parresía)". Este carácter exigente de nuestro apostolado requiere poner en juego las fuerzas morales, espirituales y físicas del apóstol. Nada más ajeno a él que los comportamientos timoratos, perezosos, cobardes… Ya hemos visto anteriormente las exhortaciones de San Pablo a Timoteo para que éste milite como buen soldado de Cristo, sin que sean un obstáculo su juventud, ni las adversidades de dentro o de fuera; y sus alusiones frecuentes a no avergonzarse del evangelio, a hablar abiertamente, "a cara descubierta".

La "parresía" evangelizadora brota de una conciencia fuerte de no poder callar porque "hay que obedecer a Dios antes que a los hombres" (Hch 4, 19); y la conciencia de la misión de anunciar el evangelio no se puede silenciar. Ésta valentía, audacia, y libertad para hablar tiene su fuente en un profundo amor a Jesucristo, y en un dejarse encender en aquel mismo celo que le hacía exclamar a Él: "Fuego vine a traer a la tierra y como quisiera que ya estuviera ardiendo" (Lc12, 49). Se trata de unas actitudes que están inscritas en el DNA del espíritu legionario, y borrar esto equivaldría a quedarnos con una espiritualidad blanda, "descafeinada" y anodina.

Este carácter de ganar almas y conquistar espacios para que Cristo reine en el mundo tiene una inspiración y motivación sobrenaturales; en este sentido trasciende cualquier mira natural. La dinámica que lo mueve es la de la caridad evangélica. Y la caridad, como dice San Pablo, es respetuosa y no se impone por la fuerza. El talante evangelizador del Legionario y del apóstol del *Regnum Christi* se lleva a cabo en un marco humano de amistad, con la sonrisa en los labios, y una pizca de humor, o como dice San Pablo "una pizca de sal". El apostolado es a la vez una relación humana y cristiana que comienza por la amistad y se profundiza y corona también en la amistad. San Pablo poseía este carisma de hacerse sentir como un amigo. Su conversión a Cristo y al evangelio hizo que pronto superara el antiguo carácter de "judío fanático", según su propia expresión. Pablo encontrando personas, deseosas de vivir su vocación cristiana, las moviliza alrededor de su proyecto misionero y confía a cada uno la tarea que puede desarrollar. En sus cartas y en el libro de los Hechos de los Apóstoles se pueden contar hasta 50 personas que colaboran con él. En el saludo final de la Carta a los Romanos, Pablo menciona a 16 colaboradores y colaboradoras, A todos solicita el "mismo modo de sentir del Señor"; "desgastarse por el Evangelio"; empeño concreto; oración apostólica; y conservar la comunión. Pablo guardó siempre un gran cariño hacia los habitantes de Filipos, a quienes dirigió después una de sus más afectuosas cartas.

El Legionario y el miembro del *Regnum Christi* nunca viven la tarea apostólica en solitario, porque es demasiada la carga, sino en comunidad de alegrías y de penas, compartiendo trabajo y descanso. La vida y el trabajo apostólico quedan enriquecidos cuando se mantiene el ritmo de oración y acción, de absorción en el trabajo y de distensión en la vida de comunión fraterna. La vida del apóstol está regida por ese movimiento de "sístole y diástole" que forman la oración y el trabajo, el estar a solas y el estar con los demás.

La primariedad apostólica del hacer legionario y del Movimiento.

En la Presentación de las nuevas Constituciones el n. 9 califica el apostolado como "fruto de la contemplación, y concebido como la urgencia interior de un amor apasionado al Señor y a las almas".

El n. 8 de las Constituciones coloca a la Legión bajo el emblema del Corazón de Cristo, "líder de nuestra salvación", y cuyo Reino pedimos que llegue a nosotros: *"Adveniat Regnum Tuum"*. Se trata del Reino del Corazón de Jesucristo en nuestras vidas y en el mundo.

La Iglesia en el credo profesa su fe en la comunión de los santos, personas celestes y vivas que interceden por la Iglesia peregrina. La liturgia eucarística los invoca en su papel de intercesores. La Legión elige a algunos de ellos como especiales protectores celestes que nos ayudan y acompañan en esta marcha para hacer que Cristo reine. "La Congregación, dice el n.8 de las Constituciones, está dedicada al Sagrado Corazón de Jesús y a la Virgen de los Dolores, reconoce como patronos celestiales a San Juan Evangelista y a San Pablo Apóstol. Como especiales protectores invoca a San José, Esposo de María, y a San Miguel Arcángel".

El culto al Corazón de Jesús se ha distinguido desde el principio por centrarse en la persona de Cristo, de la que su Corazón es como la imagen y el símbolo más noble. Para el legionario y el miembro del Movimiento el sentido más profundo de esta devoción radica en el seguimiento más cercano de Cristo por amor, y en la colaboración al establecimiento y extensión de su Reino, como en el caso de los primeros discípulos. Pio XI en su encíclica M*iserentissimus Redemptor* de 1928 veía en la devoción al Sagrado Corazón la síntesis de la espiritualidad católica: "En esta espiritualidad ¿no es verdad que se encierra la síntesis de todo el cristianismo y la mejor norma de vida, porque es la que con más facilidad lleva a conocer íntimamente a Cristo y con más eficacia impulsa a amarle con ardor y a imitarle con exactitud?"

Las constituciones (n.10) resaltan que este culto al Sagrado Corazón es "un camino privilegiado para formar un corazón sacerdotal (o equivalentemente de apóstol) manso y humilde y propagar su Reino en el mundo". La devoción al Corazón de Cristo lleva a gastarse por Cristo y por su Reino en la forma que Dios disponga la vida. Es una devoción que significa exigencia y compromiso de amor y de entrega por la Causa de Cristo. San Pablo lo expresaba con aquellas palabras: "Yo de muy buena gana me gastaré y me desgastaré por vuestras almas - Ego autem libentissime *impendam*, et super impendar ipse *pro* animabus vestris " (2ª Cor 12,15). El culto que rinden la Legión y el *Regnum Christi* al Corazón de Jesucristo se caracteriza por esa espiritualidad fuerte, ajena a un simple sentimentalismo piadoso.

Lo más propio de este culto es el empeño para que Cristo reine en los individuos y en el mundo. El Papa Benedicto XVI decía de este culto que era "símbolo de la fe cristiana, particularmente amado tanto por el pueblo como por los místicos y los teólogos, pues expresa de una manera sencilla y autentica la "buena noticia" del amor resumiendo en sí el misterio de la Encarnación y Redención...Y hacía la observación profunda de que: "Toda persona necesita tener un "centro" de su vida. Este es Cristo, corazón del mundo" (Benedicto XVI,2008).

Grandes apóstoles de todos los tiempos se distinguieron por su devoción al Corazón de Cristo. Recordemos modernamente a Santa Faustina, San Rafael Guízar Valencia, San Miguel Pro, el Papa Juan Pablo II, Josefa Menéndez, los cardenales John Henrry Newman, y Merry del Val. Importantes documentos del Magisterio del siglo pasado han promovido esta devoción. Las dos encíclicas *Miserentissimus Redemptor* de Pío XI, y *Haurietis Aquas* de Pío XII, considerada esta como la Magna Carta del culto al Corazón de Cristo; y la Carta Apostólica *Investigabilis Divitias Christi* de Pablo VI.

La Legión y el *Regnum Christi* también veneran de modo especial a la Virgen de los Dolores, que "estaba junto a la Cruz de Jesús". El n.16 de las Constituciones llama a la Virgen, usando expresiones familiares tomadas de la "Lumen Gentium" del Vaticano II, "Madre y Modelo de apóstoles, que cooperó de modo singularísimo en la obra del Salvador y es ejemplo del amor maternal que ha de animar a todos los que, en la Iglesia, cooperan en la redención de los hombres". De esta manera se colocan uno al lado del otro, Cristo y la Virgen, ofreciendo una iconografía del misterio de la redención, que es el misterio que aporta toda su densidad y sentido al celo apostólico. Y se nos invita a contemplar a la Virgen junto a la Cruz de Cristo, en su calidad de colaboradora principal en la obra de la redención.

La mención en el n.8 de los apóstoles Juan y Pablo como patronos, y de San José y San Miguel como protectores reflejan el mismo modo de pensar y de sentir apostólicamente. Son una inspiración y guía de como se debe trabajar y del espíritu que debe animar el trabajo apostólico. Todas estas figuras que nombra el número 8 de las Constituciones forman entre ellas un como concierto sinfónico que se nos ofrece como inspiración y modelo a imitar en nuestro camino de apóstoles.

Uno de los hilos conductores del nuevo texto constitucional es el celo apostólico, ferviente, apasionado, dinámico, y activo. Las expresiones más frecuentes son "generosidad y pasión" por la salvación de las almas (n 2,2°). "Urgencia" del anuncio evangélico (n.3,3°). "Liderazgo" al servicio de Jesucristo" (n 4,1°). En el n.12 se dice que el ideal es la instauración del Reino de Cristo. De ahí nuestro lema: "¡Venga tu Reino¡" Los mismos términos se repiten en los nn. 13,2°, y19,3°, al hablar del carácter "contemplativo y evangelizador", y al introducir el tema de los consejos evangélicos. El n. 40, recomienda un apostolado "comprometedor" que "no deje lugar a la ociosidad". Y el n. 82,2 al hablar de la formación de los novicios se insta a que estos entiendan que su vocación es "esencialmente de apóstoles del Reino". El n.102 habla de que toda la formación del legionario tenga "un enfoque apostólico", y esté orientada a "comunicar a Cristo". Según el n 111, las prácticas apostólicas deben servir para "ejercitarse y crecer en el celo apostólico, la militancia, la responsabilidad, la autoconvicción y el trabajo en equipo". El n.119 pide a los sacerdotes que actúen en su apostolado "según la identidad apostólica del *Regnum Christi*, de acuerdo con la tradición y la praxis de la Congregación". Es decir, que el celo apostólico de un legionario tiene que seguir los cauces específicos de acción propios de la Legión y del *Regnum Christi:* "Si eres Legionario vive y trabaja como legionario". En el decreto sobre la formación integral del legionario emanado por el último Capítulo se dice que "el carácter militante pertenece a la fisonomía espiritual y humana del legionario". Más no se podría decir con menos palabras. No hay prácticamente página en las constituciones en que no se recomiende el celo apostólico ferviente, activo y batallador.

Esta caracterización en términos preferentemente dinámicos y firmes del espíritu apostólico no es un modo de hablar hueco o artificioso, sino que expresa lo que ha sido el espíritu y lo que ha marcado una línea de acción desde los comienzos de la Legión y del *Regnum Christi*. Nada ha sido fácil en la historia de la Legión y del Movimiento. Sin embargo si algo de valor se ha podido realizar para bien de las almas, se ha debido al celo valiente y emprendedor. El metro con el que el legionario mide su entrega es las necesidades de las almas y de la Iglesia. Cuando se lee la vida de los grandes misioneros de la fe, como Fray Junípero Serra, Padre Quino, Vasco de Quiroga, Motolinía, San Pedro Claver etc. y las gestas que realizaron no puede uno dejar de ver la grandísima desproporción entre la ingente obra llevada a cabo, las enormes dificultades y peligros que arrostraron, y los medios materiales pobrísimos con que contaban. Algo de este mismo espíritu, de esta "mística del imposible" se puede ver en la obra llevada a cabo por legionarios y miembros del *Regnum Christi*.

Otros documentos importantes de nuestra espiritualidad que hablan del espíritu apostólico, ferviente y apasionado son el **Manual del Regnum Christi:** un libro importante que de manera práctica describe la naturaleza, los objetivos del Movimiento, y la vida y apostolado de sus miembros. El **Manual del Miembro del Movimiento** es un texto más reciente, y va dirigido al individuo, con una fuerte motivación apostólica. La propuesta que hace a sus miembros es la de "un cristianismo activo y entusiasta en el amor… con un hondo sentido de la misión, capaz de transmitir al mundo la fe y la esperanza mediante el anu cio de la palabra y la solidaridad evangélica".

El Vocabulario del Movimiento Regnum Christi es una obra en la que se recogen editadas las sesiones de preguntas y respuestas que se tuvieron con el Fundador en el cursillo de Monticchio (Nápoles), en el verano de 1971, año y medio después del lanzamiento del Movimiento. Es un documento precioso que refleja las inquietudes y las preguntas que surgían en aquellos primeros momentos de la vida del *Regnum Christi*.

El cómo del hacer legionario y del Regnum Christi

El Movimiento Regnum *Christi* se debería caracterizar desde un principio como una institución profesional en la búsqueda de sus objetivos espirituales y apostólicos, y en el ejercicio de sus actividades. La metodología del *Regnum Christi* impone a sus miembros un estilo de trabajar imbuido de una mentalidad de empresa a realizar, de tarea a llevar a cabo, y de expectativas a cumplir. Interesa la calidad del compromiso de entrega, y la multiplicación y suma de los esfuerzos. Las bases del Movimiento, sus miembros, deberán aprender el arte de hacer y trabajar eficazmente. El Movimiento no quiere tener listas de gentes inscritas, sino contar con miembros en servicio activo. La Legión y el *Regnum Christi* son, como hermosamente se ha dicho, un proyecto y un programa "de vivir y hacer vivir un cristianismo integral". En este sentido se dice que el *Regnum Christi* es un Movimiento militante, como lo es y lo sugiere el nombre mismo de Legión de Cristo. Ya citábamos antes las palabras de Pablo VI que describían a los Legionarios de Cristo como "hombres activos, que no están a mirar cruzados de brazos". Y ya Pío XII había caracterizado a la Legión como "un ejército en orden de batalla", citando la hermosa expresión "Cantar de los cantares" (6,9).

Desde los orígenes la Legión habla de integrar e involucrar activamente a las diferentes categorías de miembros del Pueblo de Dios: sacerdotes, consagrados y seglares en la misión de llevar el mensaje de Cristo al mundo moderno, y de inspirar con la doctrina católica las diversas capas sociales. Esta voluntad de involucrar a todas las categorías de creyentes católicos se explica por la visión de Iglesia,

Pueblo de Dios y Cuerpo Místico de Cristo, que tiene el Movimiento. Por lo cual la Iglesia y el Reino, son obra de todos. Esta es una doctrina atractiva y hermosa que nos fue legada por el Vaticano II. Esta voluntad de hacer que la gente se involucre en el apostolado se explica también por la inquietud que impele interiormente al Movimiento a venir en ayuda de la Iglesia de manera fuerte y decidida, y por la necesidad de implicar en la tarea a cada uno de sus miembros. La fórmula de acción que se propone el Movimiento es la acción capilar o celular, donde cada individuo tiene algo que aportar, y la acción en equipo, como suma de los talentos y esfuerzos de todos. Se trata de convencer a la gente para que se comprometa en la acción; para que ponga no sólo su firma, sino también su voluntad en la "hoja del compromiso" personal.

No hay otro término en nuestro vocabulario legionario que tenga mayor variedad de sinónimos que este del "hacer apostólico". De manera equivalente hablamos de espíritu de lucha, espíritu batallador, tenacidad, perseverancia hasta morir en la raya, espíritu emprendedor, dinámico, fuerte, de temple de acero, esforzado, valiente, audaz, conquistador, ardoroso, entusiasta, resistente, sufrido, en acto de servicio, proselitista, misionero, soldado raso, hombre líder, de garra apostólica, militante... El término que para nosotros engloba todos esos matices fuertes de nuestra mística apostólica es *el ideal del "hombre o mujer del Reino"*.

Este talante apostólico lo exige la naturaleza de los apostolados específicos. La elección de los campos preferentes de acción apostólica, tales como la juventud, la familia, la educación, la formación y promoción social de las clases humildes, la evangelización misionera, los medios de comunicación, requieren para su realización un tipo de persona dotado de iniciativa, espíritu batallador, audaz y capaz del mayor sacrificio y aguante. La fórmula de acción de vértice a base, sobre los líderes, y el principio del triple "hacer" son de orden estratégico y se explican por razón del tipo de apostolado que se quiere hacer. Podemos decir con justeza y verdad objetiva que este modo de sentir y hacer está inscrito en el "carisma legionario".

El modo de hacer el apostolado del *Regnum Christi* y de la Legión si se toma aisladamente alguno de sus aspectos puede resultar incómodo a algunas gentes. Lo pueden tildar de "elitismo". Esto sería verdad si el *Regnum Christi* no desarrollara paralelamente con el mismo celo y dedicación una labor de promoción social, educación y formación cristiana de las clases más necesitadas en los lugares a donde llega y se establece. "Los pobres son evangelizados" es igualmente un objetivo apostólico que está muy en el corazón y en la práctica de la tarea apostólica del *Regnum Christi*. Afirmar lo contrario sería una injusticia y un desconocimiento de una de las páginas más hermosas y meritorias de la acción apostólica del Movimiento y de la Legión. La capacidad apostólica del Regnum Christi, su presencia donde quiera que se encuentre o adonde llega, el apostolado con los líderes, son elementos que siempre han redundado en beneficio de la gente más humilde y necesitada. El Movimiento ha desarrollado una red creciente de servicios de primera necesidad humana y espiritual. Sería largo hacer la lista de todos esos servicios asistenciales.

Ciertamente el *Regnum Christi* es un cuerpo vivo y dinámico. No le falta el enzima espiritual que le lleva a comprometerse a fondo en un apostolado sin fronteras. El *Regnum Christi* no se identifica con un Movimiento que se contenta con crear un espacio "suave", donde las personas son invitadas a venir y a sentirse bien. No representa un grupo de "cristianos de salón" como decía el Papa Francisco. Los legionarios tienen que ser hombres preparados intelectualmente para poder dar razón de le fe a quien se la pida, pero no deben caer en el escollo que el Papa Francisco calificaba de "narcisismo teológico".

Las opciones apostólicas que hacen la Legión y el *Regnum Christi* son del orden de los medios, no de los fines últimos. Estos cuentan de manera absoluta. No se puede cambiar el mandato evangélico de ir y anunciar el evangelio a todas las gentes. Los otros, los medios, son solamente caminos para llegar a esas gentes destinatarias del mensaje evangélico. Estos caminos no son unívocos o uniformes, sino que se configuran de acuerdo con la heterogeneidad de los destinatarios y sus ambientes humanos y sociales. En el caso de la captación de líderes y de su compromiso apostólico se trata de hacer madurar en ellos un compromiso de fe y de acción según la representatividad y ascendiente que tienen en la sociedad. Si se quiere que en el mundo haya más equidad y que los que tienen trabajen por ayudar a los que no tienen es necesario despertar la conciencia y avivar la solidaridad de los primeros, y hacer que el mensaje evangélico y la doctrina de la fe bajen al corazón y a las manos. No se trata de promover una "filantropía natural", como si se tratara de un NGO; sino de crear una espiritualidad dinámica, creativa, de comunión, solidaridad y de fraternidad a lo largo y ancho del Cuerpo Místico de Cristo.

Capítulo 5

Algunas instancias evangelizadoras en la historia de la Iglesia Católica.

Cristo prometió a su Iglesia la asistencia infalible del Espíritu Santo para llevar el evangelio a todo el mundo. Y el Concilio Vaticano II en la "Lumen Gentium" n. 24 afirma que: "Para el desempeño de esta misión, Cristo Señor prometió a los Apóstoles el Espíritu Santo, y lo envió desde el cielo el día de Pentecostés, para que, confortados con su virtud, fuesen sus testigos hasta los confines de la tierra ante las gentes, los pueblos y los reyes (cf. *Hch* 1,8; 2, 1 ss; 9,15)". El Espíritu Santo iluminó el camino de los primeros apóstoles, y les movió en las decisiones y pasos que tuvieron que dar. Reunidos en Jerusalén para decidir el rumbo que había de tomar la Iglesia en relación a la predicación del Evangelio al mundo pagano los Apóstoles basan la decisión tomada en estas palabras: "ha parecido bien al Espíritu Santo y a nosotros" (Hch15, 28). El Espíritu Santo es el que ilumina a la Iglesia para poder discernir en cada situación y coyuntura "los signos de los tiempos" y escoger los caminos del evangelio.

Puede ser sumamente ilustrativo y esclarecedor a fin de entender el estilo apostólico de la Legión y del *Regnum Chisti* considerar cómo se difunde y penetra el evangelio en la vida y en la cultura de las sociedades a las que llega para implantarse o para seguir creciendo en aquellas cuya presencia ya es secular. Para este propósito podemos estudiar algunos períodos de la historia de la Iglesia para deducir ciertas constantes de cómo se ha llevado a cabo la difusión y penetración de la fe. Tres épocas significativas nos pueden ilustrar este punto. A saber, la extensión del Cristianismo a lo largo del Imperio Romano en los primeros tres siglos; la respuesta dada por la Iglesia en el siglo XV a la crisis de la Reforma Protestante que dividió la cristiandad occidental; y la reacción de la Iglesia ante el acoso de ideologías adversas, laicas y liberales del siglo XIX, que culmina con la "puesta al día" emprendida por el Concilio Vaticano II en la segunda mitad del siglo pasado.

Esta reflexión tiene el sentido de iluminar los caminos de la evangelización en el mundo de hoy. Caminos fieles al Evangelio, que acogen el destino universal de todos los hombres a la salvación y comprometen a todos en la tarea de hacer llegar el Reino de Cristo a cada persona, a cada familia, y a cada ambiente de la sociedad.

LA IGLESIA DE LOS TRES PRIMEROS SIGLOS.

¿Cómo fue penetrando el cristianismo en las clases sociales del Imperio Romano? Sintetizo aquí el estudio que hizo en su tiempo (1905), y aún hoy válido, el historiador francés Paul Allard: "Diez lecciones sobre el martirio", publicado en español por la editorial Gratis Date (Pamplona, 2002). Resumo lo que dice este autor.

El cristianismo desde un principio penetra en todas las clases de la sociedad. Pareciera que lo normal hubiera sido que se arraigase solamente en su lugar de nacimiento, y que a lo más, muy poco a poco, se hubiera difundido a otros pueblos y razas, lenguas y culturas. Pero no fue así. La historia nos muestra que el cristianismo se extendió casi al mismo tiempo en las más diversas regiones del mundo antiguo.

Podría suponerse que, como los partidos políticos, la nueva fe arraigara sobre todo en medio de las clases sociales media y baja. Pero no fue esto así. La nueva fe predicada por San Pedro, un pescador, o por San Pablo, un tejedor, se extiende también entre las clases más elevadas del mundo antiguo. El primer converso pagano de San Pedro, Cornelio, era oficial del ejército romano (Hch 10). Cuando Pablo y Bernabé recorren Chipre, el procónsul Sergio Paulo «los hace comparecer, pues desea oír de su boca la palabra de Dios», y en seguida «admira y cree» (13,7.14). «Muchas mujeres nobles» de Tesalónica se convierten ante la predicación de Pablo (17,4). En Corinto, Pablo logra ganar para Cristo al tesorero de la ciudad (Rm 16,23). Cuando predica en la colina del Areópago, creen en su palabra algunos atenienses, entre ellos un miembro de aquel tribunal superior (Hch 17,34). En Éfeso el Apóstol hace amistad con personas principales (17,34). Todos los estamentos sociales, ricos y pobres, están ya reunidos y fundidos en las primeras iglesias cristianas.

Desde el comienzo de la evangelización hubo cristianos en la casa imperial. San Pablo, en carta escrita hacia el 62 o 64, saluda «a los santos que están en la casa del César» (Flp 4,22).Los "cesarianos" eran esclavos que desempeñaban altos cargos en el palacio del Emperador, y tenían por ello un rango elevado. Siempre fueron numerosos y gozaron de altos favores. Hubo cesarianos en el palacio de Marco Aurelio(161-180), y más en tiempos de Cómodo (180-192). En una carta, San Cipriano (-258), condena el abuso de algunos obispos que eran intendentes de posesiones imperiales (De lapsis, 6). San Dionisio de Alejandría (-264) dice que en el palacio imperial de Valeriano (-260), antes de que persiguiera a los cristianos, había tantos cristianos que parecía una iglesia (Eusebio, Hist. eccl. VII,10).

También la historia de los cementerios cristianos de Roma y de las provincias del Imperio nos hace patente el hecho de familias prominentes convertidas al cristianismo. La mayoría de estos cementerios fueron fundados por cristianos ricos que ofrecieron el sepulcro de su familia, sus jardines, alguna de sus posesiones, sea para recibir los restos de algún mártir ilustre o para acoger indistintamente a los hermanos en la fe. Los nombres antiguos de estos cementerios indican esta realidad: "Area Macrobii", "Area Vindiciani", "Hortus Justi", "Hortus Theonis", "Hortus Phillippi", etc.

Desde el siglo II se habla ya con frecuencia de cristianos ricos o nobles. Ya en el año 112, desde Bitinia, Plinio informaba al Emperador que se iban haciendo cristianos personas de toda condición, "omnis ordinis" (Epist. X, 96). En el 197 Tertuliano asegura que «el palacio y el senado» están llenos de cristianos (Apol. 2,37). Es un tiempo en el que Septimio Severo (145-211) defiende de ciertos ataques populares a los cristianos, "clarissimas feminas et clarissimos viros", haciendo su elogio (Tertuliano, Ad Scapulam 4). Y en el curso mismo de las violentas persecuciones del siglo III el número de cristianos pertenecientes a familias nobles, ricas, y a veces integradas incluso en el gobierno imperial, va acrecentándose más y más.

Desde el tiempo de los Apóstoles el cristianismo penetró ampliamente en la clase media alta de gente acomodada, emprendedora, y de espíritu abierto. Esto se deduce de los consejos que da San Pablo sobre la limosna (2Cor 9,5-13; 1Tim 6,17-19); sobre el trato que ha de darse a los esclavos (Ef 6,9; Col 4,1): y las exhortaciones que dirige a las mujeres cristianas para que eviten los vanos lujos (1Tim 2,9; 1Pe 3,3); así como otros muchos indicios -donaciones a la Iglesia, cesión de jardines o posesiones para cementerios. Esto hace ver que la clase media alta estaba ampliamente representada en la primera Iglesia. Tertuliano, que al parecer fue abogado, afirma, concretamente, que los cristianos abundaban entre los curiales y en «el foro», es decir, entre jueces y abogados (Apol 37). Abogado era el apologista Minucio Félix (s.II-III), africano establecido en Roma; y también era jurista y retórico en Cartago el que fue después obispo de esa ciudad, San Cipriano.

El arraigo del cristianismo entre los intelectuales no llegaría sino hasta el final del siglo II. Clemente de Alejandría (150-215) afirma que «muchos de ellos» se han hecho cristianos (Stromata VI,16). Y al convertirse, no pocos de ellos usan la pluma para defender la nueva fe, y forman en los siglos II y III el gran movimiento de apologistas del cristianismo. Como dice Arnobio (255-327), converso y apologista: «Oradores de gran ingenio, gramáticos, retóricos, jurisconsultos, médicos y filósofos, han buscado las doctrinas [del cristianismo] y han dejado con desprecio aquellas otras en las que antes habían puesto su confianza» (Cf. Adv. Gentes II,55).

También en los ejércitos romanos arraigó el cristianismo. Algunos rigoristas, como Tertuliano, Orígenes y Lactancio, estimaron que el cristianismo no era compatible con la profesión militar. Pero el espíritu de la Iglesia era mucho más amplio y tenía antecedentes decisivos. El Bautista predica a los soldados la bondad y la justicia (Lc 3,14); Jesús escucha la súplica del centurión de Cafarnaúm (7,1-10); y Pedro bautiza al centurión de Cesarea (Hch 10). En una sociedad como la romana, decadente y disoluta, las virtudes propias de la vida militar como la valentía, el aguante, la abnegación, la disciplina, el desprecio de la muerte... eran disposiciones afines a las virtudes cristianas. Por eso no pocos maestros de la fe en los comienzos del cristianismo: Pablo (2Tim 2,3-5), Clemente Romano (Corintios 37), Ignacio de Antioquía (Policarpo 6), toman muchas veces palabras e imágenes de la vida militar para ilustrar lo que ha de ser la vida cristiana. San Pablo predicó en Roma en el campamento de la guardia pretoriana (Flp 1,13), en la que ya desde los tiempos de Nerón había cristianos conversos. El mismo Tertuliano reconoce que a principios del siglo III los cristianos llenan los campamentos, y hay regiones del Imperio en las que la mayoría de la tropa y sus generales son cristianos.

Esta historia de cómo fue penetrando la fe cristiana en las esferas altas del imperio romano, y de cómo influyó este hecho en la rápida expansión del cristianismo demuestra que la Divina Providencia cuenta con unos y con otros de los que integran la escala social. Dios no tiene acepción de personas. Como dice Paul Allard, la creencia de que los primeros cristianos dentro del imperio romano procedían de la plebe baja no concuerda con la historia. Si esa hubiera sido la realidad, la difusión del cristianismo hubiera tomado probablemente mucho más tiempo y hubiera tenido, tal vez, otra evolución cultural y social. Cierto que la Providencia Divina puede sacar hijos de Abrahán hasta de debajo las piedras; pero humanamente hablando no se ve cómo una masa de gente de extracción baja y de condición servil hubiese podido en tan poco espacio de tiempo hacer prevalecer una revolución religiosa y cultural de tal envergadura, teniendo en frente una estructura política y un poderío militar que en esos tres primeros siglos no daba señales de debilitamiento. Es de creer que la fuerza determinante en este proceso vino de arriba en forma cada vez más pujante, apoyada sin duda por la marea creciente de conversiones entre la plebe.

LA COMPAÑÍA DE JESÚS.

Otro ejemplo de cómo se difunde la fe lo constituye la reacción católica a la reforma protestante. Esta se extiende rápidamente por Europa, apoyada sobre todo por los príncipes electores alemanes que codiciaban las ricas propiedades de obispados y abadías. Las ideas de los reformadores se diseminan por todas partes. Se difunden también las ideas del humanismo renacentista, un movimiento renovador, que se inspira en los ideales y formas de vida de las antiguas culturas de Grecia y de Roma. La Iglesia Católica para hacer frente al contagio y a la difusión de la herejía, y de las ideas de un humanismo pagano celebra el Concilio de Trento (1545-1563), que reafirma la fe de la Iglesia, precisando y explicando los dogmas más en cuestión. También propone medidas para la renovación de la vida del clero y de los fieles. De ahí saldrá la fundación de seminarios, y una reorganización de la liturgia, llamada Tridentina. La renovación emprendida por la Iglesia dará como fruto, entre otras cosas, muchos santos y hombres de saber comprometidos con la reforma y defensa de la Iglesia.

Entre las instituciones católicas que surgen por ese tiempo hay una que es reconocida como el factor más determinante en la recuperación católica tras el cataclismo protestante: es la Compañía de Jesús, recientemente fundada por San Ignacio de Loyola (1491-1556). La vida de San Ignacio y su obra transpiran las ideas y los valores de la España católica, cortesana y caballeresca de los siglos quince y dieciséis. Sus años jóvenes hasta los veintiséis los resume Ignacio en su autobiografía como "dados a las vanidades del mundo, y principalmente se deleitaba en ejercicio de armas y vano deseo de ganar honra". Fue educado en la casa de uno de los principales oficiales de la corte de la Reina Isabel, en Arévalo, el contador Juan Velázquez de Cuéllar. La conversión de Ignacio supuso un vuelco, no de los valores o ideales caballerescos, sino del objeto en el que se fijan esos ideales. Como escribe Miguel Angel Ladero: "Se trataba de pasar del servicio del Rey y de la Dama terrenales, al servicio del Rey Eterno y la Virgen María... Para el caballero el servicio de su dama era complemento del ejercicio de las armas. Ignacio cambió las suyas militares por otras religiosas, pero sin perder su objetivo, sublimado en adelante como servicio, honra y gloria de su Divina Majestad".

La intuición de San Ignacio fue la de una Compañía de Jesús que asume el reto de la cultura humanista renacentista, y se propone como objetivo el desarrollo pleno intelectual, moral y espiritual de la persona. Efectivamente el gran objetivo que aparece como horizonte de fondo y da sentido a toda su concepción es "la formación del hombre libre, cambiante, perfectible", que se proyecta en el marco de una educación integral, síntesis del ideal pedagógico del humanismo renacentista. Apenas nacida, la Compañía de Jesús entró de lleno en la palestra de la defensa de la Iglesia con teólogos eminentes como Laínez, Salmerón y Belarmino. Escribe San Ignacio que la Compañía "es fundada principalmente para emplearse toda y principalmente en la defensa y dilatación de la santa fe católica". La fórmula del Instituto sigue siendo aún hoy la que definió San Ignacio y confirmó el Papa Julio III en 1550: "Militar para Dios bajo la bandera de la Cruz y servir sólo al Señor y a la Iglesia, su Esposa, bajo el Romano Pontífice, Vicario de Cristo en la tierra". Toda la mística ignaciana está imbuida de este espíritu de servicio de su Divina Majestad y de la Iglesia, a las órdenes del Vicario de Cristo.

En aquellos tiempos no existía todavía la escuela en el sentido moderno. Simplemente la escuela era desconocida para la mayoría de la gente de clase media y humilde. Los de clases más elevadas podían disponer de tutores domésticos.

La C. de J. no nació como una orden docente, sino urbano-misionera. Pero muy pronto se percató S. Ignacio de la trascendental importancia que podía tener la enseñanza en la transformación de la sociedad. Por ello, fundó Colegios y Universidades para la formación de sus propios alumnos y de alumnos externos. Su paso por las universidades de Alcalá y París le inspiraron la idea de la *"Ratio studiorum"*. Cuando se leen documentos como este y el de los Ejercicios Espirituales, se tiene la impresión, dice un autor jesuita, "de estar ante el diseño de unos ejercicios militares del alma para ser soldado de la Compañía de Jesús a través de una preparación sistemática, reglada, psicológicamente medida".

Los jesuitas en los tiempos del Renacimiento y posteriormente de la Ilustración comprendieron que para venir en ayuda de la Iglesia era necesario desarrollar una metodología apostólica adaptada a los tiempos, caracterizados por el nuevo humanismo, centrado en el hombre y en el primado de la razón. Se trataba de abrir nuevos caminos a la evangelización y a la defensa de la fe con el lenguaje, la dialéctica y la sensibilidad de las nuevas corrientes culturales que se estaban abriendo camino en Europa. La herramienta más efectiva para alcanzar estos fines fue su famosa "Ratio Studiorum" que incorporaba lo mejor del humanismo clásico, y de los nuevas corrientes culturales, contribuyendo a formar un nuevo tipo de hombre de Iglesia, con una mentalidad abierta a los nuevos desarrollos culturales, religiosos y sociales del tiempo. La Ratio Studiorum introdujo en la formación del jesuita unos horizontes más amplios, alargando el campo del saber eclesiástico más allá de la filosofía y de la teología, a la matemática, la química, la astronomía, y la biología. Les movía a ello el principio ignaciano de "buscar a Dios en todo", usando siempre de discernimiento espiritual.

La presencia de los jesuitas, debido a ese estilo innovador y moderno, era muy buscada en los cenáculos y ambientes de las clases cultas e influyentes. En un mundo diverso del de la cristiandad medieval, y de las Órdenes de los Frailes Mendicantes, los jesuitas, formados según la metodología y los contenidos de la "Ratio Studiorum" lograron abrirse camino por las universidades, las academias, las sociedades culturales, y las cortes reales. Hombres ilustres en el mundo religioso, de las artes, de la ciencia, y de la política frecuentaron los colegios jesuitas. Tenía, además, la Compañía el ser un cuerpo muy integrado y disciplinado que actuaba ágil y concorde, aventajando en esto a quienes actuaban en solitario.

El Colegio de Mesina, fundado en 1548, fue el primer experimento en educación. Estaba destinado a la formación de alumnos jesuitas y alumnos externos, procedentes estos de la clase noble y de la burguesía. El más famoso e influyente de estos colegios fue el Colegio Romano (1551), que después se llamó Universidad Pontificia Gregoriana. En el s. xvii todas las ciudades del mundo civilizado poseían ya algún colegio jesuita, de suerte que casi llegaron a tener el monopolio de la enseñanza escolar. Actualmente su sistema educativo es quizás el más extenso del mundo. Cuenta con 1900 Colegios y 191

Universidades. Donde más ha prosperado modernamente la enseñanza jesuítica es en EE. UU., donde dirigen 19 Universidades de gran renombre.

Los colegios fueron instrumentales en conectar a la Compañía de Jesús con las clases aristocráticas, políticas, intelectuales, y comerciantes de toda Europa. Gracias a la educación reconquistaron los Jesuitas gran parte de la Alemania protestante para la Iglesia. Era precisamente su dedicación a la educación y la originalidad y excelencia reconocida de su sistema educativo, junto con la exquisita formación humanista, filosófica y teológica lo que les recomendaba en todas partes. Se dedicaron igualmente desde el principio a las misiones, sobre todo en las nuevas tierras descubiertas y en el Extremo Oriente. Y allí donde llegaban instauraban el mismo sistema y método de evangelizar mediante la educación, la formación personalizada, la predicación de los Ejercicios Espirituales y la dirección de almas.

La fundación de colegios y universidades les proporcionó una gran plataforma de lanzamiento para formar a las clases dirigentes de reyes, príncipes, banqueros, comerciantes, e intelectuales y establecer en torno a la Compañía un nutrido número de personas especialmente ligadas a ellos y comprometidas en sus actividades apostólicas… Este papel les valió muchos enemigos, y la publicación de muchos libelos difamatorios; sobre todo en las regiones protestantes, como Inglaterra. Basta haber leído lo que se escribió en las primeras ediciones de la Enciclopedia Británica sobre los jesuitas para hacerse una idea de las monstruosidades que se les atribuían y las calumnias que corrían y que se daban por ciertas. Las ediciones más recientes de la Enciclopedia significaron un cambio total en el tratamiento del tema: muy apreciativo esta vez de la Compañía de Jesús, tal vez por su compromiso con la teología de la liberación y por algunos jesuitas bastante enfrentados doctrinalmente con Roma.

La actividad educativa de los colegios y universidades, la dirección espiritual y la predicación de los Ejercicios les trajo una gran bonanza de vocaciones selectas. Cuando el Papa Clemente XIV dio la orden de supresión de la Compañía esta contaba con 42 Provincias y un total de

22.000 jesuitas, lo que suponía una realidad bastante consistente en términos cuantitativos y cualitativos dentro de la Iglesia Católica. Según el eminente historiador jesuita Ricardo García Villoslada: "unos doce mil sacerdotes quedaban reducidos a la inacción, el mundo infiel perdía más de tres mil misioneros y la sociedad cristiana más de 800 instituciones de enseñanza".

El método jesuita de cómo sembrar y hacer avanzar la fe ha estado muy presente en la inspiración que ha dado vida a la Legión y al *Regnum Christi*. En el origen de la Legión está el propósito de venir en ayuda de la Iglesia en tiempos de grave necesidad para la misma. El punto de mira de su acción apostólica se centra en contar entre sus filas con personas y con medios, métodos y actuaciones de impacto que despierten la conciencia de ser Iglesia, y no sólo de estar en ella. El *Regnum Christi* quiere ser un Movimiento de avanzada que convoque y ayude a organizar el activismo de los católicos a todos los niveles y estamentos de la sociedad, sobre todo los más determinantes del bien común y eclesial: juventud, familia, trabajo, misiones, educación, medios de comunicación, organizaciones culturales y de servicios sociales, promoción de los valores de la fe y del humanismo cristiano. Así consta en las Constituciones de la Legión, y en los Estatutos del *Regnum Christi*.

Las claves mencionadas del florecimiento y gran éxito de los jesuitas han tenido sus glorificadores y sus detractores. La Legión y el Movimiento al ponerse la pregunta de cómo actuar más eficazmente en la Iglesia y en el mundo para llevar el mensaje del evangelio tomaron nota del camino formativo y apostólico de los jesuitas, y se inspiraron grandemente en él. Así se explica que la Legión y el *Regnum Christi* eligieran como eje de su estrategia apostólica la educación. Quien conoce la historia de la Legión y del *Regnum Christi* sabe que el primer colegio que construyó la Legión fue el principio de lo que hoy tenemos como lo más distintivo y significativo de nuestro apostolado en el mundo, la educación de la juventud. Así como pasó con el primer colegio Jesuita de Messina, y más tarde con el Colegio Romano.

LA ACCION CATÓLICA.

Desde un principio hubo laicos que se distinguieron en el servicio a la Iglesia y a la evangelización. La primera evangelización, en los tres primeros siglos fue en su gran mayoría obra de simples fieles cristianos. El avance y el florecimiento de la fe no se explicarían sin el compromiso y el testimonio de vida de la pléyade de santos y santas laicos a lo largo del caminar de la Iglesia. Pero no siempre hubo formas asociadas de apostolado seglar. Las primeras asociaciones de laicos, tales como las hermandades, cofradías, pías uniones, terceras órdenes, instituciones de beneficencia, etc. tuvieron principalmente un carácter piadoso, orientadas a la perfección espiritual, o a servicios de caridad. Fue en la segunda mitad del siglo XIX cuando aparecieron casi simultáneamente en diversos países de Europa y de América, asociaciones católicas de parecida finalidad religioso-popular-social para la defensa de la Iglesia, asediada por las ideologías y regímenes liberales decididos a silenciar a la Iglesia, y a proscribir con leyes su presencia y actividad en la vida pública.

En la historia política del siglo XIX se enfrentan dos corrientes de pensamiento opuestas: la corriente restauradora (rey, nobleza, religión) y la corriente revolucionaria que propugna la implantación de la ideología liberal. Sus rasgos más sobresalientes fueron la eliminación de la aristocracia, la separación de Estado e Iglesia, la libertad de creencia, la moral privada, la educación laica y la reclusión de la Iglesia en el ámbito privado. Esta corriente liberal terminará por imponerse políticamente en Europa y América, con un complejo anticatólico que es origen de un constante hostigamiento de la Iglesia.

A las ideologías del liberalismo social y político, se suman más tarde las del cientifismo y del progreso social. Se instala en la sociedad una nueva clase rica e influyente, la de la burguesía, que sustituye a la aristocracia. Se multiplican las sociedades secretas; las poderosas logias masónicas y carbonarias, que cuentan entre sus adeptos a los personajes más sobresalientes de las letras, las artes, el comercio y la política… A todas estas nuevas formaciones de la sociedad les une su oposición a la religión y a la Iglesia.

Las transformaciones sociales y políticas, turbulentas, por las que atraviesa Europa en la segunda mitad del siglo XIX tienen una repercusión negativa en la vida de fe y en la práctica religiosa. El papel tradicional de la Iglesia como fuente de autoridad religiosa y guía de la conciencia moral en la vida individual y pública quedó en entredicho. Por otra parte la revolución industrial en curso comienza a producir grupos de gentes desplazadas de sus lugares de origen, que para escapar de la pobreza se ven obligadas a emigrar a las grandes ciudades, teniendo que vivir en condiciones de vida y de trabajo degradantes, y se ven privadas del contacto y cercanía de la Iglesia.

Durante décadas las ideas liberales de un orden nuevo social y político comprometen seriamente la vida y la misión de la Iglesia. Esto ocasiona que los Papas y las mentes católicas más clarividentes en la jerarquía y en el laicado se decidan lentamente a actuar.

En este contexto histórico de fines del siglo XIX e inicios del siguiente comienzan a aparecer, aunque sea tímidamente, nuevas formas de hacer presente a la Iglesia en el nuevo entramado social que está cristalizando por todas partes. Su objetivo es el de defender su espacio en la vida social y pública, el derecho natural y divino a enseñar públicamente la fe y profesar el culto, el derecho a una educación privada, y la capacidad de atender pastoralmente a los fieles. Esta experiencia naciente de apostolado organizado irá madurando hasta formar una elite católica de gentes de todas las profesiones que en gran medida serán los creadores y mentores de la Europa que renace después de las dos guerras mundiales. Se va perfilando una nueva respuesta y estrategia de la Iglesia.

Pío X (1903-1914) hizo parte principal de su programa el lema paulino de "instaurar todas las cosas en Cristo". Una consigna general que indicaba un cambio de miras y de objetivos en la vida de la Iglesia y una llamada a los católicos, y a los fieles seglares en especial, a dar voz y representación a la fe en los asuntos de la "res publica". El magisterio de los Papas se volvió hacia las cuestiones sociales más candentes de la época, la condición obrera. Se fue formando en ese campo un cuerpo de doctrina, coherente con toda la tradición de la

Iglesia y en continuidad con ella, llamado a iluminar y orientar unas situaciones sociales nuevas, conflictivas e inciertas. De esta manera maduró la intervención doctrinal más importante del magisterio eclesiástico de esa época, la Encíclica de León XIII *"Rerum Novarum"* (1891), sobre la situación de los obreros y las relaciones entre trabajo y capital. A la que siguieron, conmemorando sucesivos aniversarios de la primera: *"Quadragésimo anno"* (1931) de Pío XI. *"Mater et Magistra"* (1961) de Juan XXIII. *Populorum progressio"* (1967) y *"Octogésima adveniens"* (1971) de Pablo VI. *"Laborem Exercens"* (1981), y *"Centesimus annus"* (1991) de Juan Pablo II.

En Italia se funda la Acción Católica. Pío XI (1857-1939) le dará una organización más articulada a nivel nacional, diocesano y parroquial. La idea de la Acción Católica incluía la formación en los campos de la fe, la moral, y de la doctrina social. Se diversifica desde un principio en ramas, según las profesiones: intelectuales, obreros, comerciantes, campesinos; y según los sexos y las edades: desde la infancia hasta los adultos. El punto de anclaje de la vida de la Acción Católica radicaba en gran medida de un lado en la parroquia, y de otro en la actividad animadora y educativa de los formadores y órganos directivos a nivel diocesano y nacional, que suministraban las consignas, los planes de acción, los programas formativos, y organizaban los convenios. La característica más saliente de la Acción Católica es el ser una empresa conjunta de Jerarquía y laicado seglar. Se inicia así de la mano de la Iglesia un período de gran difusión, florecimiento y presencia activa de los católicos en toda Italia.

En Francia se forma en 1886 la "Asociación Católica de la Juventud Francesa" (ACJF) una agrupación inicialmente de piedad, de estudio y de acción, para servir de apoyo a la juventud católica francesa, deseosa de lanzarse a la acción social. En 1930 la agrupación sobrepasa la cifra de los 100 000 inscritos. En ese tiempo tiene que modificar su estructura para adaptarla al nacimiento de la Acción Católica especializada: obrera, agrícola y estudiantil.

En Bélgica, Mons. Joseph Cardijn funda 1924 la JOC (Juventud Obrero Católica). Este modelo se extiende posteriormente a Francia, España, Italia, y a Latinoamérica.

La Acción Católica General figuró en los documentos del Concilio Vaticano II quien, en cierto modo, la redefine y la ubica finalmente como "perteneciente al diseño constitucional de la Iglesia" (según palabras de Pablo VI). La Constitución *"Lumen Gentium"* (33) la califica como un servicio más comprometido en cuanto forma laical de apostolado llamada a una colaboración más estrecha con la Jerarquía. En el Decreto *"Ad Gentes"* (15) la Acción Católica viene designada como "uno de los ministerios necesarios para la implantación de la Iglesia y el desarrollo de la comunidad cristiana". En el Decreto *"Apostolicam Actuositatem"* se caracteriza a la Acción Católica por medio de cuatro notas distintivas: eclesial, laical, orgánica, unida a la jerarquía.

¿Cuál es el proyecto pastoral respecto al mundo y a la Iglesia que persigue la Acción Católica? Ella busca desarrollar en el laico católico una fe madura, consciente y comprometida, capaz de dar razón de sí misma ante el mundo y en referencia a la vida cotidiana, valiéndose del método de la Revisión de Vida. En un principio las batallas que tuvo que combatir fueron en defensa de las diversas libertades que querían negarle a la Iglesia los nuevos sistemas políticos que se impusieron en Europa en el siglo XIX. Más tarde se vería envuelta en la cuestión social y los problemas de injusticia que generaba en las clases obreras y pobres la revolución industrial. Basta releer a este respecto la encíclica "Rerum Novarum" de León XIII para hacernos una idea de los campos en los que se veía envuelta la Iglesia en el tema de la cuestión social.

En esos tiempos la Compañía de Jesús se encontraba todavía convaleciente de la crisis sufrida por la supresión. Varios gobiernos de Europa se seguían resistiendo, entre ellos el de las Cortes masónicas de España, a su regreso a la vida institucional. Hasta mediados del siglo (1854), los gobiernos de España, Suiza, Portugal, Argentina y otros siguieron decretando sucesivas expulsiones de los jesuitas. En esa coyuntura las nuevas organizaciones católicas que iban surgiendo en la Iglesia eran prácticamente las únicas fuerzas con las que podía contar la jerarquía para hacer frente a los ataques sistemáticos de los que veían en la Iglesia el obstáculo mayor a sus intereses. A pesar de las compañas de propaganda y desprestigio contra la Iglesia de los movimientos liberales y de izquierdas, seguía habiendo en Europa una mayoría silenciosa fiel a la Iglesia y a la práctica religiosa. Fue esa mayoría silenciosa la que formó el campo de cultivo y de alistamiento del laicado en las nuevas organizaciones católicas. Se logró forjar una presencia capilar en los lugares y ambientes especialmente influyentes y álgidos.

Con el advenimiento del siglo XX otras cuestiones y problemas ocupan la atención de la Iglesia. Europa entera se ve envuelta en una primera guerra mundial que causa ruina y destrucción generalizada. Suben al poder en Italia, Alemania y Rusia movimientos de ideologías fascistas y comunistas. Las ambiciones de hegemonía política de estas ideologías conducen a una segunda guerra mundial, que abarca Europa, Africa y Asia, y que se salda con millones de muertos en ambos bandos, y con la expansión rusa en Europa central que da lugar a la llamada guerra fría, al emblemático muro de Berlín, y a la carrera de armamentos entre Estados Unidos y la Unión Soviética. El optimismo del "siglo de las luces", lejos de instaurar la era de la fraternidad, la libertad y la igualdad, dio lugar a dos siglos caracterizados en lo social por la barbarie de los movimientos revolucionarios y anarquistas. No es extraño, sino más bien comprensible, que el legado que han dejado esas guerras en Europa hayan sido las filosofías existencialistas, nihilistas y materialistas. Florece en la primera mitad del siglo XX una literatura, magnífica como género, pero deletérea como pensamiento, en la que destacan ateos confesos como Nietzche, Gide, Heidegger, Sartre, Camús, Ionesco, Anouilh, Samuel Beckett, por mencionar a algunos de los más famosos, cuyo mensaje es el sin sentido y la soledad de la vida humana.

En el último cuadrante del siglo pasado las batallas se han trasladado al campo de la ética social, de la ciencia y de la biología humana. El *dogma* reinante es el multiculturalismo, una terminología a propósito ambigua que esconde el más absoluto relativismo ético y el más craso positivismo jurídico. Uno de los campos más afectados por estas ideologías es el del matrimonio y la vida familiar. El panorama actual se complica más si añadimos los problemas del racismo, la inmigración, los nuevos frentes del feminismo radical, la filosofía ecologista, la supresión de la vista pública de los signos religiosos, especialmente católicos.

Ha sido en ese mapa de un mundo convulso y en fermentación cultural, social y política, donde la Divina Providencia dispuso que naciera, se forjara y actuara la Acción Católica. Sería largo hacer un elenco de los hombres que han sido sus pioneros y líderes. Cada país cuenta con los suyos. De sus filas han salido hombres y mujeres excepcionales que inspiraron ilusión, dinamismo, y ganas de trabajar. Fueron figuras eminentes en los comienzos de la Acción Católica Italiana a principios del siglo XX Giuseppe Toniolo, Armida Barelli, D. Luigi Sturzo (Iniciador de la Democracia Cristiana), Luigi Gedda y Carlo Carretto. En Francia tuvieron un impacto muy grande teólogos y pensadores eminentes como Maritain, Mounier, Chenu y Congar. En España, fue decisiva la acción de hombres de Iglesia como el cardenal Reig y Casanova, Angel Herrera Oria, y el cardenal Vidal y Barraquer. Todos estos hombres fueron en la primera mitad del siglo XX los que darían a la Iglesia una salida vigorosa de la caldera ideológica del siglo XIX.

¿En qué basaba la Acción Católica su estrategia apostólica? Pío XII en un discurso conmemorativo de los 30 años de la Sección de Hombres de la Acción Católica aludía a "un programa de trabajo « capilar », para hacer más efectiva la presencia de los católicos militantes en todos los lugares y con todas las personas con las que conviven. Se trataba de un modo discreto y tangible de realizar una tarea apostólica personal y en profundidad que con el tiempo fuera operando una transformación del modo de vivir la fe y de ser cristiano.

Benedicto XVI al celebrarse el 140 aniversario de la Acción Católica recordaba los principios que habían inspirado el camino de su servicio a la Iglesia. Mencionaba *el compromiso formativo* de sus miembros tan propio de la metodología y del trabajo de la Acción Católica. El *cultivo de la inteligencia y de la racionalidad* amiga de la fe para confrontarse con la mentalidad relativista. El *compromiso de santidad y radicalismo evangélico*, finalidad de la Institución. Y las *notas características* que la han distinguido desde el principio: *eclesial, secular, orgánica, ligada a la jerarquía.* (cf. Apostolicam actuositatem, 20). (Discurso de Benedicto XVI a la Acción Católica al celebrar el 140 aniversario de su fundación, 4 de mayo 2008).

Así la Acción católica se ha distinguido desde el principio como una convocación e integración de las fuerzas vivas católicas en una unidad compacta y eficaz. Como una presencia transformadora que actúa a modo de levadura evangélica en la masa de las realidades terrenas, y que el Concilio Vaticano II llamó "la consecratio mundi". Como un Movimiento evangelizador, comprometido en el diálogo desde la fe con una cultura prevalentemente laica y relativista.

La Acción Católica se caracteriza por el propósito, el empeño y la seriedad por formar a sus miembros; el llamado "compromiso formativo". El Papa Pablo VI insistía siempre sobre ello en sus encuentros con la Acción Católica. Sólo mediante una formación integral que equipe al apóstol con un buen bagaje espiritual y cultural le permitirá llegar a la vida de las personas y penetrar los ambientes de la vida social con el evangelio. Su doble condición de laico y católico no es un obstáculo sino una oportunidad y un llamado para meterse de lleno en la gran tarea de transformación del mundo. Esta tarea es de una naturaleza que no se va a poder llevar a cabo con un catolicismo de "capillismos", como alguien ha dicho, recluido en las sacristías. Tiene que salir a la plaza pública, y ahí poder dar razón de la fe, "a tiempo y a destiempo".

Para entender la seriedad con que la Acción Católica vive su compromiso cristiano de anunciar a Cristo basta echar una ojeada al Plan General de Formación de la Acción Católica Española. "La AC, dice ese documento, debe potenciar la formación de los laicos. Una formación integral que logre la personalización de la fe y ayude a vivirla en unidad; que impulse, motive y renueve la máxima coherencia entre la fe y la vida. Ésta conducirá a la preparación de un laicado adulto y militante.

Cuando hablamos de laicado maduro, sigue diciendo el documento, nos estamos refiriendo a la formación del creyente con un cierto grado de madurez humana y cristiana, para quien la fe sea una realidad vivida, que evangeliza a partir del testimonio y testimonia a partir de lo que vive. Esta fe se vive en un mundo concreto. Por eso hablamos de un laicado consciente, que esté atento a la realidad que le envuelve, en el pueblo o lugar donde reside o realiza su vida, que se sienta afectado por esta realidad y descubra la presencia de Dios y desde ahí evangelice, es decir, que sea capaz de realizar una lectura creyente de la realidad. (Para esto ayuda la Revisión de Vida)".

La Guía de Formación de Laicos de la Comisión Episcopal de Apostolado Seglar (CEAS) señala una serie de actitudes que hay que formar y potenciar:

* Contemplación y compromiso de vida cristiana

* Superación personal partiendo de la conversión a Jesucristo.

* Voluntad de vivir en comunión con los pobres.

* Aprender a captar las llamadas del Señor desde la oración.

* Aprender a conocer y amar evangélicamente a los demás.

* Conocer el Evangelio, actualizarlo y proclamarlo desde la vida y el compromiso.

* Vida comunitaria como camino para vivir todo lo anterior.

La Acción Católica es de naturaleza expansiva. Nació con la finalidad de "engrosar las filas". No para crear una base de poder para sus propios intereses; pues la Acción Católica no es una institución de "autoservicio". Si busca engrosar las filas es para que haya más fieles en las iglesias, más laicos católicos sirviendo en las escuelas, en las instituciones públicas, en los areópagos donde se debaten cuestiones que importan a la fe y a la moral. Se trata de venir en ayuda de la Iglesia donde ella lo necesite. La Acción Católica es lo contrario de una Iglesia que vive "intra muros", "autoreferencial" como suele decir el Papa Francisco.

La Acción Católica tiene un proceso concreto para la iniciación e incorporación de los miembros a la misma, y unos requisitos para "dar el paso a la militancia". Es una institución que no sólo convoca sino que también compromete; busca que la gente se apunte. Los laicos que deseen incorporarse deberán pasar un periodo de iniciación, nunca inferior al año, en el cual irán conociendo los métodos de pedagogía activa y Revisión de Vida, así como la naturaleza, finalidad y notas identificativas y objetivos apostólicos de la Acción Católica. Transcurrido el periodo de Iniciación, la persona podrá, si así lo desea, dar el paso a la militancia, incorporándose plenamente a algún Centro de Acción Católica, con todos los derechos y obligaciones inherentes. El "paso a la militancia" es una declaración pública y libre de incorporación y pertenencia al Movimiento, que se realiza una vez al año, en una solemne celebración de la Eucaristía presidida por el Obispo o un Delegado suyo. Tras este acto la persona se compromete a asumir el Ideario de la Acción Católica y a trabajar por Dios en la Iglesia al estilo del Movimiento; y la Acción Católica se compromete a ayudarle para que pueda realizar su compromiso como creyente y militante tanto en la Iglesia como en el mundo.

La anterior descripción demuestra que la Acción Católica no es una agrupación de católicos, hombres y mujeres piadosos, que están ahí por el hecho de querer pertenecer a algo religioso. Hay en este proceso de la Acción Católica un rigor y una seriedad profesionales. Se trata de ser apóstoles en profundidad y con alcance eclesial. Uno de los objetivos principales es el impulsar un laicado maduro, consciente, evangelizador, misionero y militante. El espíritu que alienta en esta propuesta no es otro que el que animaba a San Pablo, el de la "parresía" evangélica, valiente y audaz.

Es posible leer entre líneas los puntos de contacto y las coincidencias que el *Regnum Christi* presenta con la Acción Católica. Es cierto que el Fundador del Movimiento estudió el método y la organización de la Acción Católica al tratar en un principio de dar forma al Movimiento; y conversó sobre el tema con personas representativas de la Institución. De ahí se dio un trasvase de ideas sobre la formación, la estructura y la acción apostólica. Elementos principales de nuestra metodología, como la formación integral, y sobre todo de la inteligencia de la fe; el binomio contemplación-acción; el trabajo organizado; la revisión de vida en equipo; la fórmula apostólica de vértice a base; la revisión y renovación constante del hacer apostólico para no quedar sobrepasados por la realidad exterior cambiante; la encarnación de la acción en la vida real de las personas, de los grupos y categorías sociales; el diálogo con las corrientes culturales que determinan los modos de pensar y de actuar de determinados grupos humanos…Estos son algunos elementos que el Movimiento importó de la Acción Católica por considerarlos especialmente aptos para su trabajo apostólico.

Segunda Parte

LA LEGIÓN Y EL *REGNUM CHRISTI*, UN ESTILO DE EVANGELIZAR

Capítulo 6

Cuando el cristianismo deja de ser contagioso.

Este talante evangelizador no carece de retos y de enemigos. Junto al despertar de la conciencia evangelizadora que se da hoy día en la Iglesia, prueba de ello son la multiplicación y la actividad de nuevas congregaciones religiosas y de movimientos de apostolado, se nota paralelamente una sutil y persistente invasión de la mundanidad que nos convierte en consumidores de la mentalidad y del "ethos" hedonista y consumista del mundo. Con ello dejamos de ser en el mundo un testimonio profético que denuncie la mentalidad y los comportamientos de ese mundo, y nos hacemos compañeros de viaje del mismo. Como escribía el Papa, nos coge "una obsesión por ser como todos y por tener lo que poseen los demás" (*Evangelii Gaudium, n79).*

Es esta cultura no simplemente un fenómeno "de facto". Tiene un elemento de fascinación cautivadora. Llega a hacer de los individuos seres atrapados en esa tela de araña que es la sociedad mundana y consumista. El Papa Francisco frecuentemente alude a la falta de celo apasionado para llevar a Cristo a la vida de hombres y mujeres que sufren la ausencia o lejanía de Dios en su vida. Muchos sacerdotes, tal vez, estén físicamente cerca de sus fieles, pero se encuentran espiritualmente muy distantes porque la llama del celo pastoral se encuentra apagada en sus corazones. En una de sus homilías en Santa Marta (3 de abril, 2014) el Papa Francisco hacía alusión a la parálisis, y a la anestesia apostólica que padecen muchos cristianos, especialmente ministros de la Iglesia. Decía él: "Es la enfermedad de la pereza, de la pereza de los cristianos. Esta actitud que paraliza el celo apostólico, que hace de los cristianos personas quietas, tranquilas, pero no en el buen sentido de la palabra: ¡que no se preocupan por salir para anunciar el Evangelio! Personas anestesiadas".

¿Qué se puede esperar de consagrados atrapados en la red de la mundanidad? Por mucho que queramos valorar positivamente algunos elementos de la mundanidad como herramientas y subsidios que debieran servir para la evangelización, la realidad es que en el uso que hacemos de esos instrumentos somos como el "aprendiz de brujo", víctimas de nuestro propio juego. Con frecuencia nos falta el discernimiento evangélico.

La cultura de la "mundanidad espiritual" y de lo "provisorio" (cfr. Evangelii Gaudium, 93-95), tienden a crear en el hombre consagrado a Dios y en el apóstol condicionamientos que limitan su entrega a la misión. Se trata de una cultura que premia el instante, la gratificación inmediata. Las virtudes de la espera, del aguante, de la consistencia, son las perdedoras en esta cultura. Y con ello salen también perdiendo el carácter moral, y la disciplina evangélica que deben distinguir al discípulo de Cristo y al obrero del Reino.

Se trata de una cultura que frecuentemente pone los medios por delante de los fines, lo accesorio delante de lo necesario, el "médium" por delante del mensaje. La mundanidad hace que un tipo híbrido de personalidad se sustituya a la del hombre consagrado y apóstol que pone entre él y el mundo exterior una zona de demarcación. Los modelos de comportamiento han quedado desfasados por el advenimiento de la modernidad. Hay que escoger entre ayer y hoy. Hay que adaptarse. Hay que mimetizarse como el camaleón. Hasta las modas de vestir ponen de relieve el carácter híbrido de muchas personas consagradas. En este ambiente de mundanidad la tecnología suplanta a la espiritualidad; los indicadores al frente del trabajo no son ya los espirituales de la gracia y la acción del Espíritu, sino los que contabilizan y cuantifican la eficacia de la acción meramente humana. Y es posible sentirse realizados pastoralmente cuando esos indicadores humanos funcionan correctamente. Como si quisiéramos replicar el modo de hacer de un ejecutivo de una alta empresa.

Uno de los efectos más perniciosos de la mundanidad es la neutralidad moral en que opera. La presentación fascinante de sus ofertas hace que estas aparezcan como "algo bueno para alcanzar sabiduría, y agradable a los sentidos". La gente se justifica con aquello de "¿qué mal hay en ello?" Y deja de lado "el si me conviene o no". De esta manera la mundanidad contribuye a abrir un corredor franco en la conciencia del discípulo de Cristo por el que fácilmente hacen su entrada lo que halaga a los sentidos y satisface al propio ego y a la vanidad. La sal evangélica que debiera escocer en la herida de la conciencia, ya no escuece porque la herida ha hecho callo.

El Papa menciona diversas expresiones de lo que llama "oscura mundanidad". Entre las que él cita sin duda que no todas tienen la misma gravedad. Tal vez una de ellas no tan grave es la primera: "Un cuidado ostentoso de la liturgia, de la doctrina y del prestigio de la Iglesia..." Se puede dar una clase de ministros del altar que se sentirían mal sin un cierto entorno y empaque clerical hecho de liturgia, doctrina y prestigio. El Papa menciona a continuación "una fascinación por mostrar conquistas sociales y políticas… una vanagloria ligada a la gestión de asuntos prácticos… un embeleso por las dinámicas de autoayuda y de realización autorreferencial… una densa vida social llena de salidas, reuniones, cenas, recepciones... un funcionalismo empresarial, cargado de estadísticas, planificaciones y evaluaciones… En la Legión sabemos algo o bastante de todo esto que dice el Papa. En diversas ocasiones y por conductos varios los Directores Mayores nos han tenido que avisar acerca de algunos de estos problemas que van en detrimento de la calidad y atención a la vida sacerdotal y consagrada.

El fervor evangélico y misionero queda ahogado por todos estos intereses ajenos o contrarios al sentido de la vida del apóstol. Es el Papa el que llama a este estilo de vida del sacerdote "el disfrute espurio de una autocomplacencia egocéntrica…y la vanagloria de quienes se conforman con tener algún poder y prefieren ser generales de ejércitos derrotados antes que simples soldados de un escuadrón que sigue luchando. ¡Cuántas veces soñamos con planes apostólicos expansionistas, meticulosos y bien dibujados, propios de generales derrotados!... Quien ha caído en esta mundanidad mira de arriba y de lejos,… destaca constantemente los errores ajenos y se obsesiona por la apariencia. Es una tremenda corrupción con apariencia de bien…

¡Dios nos libre de una Iglesia mundana bajo ropajes espirituales o pastorales!... ¡No nos dejemos robar el Evangelio!" (cfr. Evangelii Gaudium, nn 95-97).

La entrada de la mundanidad y del culto de lo "provisorio" acarrea también estragos en el individuo y en la comunidad. El individuo puede convertirse, usando el dicho: "en luz de la calle y oscuridad de la casa". Es decir, el religioso encuentra su "hábitat" no en la convivencia comunitaria, sino en el entorno social externo. En la casa los individuos forman, no una comunidad, sino un archipiélago humano. Soledades individuales puestas juntas por necesidad de techo y comida. Se echa de menos aquella expresión del salmo 133,1: "qué bueno y qué delicioso ver los hermanos convivir en la unidad". El mismo sentir, el mismo amor de caridad, el mismo espíritu y el mismo propósito.

En la fábula del "Bosque animado" de W. Fernández Flórez hay un ciprés y a su lado un poste de madera del tendido de la luz. El ciprés no sabe qué es un poste. Cree ser un árbol misterioso, demasiado serio; no juega con el viento, ni se mece como los otros árboles. Un día llegó un fuerte ventarrón y dio con el poste en el suelo, quebrado en dos. El ciprés se asomó para ver que le había pasado a aquel árbol misterioso y serio, y vio que por dentro estaba muerto; que siempre había estado muerto. Cuántos traumas psicológicos, neurosis, insatisfacciones se van incubando en la trastienda de una vida de consagrado que funciona de manera aparentemente normal, "por fuera todo parece correcto", dice la *Evangelii Gaudium,93*, pero que un día termina por quebrarse, y se derrumba.

¿Cómo hacer frente a esta situación? ¿Con medidas disciplinares restrictivas o cosas parecidas? El remedio tiene que arrancar de la propia conciencia, profundamente imbuida y enraizada en el amor real a las almas y en el deseo de llevarlas a Cristo. Hay que poner a la Iglesia, dice la Exhortación Apostólica "en movimiento de salida de sí, de misión centrada en Jesucristo, de entrega a los pobres. Esta mundanidad asfixiante se sana tomándole el gusto al aire puro del Espíritu Santo, que nos libera de estar centrados en nosotros mismos, escondidos en una apariencia religiosa vacía de Dios (n.97).

La experiencia dice que lo que libra de caer en la cultura de la mundanidad es la "obsesión" por evangelizar, imbuida de un espíritu de "parresía" apostólica que active y que cautive todas las potencias y facultades de la persona. Nunca se ha visto a un roble de raíces profundas ser juguete del viento. Tampoco se ha visto a un apóstol felizmente entregado a la tarea de evangelizar que sufra los problemas que aquejan a quienes viven dedicados a cuidar "sus azucenas", según la expresión de García Salve en su libro "Hombrelucha".

El apóstol no puede llevar una vida inactiva. Por el contrario, debe trabajar a destajo, debe estar activo, debe perseverar, apoyar, no porque de fuera se lo impongan, sino porque le quema, como al profeta, el mensaje de salvación que lleva dentro, en el corazón. Debe vivir en acto de servicio. Si al legionario le arrancan este espíritu le han arrancado aquello que da el verdadero sabor y sentido a su vida.

J. Antonio Paredes en la introducción al libro de Stanislas Lyonnet, *"San Pablo, Apóstol de Jesucristo"* (Estela 1966) escribe: "Cristo vino a traer fuego a la tierra. Pero el hombre tiene miedo del fuego abrasador de Dios y se esfuerza por controlarlo... Los hombres de fe débil, que confían más en el control humano que en la asistencia y en la guía experta de Dios, tienen miedo a hundirse. Y es lógico este miedo cuando el hombre se olvida de que es la fuerza abrasadora del Espíritu la que guía los pasos de la Iglesia. Es verdad que Dios nos dio una inteligencia para que la utilizáramos; pero no es menos cierto que nuestros caminos, y en muchas ocasiones nuestras miras "no son las de Dios sino las de los hombres" (Mt16, 23). Y un fuego demasiado controlado deja de ser abrasador; y un cristianismo al margen de la vida deja de ser vida. O, como ha dicho un gran pensador moderno, "deja de ser contagioso".

La mundanidad y la "cultura light".

La cultura "light" es un nuevo concepto acuñado para expresar un abanico grande de modos de comportamiento. Es la palabra de orden en muchos productos que la gente compra en el supermercado. Y si de la dieta gastronómica pasamos al estilo de vida, también ahí se dan los menús "light": lecturas, entretenimientos, música… Y pasamos a la religión y a la moral, y también ahí nos encontramos versiones "light".

La cultura "light", aunque no sea una corriente o sistema filosófico, no se puede explicar en el fondo sin referencia a las filosofías relativistas y nominalistas. La paternidad del adjetivo "light" pertenece al filósofo intaliano Gianni Vattimo que acuñó el término de "il pensiero debole". Más tarde el concepto fue tomado y desarrollado por Umberto Eco, sobre todo en su libro "El nombre de la rosa". Umberto Eco resume la cuestión diciendo que todo signo lingüístico o de otro modo, se puede definir e interpretar únicamente por otro signo, en una cadena tautológica infinita, como cuando el diccionario para ilustrar una palabra nos ofrece una lista de palabras semejantes.

Un representante de la escuela neopositivista de Viena, A.J.Ayer, consideraba la metafísica y la teología como lenguajes tautológicos. Estos modos de hablar y los de la ética no tienen otra verdad que la que le dé el contexto en cada momento o situación. En ese mundo de las relaciones interpersonales y de las ideas trascendentes la realidad es puramente imaginaria, "virtual". Estos filósofos vienen a decir que de un lenguaje metafísico inverificable sólo se pueden colgar significados inverificables; al igual que de una percha dibujada en la pared sólo se puede colgar un abrigo dibujado en la pared.

Junto al neopositivismo epistemológico se difunde también el relativismo historicista para quien la verdad, también la verdad ética, es el resultado de la cristalización de procesos históricos cambiantes. Cada momento aislado sólo tiene sentido dentro del instante en el que se produce, quedando vacío de significación en el momento en el que la historia avanza y da lugar a nuevas realidades (Oswald Spengler).

El Papa Francisco refiriéndose a la relación entre fe y verdad en su encíclica "Lumen fidei" escribe: "En la cultura contemporánea se tiende a menudo a aceptar como verdad sólo la verdad tecnológica: es verdad aquello que el hombre consigue construir y medir con su ciencia; es verdad porque funciona y hace más cómoda y fácil la vida. Hoy parece que ésta es la única verdad cierta, la única que se puede compartir con otros, la única sobre la que es posible debatir y comprometerse juntos. Por otra parte, estarían después las verdades del individuo, que consisten en la autenticidad con lo que cada uno siente dentro de sí, válidas sólo para uno mismo, y que no se pueden proponer a los demás con la pretensión de contribuir al bien común. Así, queda sólo un relativismo en el que la cuestión de la verdad completa, que es en el fondo la cuestión de Dios, ya no interesa. En esta perspectiva, es lógico que se pretenda deshacer la conexión de la religión con la verdad, porque este nexo estaría en la raíz del fanatismo, que intenta arrollar a quien no comparte las propias creencias" (n. 25).

Estas teorías poco a poco se han ido filtrando hasta la plaza pública y han contribuido a crear en el hombre de la calle una postura de indiferentismo práctico moral y religioso. Mucha gente concluye que en cuestiones de moral y de religión poco o nada hay cierto ya que se dan opiniones tan diversas y contrarias unas de otras. Resulta paradójico que una cultura tan marcada por el rigor científico, sea por otro lado tan categóricamente negativa de la existencia de una verdad moral y religiosa que pueda ser igualmente real y objetiva en su propia esfera como la verdad física. Es sospechoso que esta cultura, siendo hija de la "duda metódica", no se ajuste al método en la cuestión de la verdad moral, y no cuestione la indiferencia moral. Es sintomático de una inconsistencia del "ethos cientista" que, afirmando el "determinismo" del universo material, dé por un hecho el indeterminismo moral. Se podría hipotizar que tal vez ese indeterminismo moral es una manera de protestar y de rebelarse el hombre moderno contra el determinismo de la materia, refugiándose en la indiferencia y en la arbitrariedad en el campo de la vida moral. Es la cultura del "cada-quien haga-como-le-plazca, al-fin-y-al-cabo-todo-es-igual". Es el reino de la anomía moral. Como rezaba el slogan de la contestación juvenil de 1968 en París: "prohibido prohibir". O la afirmación de Iván, en los hermanos Karamazov: "Si Dios no existe todo está permitido".

Para muchos científicos la verdad científica es moralmente aséptica, incontaminada por las cuestiones axiológicas relativas a los valores trascendentes. El principio axiológico de la ciencia es el progresivo desvelo del misterio o de la complejidad de la naturaleza material; el espíritu también es materia y entra dentro de este proyecto. Para Severo Ochoa, premio Nobel de biología molecular, el espíritu y sus propiedades no son más que química. La utilidad de la ciencia en la mejora y progreso de la sociedad sería un "bonus" añadido. Se puede pensar que la infatuación con el progreso tecnológico esté produciendo hoy un cierto complejo de inferioridad en algunos creyentes.

Los seguidores de la "cultura light" no es que sean por lo general filósofos. Son más bien gentes de un común denominador social y cultural que pescan en el mar revuelto de las doctrinas y de las opiniones más en moda. La cultura "light" es una cultura bastante económica; se contenta con los términos medios; es una "mediocritas", no aurea, sino calculadora: se mueve en ese espacio intermedio entre lo mínimo y lo no demasiado. Se puede entender la cultura religiosa "light" de hoy día como una inflación de los valores cristianos, debido, entre otras cosas, a que la cultura laica y relativista les ha restado verdad y vigencia universal.

Luis Brito, escritor Venezolano de avanzadilla, hace una descripción con tintes periodísticos de la cultura light: Lo "light" es "sustituto y sucedáneo. Es el placebo de la existencia, disimula por momentos el curso de lo real. Lo *light* es abreviatura, atajo, esperanza de que se puede salir adelante haciéndole trampas a la vida. Cuando toda forma de dominar la realidad deviene ilusoria, la ilusión deviene la única realidad.

La regla de lo *light* es la sistemática omisión de lo pertinente: cigarro sin nicotina, café sin cafeína, azúcar sin azúcar, música sin música, o sea, ambiente musical. Todo lo sistemáticamente privado de sí mismo es *light*. Por ello el material *light* es el plástico, el alimento *light* el chicle, la obra literaria *light* el "bestseller."

Y por este metro se hace pasar también a la religión. ¡Religión *light*! ¡Misterio sin profundidad! ¡Revelación sin pavor! ¡Iluminación sin trascendencia! ¡Nirvana instantáneo! ¡Paraíso desechable! ¡Purgatorio spa! ¡Fast God! Consumismo de productos espirituales canonizados; "ready made", perfectamente empaquetados y etiquetados, a la venta en el supermercado de lo religioso. Un "target" para cada necesidad. Un gurú para cada dolencia. Un nuevo culto para cada hipocondría. Indulgencia a crédito, gracia en baratillo, eternidad en cómodas cuotas. Martirio sin santidad, inmolación a lo inane, sometimiento fidelísimo a una disciplina más agotadora que el ascetismo de los anacoretas". Hasta aquí Luis Brito.

Se obtiene así también la versión de un evangelio descafeinado, en formato "suavizado", aligerado, no obligante, no impositivo, no directivo, meramente propositivo, en plan abierto, dialogal, no prejudicial. ¡Al fin y al cabo hay tantos evangelios!. Y los originales no sabemos qué tan originales sean. La obediencia del pasado, la pobreza del pasado, la castidad el pasado, la vida comunitaria del pasado, son eso, cosas del pasado. Este religioso seguidor de la cultura "light" se reinventa a sí mismo en cada situación, en cada trance.

Parece como si nuestra conciencia moral moderna no pudiera ya cargar con compromisos exigentes, totales, permanentes. Nos causan enojo muchas frases del evangelio que nos chocan por su intransigencia y su intolerancia. Si un predicador hoy día usara el mismo tono de Jesucristo le acusarían de extremista, de intolerante, desconectado de la realidad, y se irían. De hecho ha sucedido que muchos se han ido o retirado en señal de protesta por seguir la Iglesia enseñando ciertas doctrinas incómodas.

Resultaría arduo hablar hoy día de las "ideas claras y distintas" en materia religiosa. En la cristiandad occidental de hoy esto no es bien visto. Todo discurso que nos avoque a conclusiones religiosas y morales claras y distintas es sospechoso de fundamentalista, de montanismo. En definitiva este modo de pensar y de hablar se le considera poco inteligente, y "demodè". Hoy día en nuestro diálogo civil importan mucho, más que la verdad, ciertas etiquetas que le ponemos al prójimo. El pensamiento sólido, las definiciones por género próximo y última diferencia ya no se estila. Hoy nos gusta ser inclusivos de todo, excepción hecha de los no inclusivos.

San Pablo en sus cartas a Timoteo le advierte que "llegará un tiempo en que los hombres ya no soporten la sana doctrina, sino que buscarán maestros a su gusto, hábiles en captar su atención, cerrarán sus oídos a la verdad y se volverán hacia las fábulas (2 Tim 4,1-5). En la 2ª Carta a los Corintios Pablo se defiende de "esos falsos doctores" que presumían de conocedores de una ciencia superior y de una iluminación mística, y que ridiculizaban la apariencia física de Pablo y lo tenían por un maestro poco interesante, vulgar y ajeno a las doctrinas, la "gnosis" más en vista. Decían que sus "cartas son duras y fuertes, pero que su persona no impresiona a nadie, ni impone respeto al hablar" (2 Corintios 10,10).

Las dos tentaciones permanentes de la práctica cristianas han sido, de un lado la del rigorismo, tipo jansenista, y de otro la del laxismo hedonista. Hoy el péndulo se ha inclinado del lado del laxismo moral, con un aflojamiento de las virtudes que forman parte importante de la ascética cristiana. Tal vez en el pasado, en años precedentes, se había insistido demasiado en una espiritualidad que no conocía la alegría de la Pascua. José Luis Martín Descalzo escribió una colección de libros con el título "Razones para". Uno de ellos lleva el título: "Razones para la alegría", con un subtítulo: "Cristianos, ¿que habéis hecho del gozo que os dieron hace dos mil años?".

Muchos de los que critican hoy esa situación del pasado nunca vivieron aquellos años a los que se refieren. No habían nacido para entonces. Por eso descalifican una época que sólo han conocido por referencias. Esta actitud resulta, por lo menos, curiosa y menos discreta. Nuestra cultura actual, sea profana o religiosa, si algo no tiene es la modestia; y le gusta hacer alarde de saberlo todo. Hoy día alardeamos de estar mejor informados; sabemos mejor y sabemos de muchas más cosas. Y por ello puede parecer que tenemos derecho a sentirnos superiores. La gente moderna, como se dice hoy, es más global y menos parroquial en sus posiciones, y esto se estima como una ventaja sobre tiempos pasados.

Al final de esta cuestión sobre el mundo que nos rodea y en cual nosotros estamos envueltos todo se puede resumir en la regla que da San Pablo a los romanos: "No os conforméis al mundo presente, antes bien transformaos mediante la renovación de vuestra mente, de forma que podáis distinguir cuál es la voluntad de Dios: lo bueno, lo agradable, lo perfecto" (Rom 12:2).

Capítulo 7
Apóstoles equipados para toda obra buena.

Dios por medio de la Encarnación de su Hijo, llama al hombre a tomar parte en su misión redentora. Con ese propósito Cristo llamó a los Doce Apóstoles, y a los setenta y dos discípulos y los envió por delante a predicar a las ciudades donde él quería ir. El envío en misión es consecuencia de la fe en Jesucristo. Decía recientemente el papa Francisco: "la fuerza de nuestra fe se mide por la capacidad de comunicarla a los demás".

En un discurso a la Acción Católica les decía el Papa Pablo VI: "la Acción Católica tiene que redescubrir *la pasión por el anuncio del Evangelio,* única salvación de un mundo de otra manera desesperanzado. Y el Papa Francisco en su mensaje con motivo del la 87 jornada mundial de las Misiones se lamentaba de que: "a veces el fervor, la alegría, el coraje, la esperanza en anunciar a todos el mensaje de Cristo y ayudar a la gente de nuestro tiempo a encontrarlo son débiles".

El apostolado es ante todo cuestión de amar más; de participar de ese fuego ardiente de caridad que es el Corazón de Cristo. No es posible acercarse a ese horno y no sentirse encendido en el mismo fuego de amor. Para el Concilio Vaticano II el apostolado es "un participar del amor de Cristo a los hombres". Y pone a la Virgen como "ejemplo de aquel afecto materno, con el que es necesario estén animados todos los que en la misión apostólica de la Iglesia cooperan para regenerar a los hombres" (Lumen Gentium, n.65). La eficacia en el apostolado estará medida por el amor que tengamos a Cristo.

Es en la oración, en el encuentro cara a cara con Cristo, donde ese amor se caldea y se foguea. Y de poco serviría el bagaje intelectual si faltara esa dimensión contemplativa. A nivel de principio nadie niega hoy día esta verdad. Pero a nivel de vida se nota como tónica muy generalizada que el ritmo de oración no es paralelo al de la acción. En el doble movimiento de sístole y diástole, de oración y acción, hay una disfunción, y es el de la poca oración.

Ya han pasado aquellos tiempos en que los únicos libros religiosos en la casa eran los devocionarios. No había necesidad de más para mantener la fe y la práctica católica. La gente iba a Misa, escuchaba la homilía, practicaba ocasionalmente los sacramentos, se confesaba por lo menos una vez al año, por "Pascua Florida", como se decía tradicionalmente. El sacerdote estaba siempre ahí para bautizar, casar, asistir a los enfermos, darles los últimos auxilios, y acompañar al cementerio. Actualmente los índices de práctica religiosa han disminuido considerablemente, sobre todo entre los jóvenes y la gente activa. Se habla de un silencio de Dios. Mucho tiene que ver en ello la crisis de la familia, la emigración forzada y el desarraigo familiar, la absorción por el mundo del consumo, la búsqueda del bienestar material, y las múltiples presiones sociales que experimenta la gente, el cundir de la corrupción en la sociedad y la falta de confianza en las clases dirigentes.

Y por otro lado está la crisis que experimenta la enseñanza católica. El sistema de enseñanza de la fe en las iglesias, en las escuelas, en la familia se encuentra desde hace tiempo en una situación precaria. Las parroquias y las escuelas católicas se encuentran sobrepasadas por problemas que no son sólo pastorales y educativos, sino de falta de personal religioso para seguir manteniendo la identidad católica de la institución. Se multiplican los quehaceres administrativos de la parroquia, disminuyen los operarios de la mies. Y por lo que se refiere a la escuela católica, las congregaciones religiosas que fueron fundadas con este carisma, se van despidiendo de lo que era su campo de misión por falta de vocaciones. Disminuye el apoyo de las familias. Se valora menos la educación católica. Los profesores de religión de los colegios en muchos casos son gente no creyente. Muchas escuelas han pasado a manos de técnicos y de empresarios que las configuran según sus criterios. De aquí se sigue la crisis que está experimentando la escuela católica.

La conferencia episcopal española resumía así los retos que afronta la educación católica: Una sociedad en cambio. Una sociedad pluralista. Unas familias cuyos comportamientos no siempre están sintonía con la educación que se imparte en la escuela. Cierto desencanto de la comunidad educativa. El derecho de los padres ante determinadas políticas educativas. El descenso progresivo del número de religiosos y sacerdotes en los colegios. El reto básico de educar.

El Concilio Vaticano II ponía ya entonces en primer plano la necesidad de una formación del seglar en la fe. Hoy día esta necesidad se entiende en el sentido de una "nueva evangelización". La situación es tal que la tarea que tiene que acometer la Iglesia debe empezar desde los rudimentos de la fe, y extenderse desde los primeros años de vida hasta la edad adulta. La familia entera, abuelos, padres, hijos y nietos, son todos "tierra de misión". Pero al mismo tiempo ellos tendrían que convertirse en evangelizadores en el seno de sus mismas familias.

...el compromiso formativo...

El llamado de la Iglesia a capacitarse con una formación capaz de responder a los retos que la cultura moderna pone a la fe se dirige tanto a los agentes de la pastoral, como a los seglares inmersos en las tareas del mundo. Los legionarios tenemos que aceptar el reto de que para tales tiempos como los de hoy tales sacerdotes y apóstoles. No cabe rebajar el listón, o tirar la toalla desalentados por lo difícil de la situación. Si se quiere poner atención a la realidad y actuar con inteligencia y juicio es posible darse cuenta de que contamos con el material humano, los recursos formativos, y el tiempo de alistamiento y preparación del personal para acometer la tarea, o para seguirla impulsando por el camino seguido hasta ahora. El legionario no se forma al estilo de aquellos "alféreces provisionales" de guerras pasadas. No cabe duda de que de nuestros centros de formación puede salir, y de hecho sale, una clase de sacerdotes bien equipados para la tarea. Esta formación tiene que ser siempre en clave de nuestra vocación y carisma, y no en abstracto. Como sacerdotes y apóstoles del Regnum Christi tal vez habría muchas cosas que pudiéramos hacer; pero solamente haríamos bien aquellas para las que nos hemos hecho legionarios. Donde mejor florece y da frutos una vocación es en su propio terreno de cultivo. Nuestras Constituciones no excluyen ningún apostolado según tiempos y lugares; pero ningún apostolado, a su vez, excluye el fin específico para el que fueron pensados la Legión y el Movimiento.

El Decreto sobre el Apostolado de los laicos hablaba de una formación "multiforme y completa" de cara al apostolado. Y argumentaba esa necesidad formativa diciendo que "la exigen no sólo el continuo progreso espiritual y doctrinal del mismo seglar, sino también las varias circunstancias de cosas, de personas y de deberes a que tiene que acomodar su actividad". Y, añadía, "además de la formación común a todos los cristianos, no pocas formas de apostolado, por la variedad de personas y de ambientes, requieren una formación específica y peculiar" (n.28).

Y en el número siguiente precisaba el documento conciliar que esta formación específica para el apostolado supone "una cierta formación humana, integral, acomodada al ingenio y a las cualidades de cada uno. Porque el seglar (y lo mismo el sacerdote), conociendo bien el mundo contemporáneo, debe ser un miembro acomodado a la sociedad de su tiempo y a la cultura de su condición" (29).

Pablo VI, el Papa del Concilio Vaticano II y de la "Nueva Evangelización", muy cercano siempre a los Movimientos eclesiales de su tiempo, en un memorable discurso a la Asamblea Nacional de la Acción Católica Italiana del 25 de abril de 1977, les decía: "La primera indicación sobre la que queremos insistir, aun cuando pudiera darse por descontada, va en la dirección de un volver a tomar de manera decidida y fuerte el compromiso formativo".

...formación integral...

El llamado de la Iglesia a capacitarse con una formación capaz de responder a los retos que la cultura moderna pone a la fe se dirige tanto a los agentes de la pastoral, como a los seglares inmersos en las tareas del mundo. Los legionarios tenemos que aceptar el reto de que para tales tiempos como los de hoy tales sacerdotes y apóstoles. No cabe rebajar el listón, o tirar la toalla desalentados por lo difícil de la situación. Si se quiere poner atención a la realidad y actuar con inteligencia es posible darse cuenta de que la Legión junto con el *Regnum Christi* cuentan con el material humano, los recursos formativos, y el tiempo de alistamiento y preparación del personal para acometer la tarea, o para seguirla impulsando frente a los cambios y los retos que vienen de fuera. No cabe duda de que de nuestros centros de formación puede salir, y de hecho sale, una clase de sacerdotes bien equipados para la tarea. Esta formación tiene que ser siempre en clave de nuestra vocación y carisma, y no en abstracto: "una formación para la misión" (Manual del Miembro. n. 357).

Como sacerdotes y apóstoles del Regnum Christi tal vez habría muchas cosas que pudiéramos hacer; pero solamente haríamos bien aquellas para las que nos hemos hecho legionarios. Donde mejor florece y da frutos una vocación es en su propio terreno de cultivo. Nuestras Constituciones no excluyen ningún apostolado según tiempos y lugares; pero ningún apostolado, a su vez, excluye el fin específico para el que fueron pensados la Legión y el Movimiento. Este trabajar con nuestro propio carisma es algo que la misma Iglesia pide.

Los documentos del magisterio insisten cada vez más sobre la necesidad de una formación en la fe "multiforme y completa" de cara al apostolado. El Decreto sobre el Apostolado de los laicos pedía esa formación diciendo que "la exigen no sólo el continuo progreso espiritual y doctrinal del mismo seglar, sino también las varias circunstancias de cosas, de personas y de deberes a que tiene que acomodar su actividad". Y, añadía, "además de la formación común a todos los cristianos, no pocas formas de apostolado, por la variedad de personas y de ambientes, requieren una formación específica y peculiar" (n.28).

Precisaba el documento conciliar que esta formación específica para el apostolado supone "una cierta formación humana, integral, acomodada al ingenio y a las cualidades de cada uno. Porque el seglar (y lo mismo el sacerdote), conociendo bien el mundo contemporáneo, debe ser un miembro acomodado a la sociedad de su tiempo y a la cultura de su condición" (29).

El "Manual del Miembro" hablando de esta formación integral dice: "Para poder brindar un servicio eficaz a la Iglesia, el Movimiento Regnum Christi es consciente de que debe contar con miembros bien formados, motivados y capacitados para afrontar los grandes retos del apostolado en el mundo actual. Se trata de una exigencia insoslayable, pues la formación no se suple con nada.

La formación que el Movimiento ofrece a sus miembros pretende ser lo más integral posible, abarcando la formación espiritual, intelectual, humana y apostólica. Y esta última incluye la preparación teórica y la preparación práctica de cómo se lleva a cabo el apostolado del *Regnum Christi*. Todo ello considerando la necesidad de formar al hombre en todas sus dimensiones para que Dios pueda forjar de él un verdadero apóstol. La formación en el Regnum Christi es una formación para la misión" (cfr. Manual...nn 356-357).

Tal como ve hoy la Jerarquía la situación de la fe en el mundo, y la llamada a la nueva evangelización, no hay tarea más necesaria y urgente que la de formar hombres y mujeres equipados para toda obra buena, capaces de hacer frente al reto que proviene del indiferentismo religioso y de la pérdida del sentido de Dios. El legionario no está llamado a resolver todos los problemas y a ganar todas las batallas, pero lo menos que se le puede pedir, después de trece o quince años de formación, es estar dispuesto y equipado para no quedar indiferente, dejando que el error y la perversión reinen a sus anchas en la plaza pública.

... "para estar en condiciones de dar razón de nuestra fe"

El espíritu apostólico militante necesita de una formación en la fe, porque el primer reto es el de estar en condiciones de dar razón de la misma. Hemos dejado atrás aquellos tiempos en los que se hacía alarde de la fe del "carbonero". Escribe el Papa Benedicto XVI que "la fe necesita ser sostenida por una doctrina capaz de iluminar las mentes y los corazones de los creyentes". Esta formación es condición primaria para abrirse camino en medio de la espesura y densidad de la problemática humana del mundo actual.

Tenemos que tomar nota de la nueva situación de la fe, muy diferente de la que se vivía en épocas pasadas. Se trata hoy día de una fe que coexiste con una sociedad pos-cristiana. La sociedad actual en gran medida ha aparcado la religión. Muchas personas practican el indiferentismo religioso. De haber estado la religión en el centro de la vida ciudadana, ha pasado ahora a la periferia. La marea laica sigue empujando hasta arrojar a la playa a los creyentes. En su catequesis semanal del 14 de noviembre de 2012, el papa Benedicto XVI decía: "Antes la referencia y la pertenencia a Dios fueron, en su mayoría, parte de la vida cotidiana (y) más bien, era aquel que no creía, el que debía justificar su incredulidad. En nuestro mundo la situación ha cambiado, y cada vez más el creyente debe ser capaz de dar razón de su fe". Y continuaba diciendo el Papa: "En nuestro tiempo se ha verificado un fenómeno particularmente peligroso para la fe: existe una forma de ateísmo que definimos, precisamente, «práctico», en el cual no se niegan las verdades de la fe o los ritos religiosos, sino que simplemente se consideran irrelevantes para la existencia cotidiana, desgajados de la vida, inútiles. Con frecuencia, entonces, se cree en Dios de un modo superficial, y se vive «como si Dios no existiera» (*etsi Deus non daretur*). Al final, sin embargo, este modo de vivir resulta aún más destructivo, porque lleva a la indiferencia hacia la fe y hacia la cuestión de Dios".

El Papa Francisco ha hablado varias veces sobre llevar el evangelio a las periferias. Estas periferias pueden ser de orden material, las causadas por la pobreza; y de orden espiritual y moral, las causadas por el relativismo religioso, el de las personas que viven, citando la expresión de Benedicto XVI, "etsi Deus non daretur". Introducirse y encarnarse apostólicamente en estas periferias no es sencillo; tal vez no hay una sola manera o una solo fórmula de hacerlo, pero se necesita estar equipados

Las afirmaciones del ateísmo tal vez eliminen a Dios de la vida de muchos, pero no eliminan las preguntas de fondo; esas siguen ahí de manera pertinaz, golpeando incluso a quien parece haberlas definitivamente aparcado. Se produce así una especie de efecto "boomerang" religioso, por el que la pregunta por Dios vuelve reiteradamente a golpear al individuo que la había descartado. La incógnita de la fe, ya se le responda de una manera u otra, siempre regresa a golpearnos. Lo expresa muy bien la "Constitución Pastoral sobre la Iglesia en el mundo de hoy" del Concilio Vaticano II: "Son cada día más numerosos los que se plantean o los que acometen con nueva penetración las cuestiones más fundamentales: ¿Qué es el hombre? ¿Cuál es el sentido del dolor, del mal, de la muerte, que, a pesar de tantos progresos hechos, subsisten todavía? ¿Qué valor tienen las victorias logradas a tan caro precio? ¿Qué puede dar el hombre a la sociedad? ¿Qué puede esperar de ella? ¿Qué hay después de esta vida temporal? …. Bajo la luz de Cristo, imagen de Dios invisible, primogénito de toda la creación, el Concilio habla a todos para esclarecer el misterio del hombre y para cooperar en el hallazgo de soluciones que respondan a los principales problemas de nuestra época" (n. 10).

En este mismo sentido se expresaba el Catecismo Holandés, escrito unos años después y como fruto del Concilio Vaticano. En su prefacio refería una historia sobre los comienzos de cristianismo en Inglaterra. "Hacia fines del siglo VI, el papa Gregorio Magno envió misioneros benedictinos de Roma a Inglaterra, con el mandato de predicar allí el mensaje de Cristo. Uno de ellos, Paulino, logró penetrar hasta la remota Northumberland, donde el príncipe reinante, el rey Edwin, se mostró al principio muy reservado respecto a la nueva doctrina. Después de un tiempo de dudas, el rey decidió convocar una junta de sabios. En esta junta se levantó uno de los consejeros y dijo: «Majestad, cuando vos estáis sentado a la mesa con vuestros nobles y vasallos, en medio del hogar arde el fuego, y la sala está caliente; allá fuera, empero, brama por doquier el viento de invierno que trae frío, lluvia y nieve. De pronto entra un pajarillo y revolotea por la sala. Entra por una puerta y sale por la otra. Los pocos momentos que está dentro, se siente al abrigo del mal tiempo; pero apenas desaparece de nuestras miradas, retorna al oscuro invierno. Lo mismo acontece — a mi parecer — con la vida humana. No sabemos lo que antecedió, ni sabemos tampoco lo que viene después. Si esta nueva doctrina da alguna seguridad sobre esto, vale la pena que la sigamos.»

Y continua el Catecismo: "Cada generación, cada hombre, debe plantearse siempre la pregunta de nuevo. Un hombre es un ser que interroga constantemente a la vida… El creyente interroga de otro modo que el incrédulo. El que trata de vivir ajustado a su conciencia, de otro modo que quien no oye su voz. El hombre del siglo XIX plantea la cuestión de modo distinto que el del siglo XX. Pero, en el fondo, se trata del mismo enigma que pide solución. (Catecismo Holandés, Introducción).

El Papa Benedicto se refería a la "dramática crisis de fe que marca el momento histórico que vivimos", y decía: este momento "requiere una toma de conciencia para responder a las grandes expectativas que surgen en los corazones de los creyentes ante las nuevas preguntas que interpelan al mundo y a la Iglesia. La inteligencia de la fe, por lo tanto, requiere siempre que sus contenidos se expresen en un lenguaje nuevo, capaz de presentar la esperanza viva en los creyentes a cuantos pidan razón de ella" (Carta Apostólica "Fides per Doctrinam, Benedicto XVI, *el 16 de enero del año 2013*). Reconocemos que hay un lenguaje para hablar de la fe en el país de la incredulidad y el cristiano necesita conocer ese lenguaje para estar en condiciones de dar razón de su fe. Se necesita una generación de apologistas de la fe, como aquella de los tiempos del paganismo greco-romano. Apologistas de plaza, de calle, de púlpito, de cátedra, de mundo digital…

Capítulo 8

Elementos estratégicos y funcionales del apostolado L.C. y R.C.

El compromiso formativo para el apostolado requiere contar con ciertos elementos básicos y estratégicos. Entre los cuales conviene destacar los siguientes:

...El apostolado requiere de carácter y de virtud...

El apostolado no es cosa de buena voluntad, o de entrega generosa solamente. Es necesaria la virtud en el sentido original que tiene de fuerza moral, de capacidad de aguante ante las dificultades, de no rendirse ante los fracasos, de trabajar en comunión. Son importantes las virtudes humanas de la acción: la prudencia, el recto juicio, la decisión, la constancia; y las virtudes del carácter moral: la sinceridad, la rectitud, la solidaridad. Es cierto que el llevar a Cristo a los hombres, y el proponer la fe no son materias arcanas que requieran unas cualidades extraordinarias. La experiencia dice que los apóstoles con frutos se distinguen, no por los grados académicos, sino por el metal de que están hechos, su capacidad de entrega, de constancia y sacrificio, de esperanza, optimismo y buen ánimo en todas las situaciones. El apóstol que tiene esa pasión por anunciar a Cristo sabe muy bien el coste humano y espiritual del anuncio. Sabe por experiencia que el apostolado no es tan sencillo como "pescar con caña".

Sabe muy bien que para llevar adelante una obra o actividad apostólica tiene que lograr enganchar al carro a los demás actores, para que de la suma de los esfuerzos, de las ideas, del optimismo, y del apoyo de los que navegan en la misma embarcación el apostolado se vaya abriendo camino. Hay que evitar trabajar en solitario en una tarea que es de todos. Y este método de trabajo requiere de madurez humana y de virtud cristiana.

El apóstol necesita de reciedumbre del carácter para aguantar el "pondus diei et aestus". Y frecuentemente tendrá que trabajar "horas extra". Y por una vez que se lleva un grupo en peregrinación a un lugar de devoción, con viaje y hospedaje pagados, otras muchas veces se trata de alistar a los más posibles en las actividades de misiones, campamentos, retiros de fin de semana, cursillos, y otras actividades formativas, y de atención espiritual. Se puede decir que este tipo de apóstol tiene el plato lleno 24 horas, los siete días de la semana. Este trabajo tiene sin duda su atractivo, y es capaz de llenar la vida de sentido; pero tiene también su coste humano. El mayor de todos: el olvido de uno mismo. Se experimenta así lo que significa el dicho: "hacer vida militante". O el lema paulino: "por Cristo y la Iglesia me gastaré y me desgastaré" (2Cor. 12, 15). Para un apostolado así se necesita madurez humana y virtud cristiana.

…el primado de la Gracia…

La formación en la fe no sólo nos proporciona conocimientos sobre la fe, también produce una mentalidad de fe. La teología distingue entre la "fides quae" y la "fides qua". Esta última significa la fe vivida; la que debe acompañar y animar todo el proceso evangelizador. Gracias a esa fe vivida uno siempre cuenta con el papel de la gracia que acompaña y hace fecunda la palabra del evangelizador. Como en el caso de aquella Lidia a quien el Señor le abrió el corazón para que adhiriese a las palabras de Pablo. La gracia acompaña todo el camino de la fe y del ascenso hacia Dios. San Pablo lo decía con aquellas palabras: «Yo planté, Apolo regó; pero quien dio el crecimiento fue Dios. Por eso ni el que planta es algo ni el que riega, sino Dios, que da el crecimiento» (1 Cor 3, 6 s). El Apóstol expresa así la idea de que la tarea de la evangelización quedaría infructuosa sin la acción siempre presente de la gracia de Dios, que es la que hace fecundos los esfuerzos del apóstol. No podemos pensar que los resultados dependen sólo y principalmente de nuestra capacidad de hacer y programar, y de nuestros medios materiales, aunque estos sean necesarios. La obra de evangelización es fruto de una estrecha vinculación de la gracia divina con el esfuerzo humano.

Juan Pablo II en su Carta Apostólica "Novo Millennio Ineunte", 6 de enero 2001, afirmaba este primado de la gracia en la tarea apostólica.

"Trabajar, decía el Papa, con mayor confianza en una pastoral que dé prioridad a la oración, personal y comunitaria, significa respetar un principio esencial de la visión cristiana de la vida: *la primacía de la gracia*. Hay una tentación que insidia siempre todo camino espiritual y la acción pastoral misma: pensar que los resultados dependen de nuestra capacidad de hacer y programar. Ciertamente, Dios nos pide una colaboración real a su gracia y, por tanto, nos invita a utilizar todos los recursos de nuestra inteligencia y capacidad operativa en nuestro servicio a la causa del Reino. Pero no se ha de olvidar que, sin Cristo "no podemos hacer nada" (cf. *Jn* 15,5)". Tener esto presente es obra de la "fides qua credimus".

El recurso a la oración es expresión de esta primacía de la gracia. La oración, seguía diciendo el papa en esa Carta Apostólica, "nos hace vivir precisamente en esta verdad. Nos recuerda constantemente la primacía de Cristo y, en relación con él, la primacía de la vida interior y de la santidad. Cuando no se respeta este principio, ¿ha de sorprender que los proyectos pastorales lleven al fracaso y dejen en el alma un humillante sentimiento de frustración? Hagamos, pues, la experiencia de los discípulos en el episodio evangélico de la pesca milagrosa: « Maestro, hemos estado bregando toda la noche y no hemos pescado nada » (*Lc* 5,5). Este es el momento de la fe, de la oración, del diálogo con Dios, para abrir el corazón a la acción de la gracia y permitir a la palabra de Cristo que pase por nosotros con toda su fuerza: *Duc in altum!* En aquella ocasión fue Pedro quien habló con fe: « en tu palabra, echaré las redes » (n.38).

... *formación "teórico-práctica"...*

El estar "equipados para la acción", y la mentalidad de hacer uso de los mejores métodos y prácticas de trabajo, está indicando el carácter teórico-práctico de la formación apostólica.

Hablando de la formación, el decreto sobre el Apostolado de los Seglares dice que "la formación para el apostolado no puede consistir en la mera instrucción teórica". Y recomienda el método de la revisión de vida cuya característica es trabajar sobre hechos de vida como materia de estudio, de revisión y de decisión. Dice así el Decreto: "Aprendan poco a poco y con prudencia desde el principio de su formación, a verlo, juzgarlo y a hacerlo todo a la luz de la fe, a formarse y perfeccionarse a sí mismos por la acción con los otros y a entrar así en el servicio laborioso de la Iglesia"(AA 29).

La formación se perfecciona y se complementa con la acción. El apostolado es una acción que requiere un aprendizaje. Las lecciones teóricas son más fáciles de comprender y asimilar que las lecciones prácticas. Como es más fácil la teoría de nadar que la práctica. La formación no puede ser pasiva, hecha sólo de teoría, recibida en un aula académica, o en la lectura de un libro. Lo que se puede aprender en los libros o en una conferencia hay que pasarlo por el laboratorio de la experiencia, por las pruebas preliminares, y los ensayos prácticos para ver si las ideas, tal vez originales en sí, iluminan y son una respuesta auténtica a las necesidades de la fe y de la vida de los individuos a quienes se dirigen.

La falta de preparación y de método apostólico tal vez explique en ciertos casos el por qué nuestros proyectos no alcanzan a despegar y elevarse. Un grado de formación deficiente o desconectada de la realidad no da para más. Contradiciendo el dicho de que "quod natura non dat Salmantica non praestat", debemos decir que "Salmantica" sí puede prestar en muchos casos lo que por sí sola la naturaleza no nos da.

Con buena voluntad, pero sin el "bagaje" espiritual que requiere una pastoral plural y diferenciada, y sin un aprendizaje práctico del saber hacer apostólico sólo haremos un trabajo apostólico de meros aficionados, y con resultados mediocres. La Legión y el Movimiento tienen que ser escuelas de apóstoles. Nuestros centros de formación son algo más que instituciones académicas para hacer una carrera sacerdotal. Esta sería una visión desenfocada. El objetivo de la formación es lograr apóstoles equipados para que en cualquier misión o empresa que se les encomiende logren avances, conquisten nuevas metas, dejen al final la obra encomendada más fuerte, pujante y llevada hacia adelante. Se necesitan hombres que hayan descubierto y desarrollado en el tiempo de formación sus capacidades organizativas y emprendedoras, de liderazgo y conducción humana para después estar en condiciones de ejercer tracción apostólica, en escuelas, universidades y otras instituciones de la vida pública. Se necesitan hombres que hayan aprendido a trabajar de manera reflexiva y organizada, no simplemente "a la buena de Dios". Que hayan aprendido el arte de elegir cada objetivo, y centrarse en él, de principio a fin. No es posible extenderse a un campo apostólico multifacético, so pena de diluir la acción, con detrimento de los resultados. Vale para el trabajo apostólico aquello de no extenderse indefinidamente, porque "quien mucho abarca, poco aprieta". Como solía decir un antiguo legionario con experiencia de apostolado, "a veces el legionario se parece a uno que quisiera tocar siete pianos con dos manos". Y esta tentación es más real hoy día en que al apóstol le sonríen y le llaman las nuevas posibilidades de acción que se le abren con los nuevos instrumentos de comunicación, de movilidad, y globalización social.

Sin una formación en sentido de equipamiento para un apostolado específico y sin entrenamiento práctico para "un saber hacer" ese apostolado específico nunca lograremos los resultados de un apostolado sólido, consistente, profundo, con unas raíces y unas huellas que el tiempo no borre, y que podamos hablar de estar construyendo una sociedad y una cultura cristianas. Estas aspiraciones requieren centrarse en lograr que los adultos salgan de su zona de confort y se conviertan en pioneros del evangelio en los ambientes familiares y sociales en que viven. Por lo que se refiere a los adolescentes y niños, si nos falta visión de futuro, formación catequética, y conocimiento de la psicología y pedagogía de esas edades, caeremos en el escollo de quedar relegados a la categoría de "Iglesia niñera", según la expresión del Papa Francisco (cfr. Zenit 17 de abril de 2013). Así podemos entender el fenómeno que se da en el Ecyd de muchos lugares en que la cadena de perseverancia de los miembros sufre un corte sensible al llegar a los eslabones superiores de los 13-16 años. Las causas pueden ser varias: es un reto atraer a los niños y adolescentes a nuestro Centros de Club y del Ecyd cuando el mundo les ofrece tantas maneras atractivas de emplear el tiempo. Ese reto no encuentra respuesta positiva cuando los responsables no son líderes, carecen de visión, de formación y de experiencia. Y si son jóvenes religiosos pueden encontrarse todavía negociando quiénes son como individuos, sintiendo su imagen fuertemente expuesta ante los demás, y atados por el miedo a fallar.

Es, por ello, importante para lograr el arte del apostolado poner toda la personalidad en cierta sintonía y simpatía con el Señor que me envía, los destinatarios a los que el Señor me envía, y el entorno real. Tenemos que hacer obra de convencimiento de cara a nosotros mismos, a nuestra psicología, a nuestro temperamento, a nuestros complejos, a nuestras mismas carencias espirituales, para lograr acordar toda nuestra personalidad y ponerla en línea con la misión. A un apóstol interiormente dividido o quebrado no le puede salir el hacer con ganas e ilusión su trabajo

Desde que uno se incorpora a la Legión o al *Regnum Christi* comienza el entrenamiento práctico de llevar el mensaje evangélico al mundo. Así fue también en el caso de Cristo y sus Apóstoles. Apenas Él juntó a los doce primeros los lanzó a la misión. Cuando logró juntar a setenta y dos más los envió por delante de él por pueblos y ciudades a que le prepararan el terreno. Esta experiencia, lejos de acusar la inexperiencia de los enviados, fue fuente de una gran satisfacción personal, de un aprendizaje práctico, y les sirvió de confirmación en su vocación de apóstoles. El método que desde el principio ha seguido la Legión en la formación del apóstol legionario, y el que se recomienda a los recién incorporados al Movimiento, es el de comprometerse desde el primer día en alguna actividad apostólica, bajo la guía de quien ya tiene experiencia. El *Regnum Christi* es un Movimiento de apostolado activo. En esto se diferencia de otras asociaciones religiosas que tienen como fin responder prevalentemente a las necesidades de vida espiritual y de devoción de sus miembros. En el Movimiento los dos fines, la devoción y la acción, se integran dentro de un movimiento de sístole y diástole en que la devoción y la acción mutuamente se apoyan y se sostienen.

...formación en el "espíritu de superación constante"...

Otro factor que está en la base del desarrollo y florecimiento de los apostolados del Movimiento es el "espíritu de superación", que se puede traducir por "un hacer por Cristo y por su Reino más y siempre más". El espíritu contemplativo y evangelizador conlleva y promueve un espíritu de superación. Se trata de un modo de hacer el apostolado con seriedad y profundidad. Es esta una amalgama de lo humano y lo divino, de la naturaleza y de la gracia en interacción constante. Sería ingenuidad inexcusable ir al apostolado con la actitud del que va "a ver que sale", o del que improvisa sobre la marcha, o del "fideista" que espera el milagro.

Espíritu de superación para avanzar, para hacer mejor, para ganar en calidad y en número. Gracias a este espíritu de superación el Movimiento está siempre atento a buscar e incorporar, y si es necesario, purificándolos, los mejores métodos ("the best practices") de gestión y de trabajo que ofrece el mundo corporativo de la empresa. Por eso no se excluye la incorporación a nuestro modo de trabajar de ciertos elementos buenos que se encuentran en el hacer humano. La metodología del *Regnum Christi* ama la práctica de trabajar con programa, calendario y guía de trabajo. Por lo mismo ama también la puesta en común, la aportación de todos, la "tormenta de ideas", el análisis, la revisión, la rendición de cuentas (accountability)... Si en el mundo una empresa con una mano de obra de cien gentes puede resultar sumamente productiva y tener éxito, no menos se puede esperar en el campo del hacer apostólico de un grupo de cien sacerdotes y otros tantos religiosos y consagrados. Podemos preguntarnos si a veces no sabemos hacer un uso inteligente de nuestros recursos humanos.

Esto para nada pretende asemejar el Movimiento a una institución empresarial. La Legión y el Movimiento se mueven por gracia del Espíritu que les es dado con dinamismos que tienen su fuente en el espíritu de Cristo, en el amor a la Iglesia, en la humildad del obrero del Reino y en la solidaridad del Cuerpo Místico. El Movimiento se vive desde la fe. Encarna una experiencia cristiana. Y en esto se diferencia esencialmente de cualquier grupo ONG. Aquí es donde se da la amalgama fecunda entre acción y contemplación: entre el tener los pies en la tierra y la cabeza en el cielo. Siempre debemos estar abiertos a un "aprender a hacer mejor las cosas". Cristo sabía valorar y animaba a imitar el ingenio y la industria de los hombres en sus negocios meramente terrenos. Y se lamentaba de que fueran ellos tan sagaces para sus asuntos, y nosotros, "los hijos de la luz", tan torpes para los nuestros. Como escribe San Pablo a Timoteo: los apóstoles tienen que estar "equipados para la acción, y para toda obra buena" (2 Timoteo 3:17).

…actuar el carisma apostólico….

No considero aquí el carisma en general, sino el carisma apostólico que "comparten" la Legión y el *Regnum Christi*. Sobre el carisma en sí de la vida consagrada, el Concilio, y el nuevo Derecho Canónico prefieren hablar en términos de "patrimonio del Instituto". La razón que se da es la de carecer el término "carisma" de una comprensión propiamente jurídica. No están, tampoco, de acuerdo los estudiosos sobre el contenido del término.

Un autor que ha escrito bastante sobre el tema, el teólogo canadiense Laurent Boisvert, dice en su libro: *"Carisma, espiritualidad, misión"*(2008), que el término « carisma » tomado de nuevo por el Vaticano II, especialmente en la *Lumen Gentium* (12b) y en *Apostolicam actuositatem* (3d), nunca es aplicado por el Concilio a la vida consagrada o a la vida religiosa. Más tarde aparecerá en el proyecto del Nuevo Códice de Derecho Canónico (1983) pero al final será sustituido por la palabra "patrimonio" (c 578). En 1971, en la exhortación apostólica *Evangelica testificatio*, Pablo VI utiliza las expresiones "carisma de vuestros fundadores" (11), "carisma de la vida religiosa" (11), "carisma de diversos Institutos" (32).

Para ciertos autores, el "carisma" es una categoría teológica aceptable porque parece la más apta para expresar la variedad, la riqueza y la unidad de la vida consagrada. A otros, en cambio, les parece un concepto difuso, de sentidos muy variados y poco definidos que quedan ambiguos y escasos de significado (cfr L. Boisvert, ib.pg.18).

También en la Legión y en el Movimiento hemos venido reflexionando últimamente sobre cuál sea nuestro carisma. Sin duda que ese trabajo ha sido útil para confirmarnos en algo que ya creíamos desde siempre. Incluso habremos llegado a la conclusión positiva de que el carisma es una de esas manifestaciones de la gracia que son más fáciles de reconocer que de definir. Testigo de este esfuerzo por hacer luz sobre el carisma de la Legión y del *Regnum Christi* es el reciente librito (2014) "The Quest for the Core of the Regnum Christi Charism" de los legionarios Owen Kearns y Patrick Langan. Es el resultado de un tour que los llevó por casi todas las comunidades legionarias y del *Regnum Christi* en "busca" de ese sujeto elusivo, el carisma. Un laudable esfuerzo que prueba algo de lo dicho anteriormente.

Los Padres Capitulares, asistidos por la gracia de estado, trataron de plasmar los rasgos más específicos de nuestro carisma apostólico. En el nuevo texto de las Constituciones, en el n.2, se resume de manera sintética el carisma apostólico con la expresión "buscar que Cristo reine en el corazón de los hombres y en la sociedad". Más adelante, en el n.4, se dice que esto se lleva a cabo mediante la formación integral y proyección apostólica de líderes cristianos al servicio de la Iglesia, quienes contribuyan a establecer aquellas instituciones y emprender aquellas acciones que edifiquen en profundidad y extensión el Reino de Cristo en la sociedad,... Siendo los campos principales de apostolado la ayuda espiritual de los miembros, el anuncio de la fe, la educación, la evangelización de la familia, de la cultura y de los medios de comunicación social, la animación de grupos juveniles, la formación del clero y la promoción de la justicia, la caridad y solidaridad con los más necesitados. (cfr. Constituciones, n.4).

El carisma legionario tiene dos vertientes diferenciadas, la espiritual y la apostólica. La vertiente espiritual consiste en hacer de Cristo el centro, criterio y ejemplo de nuestra vida espiritual y apostólica, a través del conocimiento, amor e imitación de Jesucristo, para la Gloria de Dios. Y la vertiente apostólica consiste en el trabajo incansable para hacer que el Reinado del Corazón de Cristo se establezca en el corazón de cada persona, de cada familia, y en la sociedad entera, a través de un apostolado dinámico basado en la relación de persona a persona, en el convencimiento, en la formación y en el lanzamiento de apóstoles líderes.

Estas son las intenciones, que tienen que ser acompañadas por los hechos. Cada legionario y miembro del *Regnum Christi* tiene que comprometerse a hacer avanzar ese Reino del Corazón de Cristo con su propio trabajo, su celo apostólico, su disponibilidad de tiempo y los recursos materiales que pueda aportar. Es importante hacer avanzar el Reino, y que al final de la vida nos sea posible decir que lo hemos dejamos un poco más allá de donde lo encontramos al llegar. El avance, el progreso, la superación son importantes factores. Es necesario aprender a trabajar en la línea de este carisma y de esta metodología apostólica. Porque no se trata de realizar cualquier cosa que nos venga en gana. Todos tenemos que tirar de la cuerda en el mismo sentido. Todos tenemos que dar la medida exacta como piedras en la construcción del Reino. La utilidad depende de saber dar la medida. El *Regnum Christi* se corona en el buen desempeño de sus miembros, y en la bondad y calidad de sus realizaciones.

Una manera de mirar al carisma apostólico de una Institución religiosa es ver las obras en las que ha cristalizado con el paso del tiempo ese ideal. Viendo, por ejemplo, la obra apostólica de los salesianos, de los jesuitas, de los dominicos... podemos hacernos una idea de sus respectivos carismas apostólicos. El razonamiento que está detrás de esta reflexión es que el carisma es una de esas cosas, que por ser de orden espiritual, las ves mejor, o sólo las puedes ver mirándolas indirectamente, es decir, en sus efectos. De igual manera que se percibe al Espíritu Santo por su dones, y la bondad de una cosa o persona por sus frutos.

Cuando yo me pregunto por el carisma apostólico legionario, la respuesta la encuentro echando una mirada a la vida y a la historia de la Legión. Ahí están, por ejemplo, los colegios y universidades, que son una expresión del carisma apostólico. El carisma puede consistir también en el estilo y en la manera de hacer nuestros apostolados. Porque hay una manera de hacer el apostolado en la Legión. Por ejemplo, aquello de "prudente en decidir, enérgico y diligente en ejecutar" expresa una cierta manera de actuar.

El carisma está encarnado en el tipo de hombre, de consagrado y de sacerdote, y en el modo de conducirse. El carisma está inscrito en la historia de cómo nacieron muchas de nuestras obras apostólicas; y en el carácter pionero de muchos de nuestros apostolados. El carisma se percibe en el hacer surgir algo nuevo ahí donde nada existía; y donde antes había, tal vez, un vertedero de basura, hacer surgir un colegio. Si alguien quiere saber cuál es el carisma de la Legión que le pregunte a esas obras, que pregunte por el espíritu que las hizo realidad, por el espíritu de quienes ahí gastaron sus energías… y le será fácil descubrir y concluir algo sobre el carisma de la Legión y del *Regnum Christi*.

El carisma apostólico no es sólo lo que se hace. Es primeramente un espíritu que encierra en sí una fuente de energía que cuando estalla da lugar a reacciones en cadena que cristalizan en nuevas empresas por el Reino de Cristo. El carisma es como el resonar fuerte de una campana en el corazón que llama a actuar. Es una fusión espiritual de amor apasionado a Cristo, y de urgencia de venir en ayuda de la Iglesia, y de la gente que nos pide que le demos a Cristo. El carisma no es una idea abstracta y fría. El carisma genera de sí mismo fuerza, convencimiento, temperatura vital que imbuye y anima la vida de los miembros que están poseídos por él. El Movimiento fallaría en su empeño de formar apóstoles del Reino, líderes de sus hermanos, si no lograra generar en sus miembros esa temperatura creciente e irradiante que conlleva el carisma apostólico.

El carisma no es una idea, un concepto, sobre el que cabe hablar y discurrir en interminables mesas redondas. El carisma, más que comentarlo, se vive. ¡Qué mejor testimonio de nuestro carisma que esa irradiación contagiosa! ¡Esa "parresía" del hombre apóstol!

...¿hacia qué objetivos apuntan nuestros apostolados?...

La necesidad de formación apostólica según el carisma propio viene exigida por el tipo de apostolados que el Movimiento quiere llevar a cabo; apostolados caracterizados por su ambición y envergadura apostólica, siguiendo los criterios básicos de alcance, profundidad, resonancia y representatividad. Las obras de apostolado que el Movimiento ha llevado a cabo desde el principio son testimonio de esos criterios. Algunas de esas obras, de alcance nacional e internacional, tienen resultados apreciables de calidad, de extensión, de crecimiento y multiplicación. Esto no es obra del caso. Esto testimonia ante todo la presencia y guía del Espíritu Santo, origen y sostén del celo apostólico. Esto refleja también la mentalidad emprendedora, la imaginación apostólica y el entusiasmo de los miembros que han sido pioneros en esos apostolados. Esta mística emprendedora es lo que el Movimiento trata de infundir en sus miembros desde la incorporación y posteriormente a través de la formación; el crear una mentalidad dinámica, de acción, de una Iglesia en marcha. Esta mística apostólica no es única ni exclusiva del Movimiento, sino que ha sido propia de una Iglesia misionera y evangelizadora. Es impresionante leer las crónicas de los misioneros que evangelizaron América: constatar la imaginación y el valor de aquellos hombres para encontrar caminos de acercamiento a los indígenas. No fue gratis la operación. Muchos lo pagaron con el martirio.

En el Movimiento usamos frecuentemente la expresión "apostolado de envergadura". No sé si a alguien se le ocurriría borrarlo de nuestro vocabulario; tal vez le pudiera parecer petulante. Es cierto que tenemos que expresarnos siempre con modestia, y por lo mismo evitar los tonos altisonantes o triunfalistas cuando hablamos de lo nuestro. Esto no obsta para que, siendo modestos y discretos en el hablar, busquemos llevar a cabo aquellas obras que más favorecen y ayudan al establecimiento del Reino de Cristo en el mundo. Esto es lo que se entiende por apostolado de "envergadura". En esto no caben las modestias, o las timideces, so pena de quedarnos en apostolados irrelevantes que no cambiarían nada en realidad. No fue ese el metro de los grandes apóstoles. No ha sido tampoco el metro de las obras apostólicas llevadas a cabo en la Legión y en el Movimiento desde el principio.

Una de las constantes que presentan nuestras obras apostólicas es la desproporción entre las dimensiones considerables del proyecto y los exiguos recursos para su realización. Sin embargo, esta desproporción nunca fue causa para dejar de emprender una obra que se considerara de mucha utilidad y necesidad para el bien de las almas. No sólo el Fundador, sino muchos legionarios y hombres del Movimiento se lanzaron a realizar proyectos apostólicos "de grande alcance" que tal vez hubieran echado atrás a gente juiciosa. Sin este espíritu ambicioso no existirían hoy la gran mayoría de nuestras obras apostólicas. Quienes han conocido la historia de los apostolados de la Legión a lo largo de los años han conocido también la costosa inversión humana que esas obras han exigido. Para el legionario y miembro del Movimiento el apostolado no es un hobby, un modo de estar empleados; es una pasión que se vive hasta el fondo. El Movimiento no puede parecerse a una "casa de las muñecas".

Un enzima característico del carisma apostólico de la Legión y del *Regnum Christi* ha sido siempre la conquista de líderes para Jesucristo. Alguien pudiera tachar esto de esnobismo y elitismo. Sin embargo el movimiento evangelizador no es inmanente a sí mismo. Necesita de una fuerza externa que lo impulse. Contando en primer lugar con la fuerza impulsora del Espíritu Santo, después de ella hay que destacar la fuerza impulsora que radica en los miembros del Movimiento. Cuando estos miembros están convencidos de la causa de Jesucristo, y se hacen disponibles y entregados a la misión, en esa medida podemos decir que son líderes.

Con cristianos medio convencidos, medio entregados, y medio disponibles, sólo tenemos una mediocridad de individuos. De ellos se puede esperar muy poco para el avance del Reino de Jesucristo. Constituyen un lastre y un fardo pesado en el camino que entorpece la marcha del conjunto. Y constituyen un mayor lastre cuanto más la naturaleza les ha dotado de inteligencia y de otras cualidades. Tienen el complejo en mayor o menor medida de una "primadonna" que siempre quiere llevar la voz cantante.

… formar en el apostolado individual, de persona a persona...

El Manual del *Regnum Christi* comienza con esta afirmación: "Todo cristiano está llamado, en razón de su bautismo, a alcanzar la santidad y a colaborar activamente en la labor apostólica de la Iglesia". La santidad es para todos; y lo mismo la labor apostólica. Para ello, sigue diciendo el Manual, "Dios ha ido ofreciendo a su Iglesia nuevos medios para ayudar a los cristianos a alcanzar la santidad y para responder a las urgencias apostólicas de cada momento histórico". Y a la pregunta ¿qué es el *Regnum Christi?* Se responde que "es un camino concreto para realizar las dos dimensiones claves de su vida cristiana: la relación personal con Dios… y la participación en la acción misionera de la Iglesia a través de un apostolado esforzado y exigente en los campos específicos del *Regnum Christi"*. Se trata de "una vocación particular en la que se concreta la vocación universal a la santidad y el apostolado propio de todo cristiano". (Manual del Movimiento Regnum Christi, c.1).

El Concilio Vaticano II ya había enseñado la necesidad de un apostolado individual, y lo había calificado como la forma primera y esencial del apostolado. En el decreto *Apostolicam actuositatem"* sobre el apostolado seglar se nos dice que "los laicos pueden ejercitar su labor de apostolado o como individuos o reunidos en diversas comunidades o asociaciones. Y pasa a hablar de la importancia y multiplicidad del apostolado individual, al que denomina como "el principio y fundamento de todo apostolado seglar, incluso el asociado, y nada puede sustituirle".

"Todos los laicos, sigue diciendo el documento, de cualquier condición que sean son llamados y obligados a este apostolado, útil siempre y en todas partes, y en algunas circunstancias el único apto y posible, aunque no tengan ocasión o posibilidad para cooperar en asociaciones….La forma peculiar del apostolado individual y, al mismo tiempo, signo muy en consonancia con nuestros tiempos, y que manifiesta a Cristo viviente en sus fieles, es el testimonio de toda la vida seglar que fluye de la fe, de la esperanza y de la caridad". Al que añade, el documento, el apostolado de la palabra.

La exhortación apostólica *Christifideles laici* (28) se expresa en la misma línea de razonamiento: "Es absolutamente necesario que cada fiel laico tenga siempre una viva *conciencia de ser un «miembro de la Iglesia»,* y a quien se le ha confiado una tarea original, insustituible e indelegable, que debe llevar a cabo para el bien de todos... El llamamiento del Señor: «Id también vosotros a mi viña», se dirige a cada uno; y entonces resuena de modo personal en la conciencia de cada uno: «¡Ven también tú a mi viña!».

En esta perspectiva asume todo su significado la afirmación del Concilio, que citábamos anteriormente, sobre la absoluta necesidad del apostolado de cada persona singular: «El apostolado que cada uno debe realizar, y que fluye con abundancia de la fuente de una vida auténticamente cristiana (cf. Jn 4, 14), es la forma primordial y la condición de todo el apostolado de los laicos, incluso del asociado, y nada puede sustituirlo" (n.28).

El documento *"Christifideles laici"* hace mención de ciertas notas del apostolado individual que lo hace especialmente efectivo en vistas de una "intensificación del dinamismo misionero de cada unos de los fieles". En especial menciona el documento tres elementos positivos de este apostolado: "la irradiación del Evangelio puede hacerse extremadamente *capilar,* llegando a tantos lugares y ambientes como son aquéllos ligados a la vida cotidiana y concreta de los laicos. Se trata, además, de una irradiación *constante,* pues es inseparable de la continua coherencia de la vida personal con la fe; y se configura también como una forma de apostolado particularmente *incisiva,* ya que al compartir plenamente las condiciones de vida y de trabajo, las dificultades y esperanzas de sus hermanos, los fieles laicos pueden llegar al corazón de sus vecinos, amigos o colegas, abriéndolo al horizonte total, al sentido pleno de la existencia humana: la comunión con Dios y entre los hombres (n.28). En este texto se describe el apostolado individual como una irradiación. Los documentos del Vaticano II hablaban de "testimonio".

Tal vez no se podría expresar mejor la naturaleza y las características del apostolado individual de cómo lo hace este Documento: irradiación del evangelio capilar, constante, y de manera incisiva. Este modo de expresarse está muy cercano a lo que el Movimiento llama la fórmula de acción: el apostolado "celular", de persona a persona, sobre los líderes. Jesucristo predicaba a las turbas; pero en particular instruía más personalmente en los misterios del Reino al grupo de hombres y mujeres que le seguían de cerca y con los cuales compartía amistad, y comunión de vida y de misión.

Al *Regnum Christi* le interesa también en lo particular seguir esta línea de acción evangelizadora, de persona a persona. Porque como dice el Manual del Movimiento es la forma que mejor conviene al carácter dialogal del seguimiento de Cristo, a la naturaleza racional y libre del hombre y a su condición de persona social.

La transmisión del evangelio "de persona a persona" no es exclusiva del *Regnum Christi*. Pablo VI la usa en *"Evangelii nuntiandi"* al referirse al apostolado individual de cada cristiano: «Además de la proclamación que podríamos llamar colectiva del Evangelio, conserva toda su validez e importancia esa otra transmisión de persona a persona. [...] La urgencia de comunicar la Buena Nueva a las masas de hombres no debería hacer olvidar esa forma de anunciar mediante la cual se llega a la conciencia personal del hombre y se deja en ella el influjo de una palabra verdaderamente extraordinaria que recibe de otro hombre" (EN 46).

…formar en el apostolado de equipo…

El método del trabajo en equipo se impone por ley de razón humana y evangélica. No es posible pensar y trabajar a escala de "cenáculos mínimos". Frecuentemente la tendencia en el quehacer apostólico es la de hacernos un mundo a nuestra medida que proporcione seguridad y gratificación humana, y no dejar que nadie invada nuestro territorio. El apóstol de buena ley es lo opuesto a esto. No se deja encerrar en cenáculos mínimos, fines a sí mismos; sino que trata de enriquecer y apoyar su trabajo con las aportaciones de los demás. Cuánto se echa de menos en el método de trabajo apostólico este sentido del equipo, de lo que los demás pueden aportar. Se da con frecuencia un espíritu individualista, que se muestra celoso o incómodo de lo que puedan decir o hacer los otros. Nunca se debieran dar los cotos privados en el apostolado del Movimiento. Nuestra filosofía y nuestro método de acción es el de la interconectividad de los apostolados. Tenemos que tener la mentalidad de dar la bienvenida a nuestros ámbitos apostólicos a todos los que quieran participar de alguna manera. Trabajar en plan abierto, expuestos a la luz, con espíritu transparente, sin miedo a la crítica constructiva, y a la diferencia de opiniones. En la vida del apóstol militante la tarea no tiene término; él trabaja en plan abierto; disponible a lo que Dios le ponga delante cada nuevo día.

El documento *"Christifideles laici"(1988)* valora el mérito y las razones del apostolado asociado. A saber: "una más dilatada e incisiva eficacia operativa… una incidencia "cultural" fruto de la labor de un sujeto social, de una asociación, de un movimiento". El fin, nos dice este documento, es "participar responsablemente en la misión que tiene la Iglesia de llevar a todos el Evangelio de Cristo como manantial de esperanza para el hombre y de renovación para la sociedad" (29).

Es una manera de apostolado que "expresa, efectivamente, la naturaleza social de la persona, y obedece a instancias de una más dilatada e incisiva eficacia operativa. En realidad, la incidencia «cultural», que es fuente y estímulo, pero también fruto y signo de cualquier transformación del ambiente y de la sociedad, puede realizarse, no tanto con la labor de un individuo, cuanto con la de un «sujeto social», o sea, de un grupo, de una comunidad, de una asociación, de un movimiento… En un mundo secularizado, las diversas formas asociadas pueden representar, para muchos, una preciosa ayuda para llevar una vida cristiana coherente con las exigencias del Evangelio y para comprometerse en una acción misionera y apostólica" (29).

El Manual del *Regnum Christi (1990),* dos años posterior en su tercera edición al documento vaticano, se hace eco de esa doctrina al afirmar que: "Una de las características de la persona humana es la sociabilidad, de la que se desprende la necesidad del hombre de vivir en compañía de los demás para satisfacer sus necesidades de vida y alcanzar sus fines. También el mundo en la medida en que realiza un progreso verdaderamente humano describe como un bien eminente la unión y solidaridad entre los hombres. Por su parte, la Iglesia se define a sí misma como una comunidad de salvación, unida por la fe, la esperanza y el amor a Jesucristo, su Señor" (n.242). Y el Manual concluye diciendo: "El Movimiento *Regnum Christi* quiere que su acción apostólica responda, de la manera más adecuada, a estas exigencias del hombre, del mundo y de la Iglesia. La vida y el trabajo en equipo en el Movimiento se colocan en esta línea" (n.243).

El Manual del Miembro pone entre los "Principios de acción" el Principio de vida de equipo. Y lo ve a la luz de la historia del cristianismo en sus comienzos: "El cristianismo nació y se difundió por el mundo en forma de pequeñas comunidades de oración, de caridad y de fermento apostólico, en las que los cristianos se animaban unos a otros a crecer y perseverar en la fe, compartiendo el gozo cristiano, y comunicándose los avances en la propagación del Evangelio. Esta vida de fe y de amor en comunidad se hizo aún más intensa cuando arreciaron los peligros y las persecuciones contra los cristianos, convirtiéndose en tierra fecunda de la que brotaron, como frutos ya maduros, los primeros mártires de la Iglesia; y ha sido también fuente de renovación cristiana en tiempos de crisis y oscuridad en la práctica de la fe y la moral" (n 343).

Y continúa diciendo en el número siguiente: "El Movimiento Regnum Christi busca prolongar en la vocación y misión de sus miembros esta misma condición histórica y perenne del cristianismo mediante la vida de equipo. Antes, por tanto, que una mera forma de trabajar, la vida de equipo se funda en una realidad propia del cristianismo como comunidad de fe, de esperanza y de caridad en Cristo. Hoy, como en los inicios del cristianismo, la renovación cristiana de la sociedad vendrá de pequeños grupos de oración y de acción que, como chispas esparcidas por el mundo, sean capaces de provocar un gran incendio; pequeños grupos que en el encuentro con Cristo, en comunión con sus pastores y cercanos al hermano necesitado de amor, descubran la perla preciosa del Evangelio y vivan su cristianismo de modo convincente y contagioso" (n 344).

La vida de equipo es una herramienta de apostolado muy valiosa por los valores que aporta a sus integrantes. Podemos decir que esto es doctrina común hoy día en todos los ámbitos del saber y del hacer humanos. Desde los equipos de investigación hasta las terapias de grupo. Las teorías que están en el fondo de esta manera de actuar pueden ser de orden teológico, antropológico, psicológico y pragmático. Todas vienen a probar el valor de esta vía de acción que es el trabajo en equipo.

El Manual del Miembro (nn.345-346) menciona esos valores que aporta el equipo de apostolado. El equipo constituye para cada uno de sus miembros una realidad tangible y cercana que le ayuda a comprender y a vivir de modo práctico y eficaz la propia corresponsabilidad y solidaridad en relación con la Iglesia y con el Movimiento. Pretende ser, además, una ayuda para llevar una vida coherente con las exigencias del Evangelio y para comprometerse en una acción misionera y apostólica.

El equipo es, además, un eficaz instrumento de formación para sus miembros, un catalizador de entrega a la santidad, una ayuda para despertar la creatividad y la iniciativa apostólica, y un medio para promover y realizar obras de apostolado conjugando los esfuerzos, las cualidades y las capacidades de cada uno. La misma doctrina se encuentra expuesta en el "Manual del Regnum Christi"(nn 351-355).

En el Movimiento, el apostolado individual y en equipo se complementan y se necesitan mutuamente para una acción penetrante y de alcance. El primero es importante para llegar al individuo. El segundo para llegar a los ambientes sociales y culturales del mundo, y para llevar a cabo apostolados de mayor escala. Y aquí se advierte de nuevo la necesidad de formación del apóstol: una formación en el espíritu de comunión, en el hacer Movimiento juntos. No es el espíritu y el estilo de hacer del Movimiento el mostrar alergia al trabajo en equipo. Un trabajo en solitario e individualista no se justifica en una buena teología y espiritualidad de comunión. Es cierto que hay quien puede trabajar más y mejor estando a solas. O viceversa, acompañado de otros. En cualquier caso, la combinación de apostolado individual y de equipo es buena para el individuo y para el conjunto; y como si fueran vasos comunicantes produce de una a otra un transvase de entusiasmo y dinamismo apostólicos. Está la alegría de lanzar cada quien las redes para la pesca del Reino según los talentos individuales, y el resultado final cumulativo de todos juntos colaborar en recoger las redes.

Está de sobra probada la importancia que tiene el saber vivir y trabajar en equipo. Una golondrina sola no hace verano. Un "llanero solitario" en el campo del apostolado tiene fecha de caducidad. Fue, sin duda, una intuición el que junto a la vida fraterna en comunidad se introdujera en la Legión la práctica de la vida de equipo. Es esta práctica de la vida de equipo la expresión apostólica más congruente y genuina de una vida fraterna en común que va más allá de un narcisismo de grupo: "yo me encuentro bien, tú te encuentras bien, nosotros nos encontramos bien". Con el paso del tiempo se logra conformar una mentalidad de "equipo" y un modo de hacer en equipo que anima la vida de las comunidades, y las dinamiza, y genera saludables y enriquecedoras relaciones de amistad y confianza.

No es menor beneficio el hecho de que el espíritu y la vida de equipo ayudan a los miembros a librarse del aislamiento de los individuos; de lo que alguien llamaba: "una soledad compartida". El equipo es también el antídoto contra el virus de la "autoreferencialidad" denunciado por el Papa Francisco. La vida fraterna en común que no tiene apertura apostólica, fácilmente deja de ser fraterna y común.

... Un lenguaje nuevo en el país de la incredulidad...

El Papa Benedicto se refería a la "dramática crisis de fe que marca el momento histórico que vivimos". Y decía: este momento "requiere una toma de conciencia para responder a las grandes expectativas que surgen en los corazones de los creyentes ante las nuevas preguntas que interpelan al mundo y a la Iglesia. La inteligencia de la fe, por lo tanto, requiere siempre que sus contenidos se expresen en un lenguaje nuevo, capaz de presentar la esperanza viva en los creyentes a cuantos pidan razón de ella" (Carta Apostólica *"Fides per Doctrinam", Benedicto XVI, 2013*). Reconocemos que hay un lenguaje para hablar de la fe en el país de la incredulidad que es preciso que el cristiano lo conozca para poder estar en condiciones de dar razón de su fe.

Esta situación crítica en que se encuentra la fe ha llevado a la Iglesia a desarrollar en los últimos cincuenta años un cúmulo de doctrina impresionante sobre temáticas variadísimas. Esto es indicio del cambio cultural acelerado cuantitativo y cualificado de la sociedad, y de sus instituciones, y de las preguntas nuevas que surgen en el campo de la fe y de las presiones y acoso a que se ve sometida esa fe.

Pero los documentos solos no resuelven los problemas, ni disuelven los errores. Se necesitan, tal vez por primera vez desde los Padres Apologistas de los tiempos del paganismo greco-romano, los apologistas modernos de plaza, de calle, de púlpito, de cátedra, de blog digital... Pero con una condición importante: que más que mecánicos del "médium" interactivo, sean expertos y sagaces en la presentación de las respuestas que se dan desde la fe.

El apostolado es un arte especial al que ayudan los conocimientos; sobre todo a quien tiene además el genio y la cualidad. Pasa aquí como con el arte. En el campo de la música se dan los críticos musicales, esos que saben todo de música, menos componer una sinfonía. En el arte de ser apóstol pasa algo parecido. Los teóricos no necesariamente tienen el arte de ser apóstoles. Si somos expertos en la teoría del apostolado, está bien; pero si, además, somos expertos en "el hacer apostolado", está mejor.

En muchos casos, y por las razones que sean, los responsables no son líderes, carecen de visión y de experiencia. O, debido a su juventud, se encuentran todavía negociando quiénes son como individuos, lo cual les ata tremendamente; son muy sensibles a su imagen fuertemente expuesta y tienen miedo a fallar y a cómo les vean los demás. Está demostrado que las edades que más necesitan de líderes experimentados son las de aquellos jóvenes que oscilan entre los años de la escuela superior y la universidad. Y está demostrado por la experiencia que el líder verdadero de los adolescentes no se preocupa por su figura, por cómo es visto. Más bien tiene un aire de seguridad personal con el que se mueve entre los jóvenes con naturalidad y autenticidad. La principal cualidad del líder de adolescentes y jóvenes es sentirse a gusto en medio de ellos. Por aquí comienza el proceso de transfer afectivo, los lazos de amistad y de confianza que son tan necesarios para ayudar en la tarea de crecimiento espiritual y humano de los jóvenes. Para lograr esto el líder de jóvenes tiene, además, que saber articular el lenguaje en el que expresan ellos su fe y sus creencias.

Capítulo 9

El alma de todo apostolado.

En el origen de la música de J.S.Bach encontramos "la cítara y la rueda". Cuenta la historia que el tatarabuelo y fundador de la familia, Veit Bach, era de profesión molinero y panadero, y tenía la costumbre de acompañarse con una cítara mientras giraba la rueda del molino. Años más tarde la familia de los Bach emigró de Hungría a Alemania, y la rueda dejó de girar pero la cítara siguió sonando fuerte, pasando de padres a hijos y nietos en la numerosa familia. La cítara es un instrumento de los más antiguos. En la Biblia figura como el instrumento musical por excelencia. El Rey David aprendió desde joven el arte de pulsar sus cuerdas y en la corte del rey Saúl cumplía, además del oficio de general del ejército, el de citarista del Rey. En la Jerusalén celeste del Apocalipsis los ángeles delante del trono del Cordero no cesa de pulsar las cuerdas de sus cítaras. La rueda del molino y la cítara son una metáfora del ser del cristiano en la doble dimensión contemplativa y activa del espíritu. Y lo que más importa es aprender el arte de pulsar las cuerdas de la cítara, porque la rueda de molino ya la vida misma nos la proporciona. San Juan de la Cruz en su "Cántico espiritual" llama a la unión del alma con Dios "la música callada, la soledad sonora". En la vida de los santos, sobre todo de los grandes apóstoles, percibimos una armonía honda entre contemplación y acción. Es una faceta que tienen en común Moisés y Elías, el Padre Pío y Madre Teresa de Calcuta, Juan Pablo II y Charles de Foucault… El Cura de Ars pasaba los días sentado en el confesonario, y las noches arrodillado ante el Sagrario.

Dom P. Guéranger, OSB, abad de Solesmes, y gran promotor de la renovación litúrgica emprendida por San Pío X, escribía en el prefacio a su obra "El Año litúrgico": "La oración es para el hombre el primero de los bienes. Ella es su luz, su alimento, su misma vida, porque lo pone en relación con Dios, que es luz, alimento y vida".

Sin una vida y disciplina de oración, se corre el peligro de convertir el apostolado en una especie de voluntariado con tintes de beneficencia filantrópica; y la vocación al amor, en una vocación de interés por lo social.

La Iglesia, por medio de Pío XII condenó en el siglo pasado la "herejía de la acción" (Encíclica "Menti Nostrae",1950). Ya años antes (1899) León XIII en una carta al Cardenal James Gibbons de Baltimore, USA había puesto en guardia contra un movimiento que se estaba afirmando en la Iglesia Católica en Estados Unidos, el "activismo pastoral", que privilegiaba la acción sobre la oración.

La "herejía de la acción" acecha siempre al apóstol. Son tantas las necesidades de las almas, son tan pocos la mayoría de las veces los obreros de la viña, que el celo apostólico se tiñe con frecuencia de una visión horizontalista que lleva al apóstol a quedar absorbido por el activismo. Gracias a Dios siempre se han dado los casos de misioneros y evangelizadores cuyas vidas son un testimonio de intensa vida de trabajo unida a una profunda vida de oración.

LA ORACION EN UN MUNDO POR EVANGELIZAR

La oración es connatural al hombre. Lo vemos por la historia de la humanidad, que nos muestra al hombre de todas las épocas necesitado y dado a la oración. ¿Qué es lo que hace de la oración una experiencia connatural? Sin duda el deseo de vivir en la cercanía benévola y propicia de la divinidad. Por medio de la oración, y aquí entendemos por oración toda práctica de acercamiento a Dios, el hombre busca su salvación, su seguridad, su felicidad. Busca defensa, refugio y protección. En el fondo toda práctica de oración, todo recurso a la divinidad, es una confesión de la debilidad, insuficiencia e inseguridad del hombre. Por eso toda religión es relación y dependencia, y estos sentimientos necesariamente desembocan en la oración. Esto no quiere decir, como algunos han entendido, que la religión, y el Dios de la misma, son una proyección de las insatisfacciones y temores metafísicos del hombre. Si no más bien que el hombre es una estructura de vida tal que ha sido creada para encontrar su lugar exacto de realización en un sistema superior de relaciones múltiples, de las cuales, la relación con la divinidad es la más sensible e inquietante.

Existe una circunstancia en la vida del hombre moderno occidental que hace de la oración una necesidad más sentida que en épocas anteriores. Esta circunstancia es el fenómeno de la soledad humana. Hoy el hombre siente que vive como aherrojado en la celda de un aislacionismo personal. Su vida está como uncida inexorablemente al carro de la rivalidad y la competitividad, máximas creadoras de alienación de los individuos en la cultura moderna. El resultado es el de vidas ocupadas, pero no realizadas ("filled but not fulfilled") . Y con el andar del tiempo nos puede invadir un sentimiento opresivo de vacío existencial. Las cosas y las tareas que antes nos fascinaban, ahora las vemos con un cierto resentimiento y distanciamiento.

En el fondo de los grandes desajustes y confrontaciones de todo tipo que caracterizan a la cultura moderna, lo que hay es un enfriamiento de la fe. Es el efecto glaciar de la cultura relativista y subjetivista. Llevado de la seducción y halago del mundo, el cristiano puede dejarse arrastrar casi insensiblemente por esa marea del "mal du siécle"; por sus modos de pensar, de sentir y de actuar, hasta quedar posiblemente engullido del todo. Termina por convertirse en servidor del mundo. Lo que todavía puede haber en él de cierta referencia a lo divino no pasa de ser como una vieja prenda de vestir colgada en un perchero.

Benedicto XVI decía en su discurso de navidad a la Curia Romana y al Cuerpo Diplomático que "no sólo los fieles creyentes, sino también otros ajenos, observan con preocupación cómo los que van regularmente a la iglesia son cada vez más ancianos y su número disminuye continuamente; cómo hay un estancamiento de las vocaciones al sacerdocio; cómo crecen el escepticismo y la incredulidad. ¿Qué debemos hacer entonces? Hay una infinidad de discusiones sobre lo que se debe hacer para invertir la tendencia. Y, ciertamente, es necesario hacer muchas cosas. Pero el hacer, por sí solo, no resuelve el problema. El núcleo de la crisis de la Iglesia en Europa es la crisis de fe. Si no encontramos una respuesta para ella, si la fe no adquiere nueva vitalidad, con una convicción profunda y una fuerza real gracias al encuentro con Jesucristo, todas las demás reformas serán ineficaces".

El encargado vaticano para la nueva evangelización, el obispo Mons. Salvatore Fisichela describía la situación en Europa diciendo como "muchos bautizados viven como si Cristo no existiese. Se repiten los gestos y los signos de fe, especialmente a través de las prácticas de culto, pero a estos no se corresponde una acogida del contenido de la fe y una adhesión a la persona de Jesús". Alguien escribió que lo último en caer en la religión son los ritos, pero cuando estos caen es señal de que la vida cristiana hacía tiempo que había muerto.

¿Cómo hacer para no ser engullidos por ese mundo conformista y relativista? ¿Cómo ayudar a la gente para que mantenga su identidad humana y cristiana? La solución no puede venir de un mundo que vive en lo provisorio, en lo transitorio y en lo desechable. Sólo una actitud contemplativa, que permite la recreación de un espacio interior de libertad, de un claustro del alma, en donde morar a solas con Dios puede efectuar la única y verdadera liberación del hombre. De otra manera somos presa del dios Cronos, devorador de sus propios engendros y de las Parcas, esas míticas hilanderas del tiempo, que cosen y descosen la trama de la vida humana marcada por un devenir ciego e inmisericorde. Cuando el hombre conecta con Dios, sale de la temporalidad, se sumerge en la transcendencia y se libera en el espacio ilimitado del Ser Divino. Sus ojos encuentran una luz que no conoce ocaso. Su espíritu se carga de energía vital. Y surge una voluntad de reemprender cada día de nuevo la historia de la propia vida en el mismo verso en que quedó interrumpida.

La oración, como encuentro personal con Dios, como apertura vertical al Trascedente, es lo específicamente cristiano que el creyente debe aportar al mundo de hoy. Porque lo demás, el trabajo en servicio del hombre, la ayuda al necesitado, el trabajo intelectual, el quehacer secular, lo hacen hoy otros estamentos sociales mejor de lo que nosotros como cristianos lo podemos hacer. No poseemos la ciencia práctica, ni mucho menos los recursos materiales que tienen los que construyen y proveen a la ciudad secular. Pero orar es prerrogativa del creyente, y es el testimonio y la novedad que siempre puede aportar a quienes con él van también de camino por la vida. Si el cristiano no es el hombre de la oración, no se entiende para que está en el mundo, pues en lo demás este se vale a sí mismo. Pero con la oración el creyente hace que Dios ocupe su lugar en el mundo. Y esto es de suma importancia y urgencia hoy día, en un mundo que ya no se ocupa de Dios, y lo tiene muchas veces por superfluo, y hasta contraproducente. De ahí que se pida a los cristianos que aporten lo específico de su fe, que sean hombres que den lugar a Dios en sus vidas, siempre a costa de algún sacrificio personal; que sepan orar, aunque nunca su oración sea noticia.

Esta valoración del lugar de la oración en la vida del creyente cobra más importancia tratándose del caso del apóstol y del sacerdote. Estos tienen que ser como los testigos de lo invisible, de lo trascendente. Tienen que tener la mirada especialmente penetrante como para vivir permanentemente de cara al misterio, al más allá, al invisible que se cierne por encima de la realidad material y más allá de las miradas de la mayoría de la gente. El apóstol tiene el deber de ser profeta de las realidades que no se ven. Generalmente lo esencial escapa a la mirada de la mayoría. Si tienen que ser los testigos del Trascendente y los Profetas del Invisible, tienen que vivir en compañía del Trascendente y del Invisible.

Por eso el apóstol y el sacerdote o son hombres de oración y tienen mensaje o de lo contrario les faltan las credenciales necesarias para ir a hablar a la gente. La oración hace al apóstol el hombre del misterio, el hombre que tiene noticia de Dios. La oración hace que el apóstol viva, por así decir, domiciliado con Dios. Por eso está siempre ahí en situación de poder dar noticia de Dios a los demás que se lo pidan.

Los hombres quieren creer en Dios, se interesan por él, van en su búsqueda, llaman a la puerta, y cuántas veces la respuesta que les llega se parece a esos diálogos del teatro nihilista del siglo pasado: "Dios ya no vive aquí; le hicimos ver que ya no era necesario en el mundo; que era mejor que se fuera. No creemos que volverá. La verdad es que podemos pasar sin El". Y de esta manera la gente se muere espiritualmente a nuestra puerta. ¿Qué ha pasado? No hay que darle muchas vueltas al problema. Cristo en el evangelio habla a sus discípulos de la sal que pierde su sabor, y de la luz que no alumbra. Cuando el apóstol ha perdido el sabor de Dios, ya no puede hacer que otros le encuentren el gusto.

¿Quién podrá devolver a Dios al hombre? ¿Quién podrá devolverle a Jesucristo? Los santos ciertamente. ¿Pero quiénes son los santos? Los hombres de oración. Los que saben de Dios, no por referencias de otros, sino porque se encuentran con él a diario, y llevan en su rostro el resplandor divino, como Moisés al descender de la Montaña Santa. El hombre de oración cuando habla de Dios habla de alguien con quien él ha estado primeramente.

La situación de ateísmo e indiferencia religiosa que hay en el mundo requiere una especie de revolución espiritual. La historia ha conocido revoluciones espirituales, que han sido los grandes movimientos de reforma religiosa. ¿Quiénes fueron sus originadores? ¿Hombres y mujeres de la academia? Fueron más bien hombres y mujeres de oración, todos grandes contemplativos: San Benito, San Francisco, Santa Catalina de Siena, Santa Teresa de Avila, y otros muchos. Todos estamos a la espera de que vengan, tal vez ya están entre nosotros, los santos de la nueva primavera de la Iglesia que ya anunciaba Pío XII. Y una vez más será verdad que sólo los santos operan las verdaderas revoluciones de la Iglesia. Los problemas que aquejan ordinariamente a la Iglesia están en la cabeza o en el corazón, son problemas de fe o de costumbres, pero la solución está en las rodillas: tenemos que arrodillarnos, necesitamos orar para sanar. Lo decía San Juan de la Cruz: una hora de oración entraña más fe y amor que la lectura de muchos libros sobre la fe y el amor. Este es el potencial real de la oración.

La Iglesia necesita hoy de hombres de oración para poder discernir correctamente los signos de los tiempos. Necesita de hombres de oración para ayudar a los creyentes a mantener su identidad cristiana en tiempos difíciles. Necesita de hombres de oración para permitirle a Dios que siga haciendo por medio de ellos las verdaderas revoluciones espirituales del mundo. Necesita de hombres de oración para que no se apague el Espíritu, y siga produciéndose el carisma y la inspiración en la Iglesia. Necesita de hombres de oración que sean como luces en medio de la noche de la fe, y como hogueras que calienten el frío de la acampada humana. Necesita hombres de oración como Moisés en la campaña contra los amalecitas: "Y mientras Moisés tenía los brazos levantados, vencía Israel; pero cuando los dejaba caer, prevalecía Amalec".

Jean Danielou, escribió en mayo de 1965 un combativo librito titulado "La oración, problema político". La tesis era que la religión no se puede relegar a la esfera privada, disociándola de la vida pública, la cual sería una esfera puramente secular. A distancia de más de 50 años de que se escribió el libro es evidente que la disociación entre religión y vida pública ha hecho que Occidente se parezca a un "buque fantasma" a la deriva en altamar. Un Occidente a merced de vientos y corrientes culturales que forman una cacofonía, magnificada por los medios de comunicación, que hace que nadie se entienda, como los personajes de la obra satírica de Ionesco "La cantante calva".

La oración como "problema político" quiere decir que la "polis" no se puede sostener por más que lo intente sólo mediante la globalización, los planificadores sociales, los programas políticos, los sondeos de opinión y las predicciones económicas y climatológicas. Son más necesarios que antes los espíritus contemplativos, los hombres que se dan cita con Dios en la montaña santa de la oración. Estos son los auténticos visionarios del futuro. Los que podrían conducir a la humanidad a tiempos de paz y solidaridad y que hiciera realidad la profecía de Isaías sobre el Reino mesiánico. entre los hombres, y con el resto del universo. ¿No sería, sin duda, una buena medida política la de establecer como parte del gobierno de la ciudad, la "orden de los contemplativos", así como existen los departamentos del medio ambiente y de la salud pública? Si la oración no es sólo un problema religioso individual, sino también social, político y global, como el del recalentamiento de la tierra, o la polución ambiental ¿no valdría la pena que la ONU le dedicará uno de esos "forums" internacionales que periódicamente dedica al estudio de cuestiones que no pueden esperar? Sería un paso en la dirección correcta. Pero estamos, sin duda muy lejos de que esto suceda. Por eso decimos esto con una pizca de ironía.

Un mundo sin oración se convierte en algo tóxico para la vida y la convivencia. Mientras que la oración proporciona al individuo, y a la comunidad un espacio de aire puro para el espíritu que lo libra de la asfixia tóxica. La oración es terapia del espíritu, la oración hace al hombre más hombre, la oración conduce al hombre a Dios.

Para orar es necesaria la fe. Hasta el agnóstico puede llegar a decir: "Dios, si existes, escúchame". Cuando el ateo o el agnóstico pasan de la incredulidad a la fe es como si de repente se restableciera el contacto con la Persona que está al otro lado de la línea. Frecuentemente el encuentro con la fe se produce en un contexto de oración. Ha sido el caso de convertidos como Paul Claudel y André Frossard. La fe es como una relación de amistad que exige el encuentro y el diálogo. Y, a su vez, cuanto más se dialoga con Dios, más se dilata y se ahonda la fe.

La fe y la oración son entre sí como vasos comunicantes. El más o el menos de cada uno de ellos afectan la medida del otro. Al enfriamiento de la fe sucede el abandono de la oración. Tal vez Jesucristo tenía en la mente una situación de futuro así cuando con cierto deje de tristeza exclamaba: "¿Cuando venga el Hijo del hombre al final encontrará fe en la tierra?". Lo que a Dios más le gusta de nuestra oración es la fe con que oramos. Es esa fe, persistente y machacona, la que nos gana el favor de Dios. En los evangelios se nos dice como Jesucristo lo primero que veía era la fe de los que acudían a pedirle algún milagro. Y donde no encontraba esa fe, como entre sus paisanos de Nazaret, no podía hacer ninguno.

¿Por qué esa relación entre la fe y la oración? Sencillamente porque la oración es una actuación en vivo de la fe. Sin la fe es imposible orar, porque ¿con quién vas a hablar? ¿qué vas a decir? La oración es un testimonio y una confesión implícita de la fe en Dios. La imagen de una persona arrodillada a los pies de un crucifijo tiene un gran valor de testimonio de fe. Pero sólo quien tiene fe puede ver lo que encierra ese gesto.

La fe nos asegura que orar no es hablar en el vacío, sin alguien del otro lado que nos preste atención y escuche. Dios tiene muchas razones para escucharnos. La primera es que somos suyos. La segunda es que Dios ama a sus creaturas, y sobre todo a la creatura racional que es imagen suya. La tercera es que se ha comprometido a escucharnos cuando le invocamos. Y la cuarta es que le hemos costado mucho. Dios nos escucha porque es nuestro Hacedor, nuestro Padre, nuestro Redentor, y es además un Dios fiel y que no puede dejar de amarnos. Dios se ha hecho viajero, compañero de camino, y está decidido a no separarse de nosotros, como dicen bellamente los versos de José María Souvirón que rezamos en la Liturgia de las Horas:

"Ando por mi camino pasajero,
y a veces creo que voy sin compañía,
hasta que siento el paso que me guía,
al compás de mi andar, de otro viajero.

No lo veo, pero está. Si voy ligero,
él apresura el paso; se diría
que quiere ir a mi lado todo el día,
invisible y seguro el compañero".

La oración es co-extensiva a la acción: la precede, la acompaña y la sigue. Una colecta del Misal Romano expresa así esta convergencia: "Inspira, Señor, nuestras acciones, y acompáñalas con tu ayuda, para que todo nuestro hablar y actuar tenga siempre en ti su principio y tienda siempre a ti como a su fin". Es en el espacio interior de la oración, de la contemplación donde se enciende y crece el amor hasta rebosar y derramarse en caridad hacia los demás. Es conocida la definición clásica del apostolado: "contemplata aliis tradere". La oración viene a ser como la caldera donde el combustible se transforma en energía que mueve los émbolos de la voluntad y del corazón del apóstol, como pasaba con las antiguas locomotoras de carbón. Escribía Urs Von Balthasar (1905-1988) que "en la oración y en el sufrimiento está la fuente de cada actividad eclesial; como consecuencia poner en marcha e incrementar la acción católica significa antes de todo incrementar y extender en la Iglesia los centros de contemplación".

La prueba más convincente del efecto apostólico de la oración la tenemos en la vida de los santos. El caso de Santa Teresa de Avila es elocuente. Una monja de una vida contemplativa excepcional. Por vocación, monja carmelita; por carisma personal reformadora del Carmelo; por experiencia espiritual, mujer mística; y por conocimiento de la vida espiritual, doctora de la Iglesia. Cuenta en el libro de su vida cómo transcurrió en la mediocridad y tibieza espiritual los primeros 17 años de su vida en el convento. Pero añade que, aún así, nunca abandonó la práctica de la oración, aunque tuvo en ella muchos altibajos. Y es a esto que ella atribuye la gracia de su "conversión" posterior, y el comienzo de los grandes favores y experiencias místicas que Dios le concede. Una vida de oración mística tan intensa y envolvente parecería que no dejaría lugar a ningún otro tipo de actividad que no fuera la espiritual. Y así ha sido en la vida de otros místicos. Pero no en el caso de Santa Teresa. Fue una monja "andariega", como la llamaban amigos y opositores. Impresiona a cualquiera que lea su Libro de las Fundaciones y el de su Autobiografía el número de conventos que fundó, los viajes constantes de una ciudad a otra, las personas que tomaron parte en su vida, la constante oposición y persecución que sufrió de propios y extraños, y sus constantes achaques y enfermedades. Y en medio de todo este trajín traía siempre fresca la presencia y compañía de la Trinidad y de la Humanidad de Cristo, y mantenía una grande familiaridad con la Virgen, San José, y los Ángeles. "Profundamente contemplativa y eficazmente activa", la llamaba Pablo VI. Santa Teresa nos enseña, añadía el Papa, que "la oración es el camino para aprender de Dios un amor ardiente a él, a su Iglesia, y una caridad concreta para con nuestros hermanos".

Contemporáneo de Santa Teresa de Jesús encontramos por otro lado a San Ignacio de Loyola y su Compañía de Jesús. Puede decirse que *San Ignacio de Loyola* (1491-1556), y la Compañía por él fundada contribuyeron en gran escala al movimiento de renovación de la vida eclesial y cristiana que caracterizó la Reforma Católica promovida por el Concilio de Trento. De acuerdo con el espíritu y las necesidades del tiempo, la Compañía elabora un nuevo tipo de Orden religiosa, que servirá de modelo a las instituciones posteriores. El primado otorgado al fin apostólico trae consigo un nuevo modo de ordenar la vida de oración y la vida común. San Ignacio fue, a un mismo tiempo, un incansable hombre de acción y un ferviente contemplativo. Su "moto": "contemplativo en la acción" se hace eco del de San Benito: "Ora et labora".

Las enseñanzas de los últimos Papas han sido numerosas acerca del primado de la oración, y de su eficacia apostólica. Juan Pablo II hablando a religiosas contemplativas les decía: "La capacidad de contemplación se os convierte en capacidad de influjo evangelizador; la capacidad de silencio se os transforma en capacidad de escucha y de donación a los hermanos... Y recuerden que la actividad -incluso la más santa y benéfica en favor del prójimo- no dispensa nunca de la oración." Más adelante el Papa aludiendo al pasaje sobre Marta y María *(cf. Lc. 10, 39)*, dice que "estar sentados a los pies del Maestro constituye sin duda el inicio de toda actividad auténticamente apostólica" (cf. JP II, 4-10-86). Esto lo decía un Papa que viajó incansablemente llevando el mensaje evangélico a todos los rincones del mundo, que por ello le llamaron el Papa "trotamundos", y no dejaba de trasmitir donde fuera que estuviera la imagen de un hombre profundamente inmerso en un clima de oración, ya estuviera a solas o rodeado de gente.

Pablo VI se preguntaba en una audiencia "¿cómo se llega a ser apóstoles? Y decía "la respuesta ya ha sido dada por una innumerable literatura ascética; baste recordar la conocidísima obra del padre Chautard: "El alma de todo apostolado", todavía actual en sus puntos fundamentales que nos llevan a reencontrar las raíces interiores del apostolado exterior". "El apostolado, continuaba el Papa, es un fenómeno de exuberancia espiritual y personal, que se hace ejemplo, voz, obra más allá del ámbito subjetivo, para reflejarse en el ámbito externo y social. No puede ser verdadero apóstol quien no tiene una propia, profunda, ardiente vida interior". Y remitiéndose al decreto sobre el apostolado "Apostolicam actuositatem" (n. 4) del Concilio Vaticano II, decía: "En realidad la vida interior es la primera e insustituible condición del apostolado. Es también su fuerza, porque es la base de la santidad del obrero evangélico". Y enunciaba con profundidad y acierto los grandes beneficios que aporta al apóstol la oración: "lo previene de los peligros del ministerio exterior, refuerza y multiplica sus energías, le da consolación y alegría, reafirma su pureza de intención, es escudo contra el desaliento, es la condición necesaria para la fecundidad de la acción, atrae las bendiciones de Dios, hace santificador al apóstol y produce en él irradiación sobrenatural" (Audiencia 31 de enero de 1968).

Ser orantes en medio de un mundo en el que las gentes giran y giran cada día sin un centro de referencia espiritual es un testimonio de primera necesidad. La mayoría de nosotros no hemos recibido el llamado a la vida contemplativa del claustro. Pero quienes viven en el claustro, rezando día y noche, lo hacen no únicamente a título individual, sino como gente comisionada y en representación de los que estamos metidos en la evangelización del mundo. Las almas contemplativas representan una especie de reserva espiritual del apóstol.

San Agustín se ocupa de esta doctrina de la vida contemplativa y activa en su sermón n. 103, explicando el sentido simbólico de las dos hermanas Marta y María. "Las palabras del Señor, dice el Santo, nos advierten que, en medio de la multiplicidad de ocupaciones de este mundo, hay una sola cosa a la que debemos tender. Tender, porque somos todavía peregrinos, no residentes; estamos aún en camino, no en la patria definitiva; hacia ella tiende nuestro deseo, pero no disfrutamos aún de su posesión. Sin embargo, no cejemos en nuestro esfuerzo, no dejemos de tender hacia ella, porque sólo así podremos un día llegar a término. Marta y María eran dos hermanas, unidas no sólo por su parentesco de sangre, sino también por sus sentimientos de piedad; ambas estaban estrechamente unidas al Señor, ambas le servían durante su vida mortal con idéntico fervor. Marta lo hospedó…. Tú, Marta…ahora estás ocupada en los mil detalles de tu servicio, quieres alimentar unos cuerpos que son mortales, aunque ciertamente son de santos; pero ¿por ventura, cuando llegues a la patria celestial, hallarás peregrinos a quienes hospedar, hambrientos con quienes partir tu pan, sedientos a quienes dar de beber, enfermos a quienes visitar, litigantes a quienes poner en paz, muertos a quienes enterrar? Todo esto allí ya no existirá;….allí alcanzará su plenitud y perfección lo que aquí ha elegido María, la que recogía las migajas de la mesa opulenta de la palabra del Señor". Siempre ha sido una especie de icono de la oración, de la vida contemplativa, la estampa de esta mujer María, hermana de Marta, sentada a los pies del Señor, recogiendo las migajas que se desprenden de la "mesa opulenta" de la palabra del Maestro.

En el n.2 de nuestras Constituciones, en el apartado 2º al hablar de la entrega a la salvación de las almas pone como medios "la oración, el testimonio de vida y el apostolado". La oración figura en primer lugar, como indicando una cierta jerarquía. Y el n.4, en el apartado 2º, nuevamente se hace depender el trabajo apostólico de la promoción del crecimiento espiritual; lo cual significa en primer lugar crecer en el hombre interior, unido a Cristo por la fe y la oración. Finalmente el n.13 se refiere por entero al "espíritu contemplativo y evangelizador"; diciendo que por el primero los legionarios buscan "la oración, la unión con Dios, el silencio y la reflexión, y dan prioridad a la acción divina en su propia santificación y apostolado".

El Manual de Principios y Normas, en el n.15, dentro del importante capítulo sobre la "Orientación fundamental para la vida" recomienda la vida de oración y la considera como "vigorosa promotora de la acción" en la que "Dios nos llena de celo por la conquista de su Reino". En el n.73 del mismo documento se pide a los sacerdotes "incrementar la dimensión contemplativa de su espíritu". Y el n.78 considera "la oración como la principal necesidad y fuente de donde dimana toda la actividad genuinamente apostólica".

En otro documento, el "Manual del miembro del Movimiento", encontramos un capítulo entero (nn.106-112) dedicado a explicar la relación entre oración y acción.

El n.112 explica de manera sencilla y sugestiva la relación mutua entre "oración y acción": "Ni se ha de orar sin trabajar, ni se ha de trabajar sin orar. Si alguien ora sin trabajar, quizá le falte a Dios el conducto por el que ha de comunicar sus gracias; si alguien trabaja sin orar, su trabajo difícilmente será fecundo en frutos para el Reino de Cristo".

Resulta evidente a la luz de lo que enseñan estos documentos el interés por salvaguardar y proteger el apostolado de la Legión y del *Regnum Christi* para lo cual la primera y esencial solicitud es el cuidado de la oración, garantía insustituible de frutos apostólicos.

Solicitados por la vida de sentidos, muchos individuos llevan una existencia epidérmica y sensorial. Morfológicamente seguimos siendo iguales a las generaciones de siglos anteriores. Seguimos siendo una especie vertebrada y plantígrada. Pero lo que se esconde tras esos ojos humanos que contemplan la realidad es una idea pragmática, relativista, y convencional de la vida. Jaques Loew asimilaba este fenómeno a una especie de metamorfosis por la que el hombre decidió abandonar la columna vertebral y sustituirla por el caparazón del molusco. Mucha gente se comporta como si perteneciese a la especie de los invertebrados.

Ya hace tiempo que alguien, Bergson, dijo que nuestra época requería un "suplemento de alma". El sacerdote, el apóstol viven inmersos en este mar de gentes que han "extinguido el espíritu", según la expresión de San Pablo. El sacerdote se cruza, se relaciona, trata con ellos. La religión y la liturgia se han convertido desgraciadamente en muchas iglesias en una especie de acto sin palabras. Antes se decía que la gente no respondía en la misa porque no entendía latín. Ahora la gente entiende y sigue sin responder. La liturgia vaciada de su espíritu se convierte en espectáculo, que después de visto deja de atraer. Un gran reto pastoral hoy es el de meter un "suplemento de alma" en nuestras asambleas litúrgicas. Las posturas corporales son indicativas. El espectador en el museo se planta delante del cuadro que observa. El que ora sabe también cuándo tiene que postrarse.

Es una necesidad vital, sobre todo para el sacerdote y el apóstol, cultivar la interioridad. Para que el sacerdote y el apóstol sean dispensadores de espíritu, portadores de alma tienen ellos que rebosar interiormente. Tienen que ser vistos frecuentemente metidos a solas en la oración, cómo los Apóstoles veían a Cristo, y aquello les llamaba la atención.

En la vida cristiana, el silencio juega un papel importantísimo, pues es condición para cultivar una interioridad que permite oír la voz del Espíritu Santo y secundar sus mociones. Se relaciona con la fecundidad y la eficacia. Se trata de un silencio creador. Y el Papa Francisco ha pedido oraciones «para que los hombres y mujeres de nuestro tiempo, a menudo abrumados por el bullicio, redescubran el valor del silencio y sepan escuchar a Dios y a los hermanos». ¿Cómo conseguir esta interioridad, en un ambiente marcado por las nuevas tecnologías? La Web es una espada de dos filos: sirve para lo mejor, y está siendo una herramienta preciosa en llevar la fe a las personas. Pero también está siendo utilizada como instrumento de distracción, de alimentar la curiosidad, de entontecer la mente, y de insensibilizar el alma para lo espiritual.

Santo Tomás de Aquino llamaba a la curiosidad una "inquietud errante del espíritu". Un diagnóstico que se puede aplicar a un cierto número de "internautas". Esta inquietud errante del espíritu produce una cierta agitación de la mente y de los sentidos que reflejan la inestabilidad y la inquietud interior. A esto lo llamaba San Agustín "un vivir de espaldas a su verdadero ser". Es posible que muchos vivan de espaldas a su propio ser y a su propia vocación, y todos sabemos que mi espalda es mi mitad olvidada y casi desconocida (San Agustín sermón 49). San Agustín vivió durante muchos años este drama de la división interna del hombre. Por eso amonesta: «¡Oh hombre!, ¿hasta cuándo vas a estar dando vueltas en torno a la creación? Vuélvete a ti mismo, contémplate, sondéate, examínate» (Sermón 52,17).

Colocarme a la espalda es no querer saber nada de mi verdadero yo. La interioridad me obliga a tenerme en cuenta, a considerarme, a examinarme. No hay que tener miedo a entrar en el interior; lo problemático es no entrar porque nos hemos convertido en huéspedes en nuestra propia casa". Lo decía gráficamente Pablo VI: "algunos no pueden entrar porque han perdido la llave".

La cuestión del alma no es una cuestión teórica para nosotros. Coincide con el combate que debemos entablar para salvaguardar la vida espiritual y la interioridad frente a una representación del mundo, que se nos insinúa y nos solicita desde todas partes. Sólo los que «saben que tienen un alma», como diría Newman, son capaces de usar los filtros de la prudencia y del discernimiento para no quedar atrapados en la red.

San Pablo habla y contrapone el hombre interior y el hombre exterior, y eleva su oración "para que seáis fortalecidos por la acción de su Espíritu en el hombre interior, que Cristo habite por la fe en vuestros corazones, para que, arraigados y cimentados en el amor, podáis comprender con todos los santos cuál es la anchura y la longitud, la altura y la profundidad, y conocer el amor de Cristo, que excede a todo conocimiento, para que os vayáis llenando hasta la total Plenitud de Dios" (Ef 3, 16-19). La dinámica del hombre interior, la dirección en que camina es llegar a alcanzar "la total plenitud de Dios".

Capítulo 10

El Regnum Christi y su espacio en la Iglesia.

La Iglesia Católica se entiende a sí misma como el "Pueblo de Dios", formado por el Papa, los Obispos, y los fieles. Esta Iglesia es esencialmente una comunión de fe y de vida bajo la guía de sus pastores. Ha conocido en su seno desde los orígenes formas asociativas que encarnan un seguimiento más radical de Jesucristo por la profesión de los consejos evangélicos. En la lista de esas asociaciones encontramos primeramente los anacoretas y los eremitas de los siglos III y IV del cristianismo. Vendrán después los grandes fundadores del monasticismo de oriente y occidente: Pacomio(286-346), Basilio el Grande (329-79) y Benito (480-543). A los que seguirán Bernardo de Claraval, Francisco y Domingo. El árbol de la vida evangélica en la Iglesia no cesará de echar nuevos brotes y llega a ser hoy frondosísimo. Algunas de estas instituciones llevan una vida dedicada a la oración, mientras que otras están dedicadas al apostolado activo en el mundo. Unas viven en comunidades permanentes, otras en un régimen de soledad eremítica, o de consagración virginal individual. Todos profesan según modalidades diferentes, una vida evangélica de pobreza, castidad y obediencia.

¿Cuántas son las instituciones de vida consagrada existentes en la Iglesia de hoy? Muchas. Las que han recibido reconocimiento oficial las encontramos en el Directorio Vaticano "Anuario Pontificio". Algunas de estas Asociaciones son grandes por el número de miembros y nacionalidades. Otras son más pequeñas, o de carácter más local. Todas, según sus carismas fundacionales, sirven a la misión evangelizadora de la Iglesia en el mundo. Constituyen en su conjunto como un ejército espiritual siempre dispuesto para ir allá donde la Iglesia las envíe.

Además de las Órdenes o Congregaciones religiosas, se dan en la Iglesia otros tipos de asociaciones como son las Órdenes Terceras, las Confraternidades, las Uniones Pías, y los Movimientos Eclesiales.

El Concilio Ecuménico Vaticano II, celebrado en Roma durante los años 1962-1965, dio un gran impulso a la participación de los seglares en la misión y apostolado de la Iglesia. Fueron muchas las voces que dentro y fuera del aula conciliar se levantaron para proclamar que había sonado la "hora de los seglares". Fue determinante para poner en primer plano de la eclesiología la identidad y misión del seglar un libro: "Jalones para una teología del laicado", escrito unos años antes (1954) por el teólogo dominico francés Yves Marie Congar. La recuperación del lugar del seglar en la Iglesia era fruto del redescubrimiento de una eclesiología de comunión, que tiene sus raíces en la doctrina paulina de Cristo Cabeza y la Iglesia su Cuerpo. Fue un concepto largamente tratado por la teología medieval. A principios del siglo pasado grandes teólogos recuperan este concepto. Entre ellos figuran los nombres de E.Mersch, Przywara, E. Sauras, S.Tromp, a quien el papa Pío XII recurrió para escribir su importante encíclica: "Mystici Corporis Christi" (1943). El Vaticano II asumió plenamente esta doctrina en la Constitución "Lumen Gentium" sobre la Iglesia, y daría un nuevo paso adelante incorporando a las imágnes de la Iglesia el concepto bíblico de "Pueblo de Dios". La eclesiología del Vaticano II gravita de manera emblemática en torno a estos dos conceptos de Iglesia: "Pueblo de Dios" y "Cuerpo Místico de Cristo". Nuestra teología de hoy sobre el lugar del seglar en la Iglesia es deudora de esta eclesiología.

La reflexión sobre el lugar del seglar en la Iglesia cobró nueva fuerza y urgencia a raíz de las dos grandes guerras mundiales que devastaron espiritual y materialmente a Europa. En esta terrible coyuntura la Iglesia siente la necesidad de dirigir su mirada y su atención al mundo católico de los seglares en busca de ayuda para hacer frente a la ola de descristianización que avanza por la cristiandad de Occidente. La cuestión del seglar, su identidad y su misión se convierten así en un centro de máximo interés de la eclesiología, de la espiritualidad y de la pastoral de segunda mitad de siglo XX. Son hitos importantes en este camino de alumbramiento de una teología del laicado los escritos de teólogos, como Congar, Von Balthasar, De Lubac, Chenú, Danielou, y el Cardenal Suhard de París. Estos autores formaron la tierra de cultivo de cuanto dirán después los inspirados documentos del Vaticano II, especialmente la *Lumen Gentium*, y el decreto sobre el Apostolado de los seglares. Años antes (1943) causó sensación un libro de Henri Godin: *"Francia, ¿país de misión?"* (1943) donde hace un análisis del alejamiento religioso de la clase obrera.

La historia del Cardenal Suhard de París (1940-1949) está ligada al famoso libro de Henri Godin. Fue el Cardenal quien encomendó a Godin y a Yvan Daniel, dos sacerdotes de la Juventud Obrera Católica (JOC) de Francia, escribirle un informe sobre la situación religiosa de la clase obrera de París. Cuatro años más tarde, en Lisieux, el Cardenal pronunciaría unas palabras que recorrieron el mundo: "No nos engañemos: En el futuro no será solo nuestra patria, sino el mundo entero el que corre el riesgo de ser "país de misión. Lo que nosotros estamos viviendo hoy, les tocará vivirlo a ellos después".

Este despertar de la figura del seglar en la Iglesia generó gran expectativa e interés y pronto comenzaron a verse los frutos con la involucración del seglar en la pastoral eclesial y el llamado a actuar en las tareas temporales. El fenómeno de los Movimientos eclesiales ha sido un fruto del Concilio Vaticano II, que en un principio tal vez nadie fue capaz de imaginar. Un clima de contestación exacerbada, de banderías progresistas y conservadoras se apoderó de la Iglesia durante la celebración del Vaticano II y en los años sucesivos. El clima eclesial se hizo especialmente tormentoso. Los primeros desarrollos de los Movimientos eclesiales que se gestaron en esos años tuvieron lugar al amparo de un silencio creativo y protector. Cuando finalmente cobraron relieve e hicieron acto de presencia en el mapa eclesial, no faltaron algunos críticos que los denunciaron como contrarios al espíritu del Concilio. Los tildaron de fundamentalistas, montanistas, conservadores, muy papistas y poco eclesiales, etc. Sin embargo desde

Roma y desde muchas otras sedes se hablaba de un nuevo Pentecostés en la Iglesia.

El Papa Benedicto XVI en una sesión de preguntas y respuestas con el clero romano (22 de febrero 2007), respondía así a un sacerdote sobre la presencia de los Movimientos en el actual mapa eclesial. "Me parece que tenemos dos reglas fundamentales, de las que usted ha hablado. La primera regla nos la ha dado san Pablo en la primera carta a los Tesalonicenses: no extingáis los carismas. Si el Señor nos da nuevos dones, debemos estar agradecidos, aunque a veces sean incómodos. Y es algo hermoso que, sin iniciativa de la jerarquía, con una iniciativa de la base, como se dice, pero también con una iniciativa realmente de lo alto, es decir, como don del Espíritu Santo, nazcan nuevas formas de vida en la Iglesia, como, por otra parte, han nacido en todos los siglos.

En sus comienzos fueron siempre incómodas: también san Francisco fue muy incómodo, y para el Papa era muy difícil dar, finalmente, una forma canónica a una realidad que era mucho más grande que los reglamentos jurídicos. Para san Francisco era un grandísimo sacrificio dejarse encastrar en este esqueleto jurídico, pero, al final, nació una realidad que vive aún hoy y que vivirá en el futuro: da fuerza y nuevos elementos a la vida de la Iglesia. Y así también en nuestro siglo el Señor, el Espíritu Santo, nos ha dado nuevas iniciativas con nuevos aspectos de la vida cristiana: vividos por personas humanas con sus límites. Así pues, la primera regla: no extinguir los carismas, estar agradecidos, aunque sean incómodos".

"La segunda regla, seguía diciendo Benedicto XVI, es esta: La Iglesia es una; si los movimientos son realmente dones del Espíritu Santo, se insertan y sirven a la Iglesia, y en el diálogo paciente entre pastores y movimientos nace una forma fecunda, donde estos elementos llegan a ser elementos edificantes para la Iglesia de hoy y de mañana" (cfr. Encuentro con los Párrocos y Sacerdotes de la Diócesis de Roma, 22 de febrero 2007).

Para ubicar en la Iglesia a un Movimiento sirven los Criterios de eclesialidad dados por el Papa Juan Pablo II en la Exhortación Apostólica "*Christifideles laici*"(30). "La necesidad y aplicación de estos criterios se comprende, dice el Papa, en la perspectiva de la comunión y misión de la Iglesia, y no, por tanto, en contraste con la libertad de asociación". El Papa quiere que se preserven los dos principios: el de la comunión y misión a nivel de Iglesia, y el de la libertad de asociación de los laicos, tal cual está reconocida en la ley de la Iglesia. Esos cinco criterios deben ser considerados unitariamente; es decir, en su conjunto, y no aisladamente.

— *El primado que se da a la vocación de cada cristiano a la santidad,* a la plenitud de la vida cristiana y a la perfección en la caridad.

— *La responsabilidad de confesar la fe católica,* en la obediencia al Magisterio de la Iglesia, que la interpreta auténticamente.

— *El testimonio de una comunión firme y convencida* con el Papa, los Obispos, y todas las formas de apostolado en la Iglesia».

— *La conformidad y la participación en el «fin apostólico de la Iglesia»,* que es «la evangelización y santificación de los hombres y del mundo en que viven.

—*El comprometerse en una presencia en la sociedad humana,* que, a la luz de la doctrina social de la Iglesia, se ponga al servicio de la dignidad integral del hombre.

La Exhortación Apostólica hace una lista generosa de los frutos concretos que se deducen de la vida y de las obras de las diversas formas asociadas, como son el renovado gusto por la oración, la contemplación, la vida litúrgica y sacramental; el estímulo para que florezcan vocaciones al matrimonio cristiano, al sacerdocio ministerial y a la vida consagrada; la disponibilidad a participar en los programas y actividades de la Iglesia sea a nivel local, sea a nivel nacional o internacional; el empeño catequético y la capacidad pedagógica para formar a los cristianos; el impulsar a una presencia cristiana en los diversos ambientes de la vida social, y el crear y animar obras caritativas, culturales y espirituales; el espíritu de desprendimiento y de pobreza evangélica que lleva a desarrollar una generosa caridad para con todos; la conversión a la vida cristiana y el retorno a la comunión de los bautizados «alejados».

Se trata de una lista de frutos que bien puede servir de materia de examen para ver en qué medida se están dando en la labor de los Movimientos esos frutos que enumera el documento. Se puede introducir en la vida de las asociaciones de Iglesia un cierto narcisismo espiritual, ya aludido por el Papa Francisco en algunas de sus homilías, que consiste en prestar atención casi exclusiva a la propia perfección espiritual, valiéndose de los medios sacramentales y devocionales que da la Iglesia; pero dejando de lado aquello que claramente piden los criterios tercero y cuarto de eclesialidad de los Movimientos: "La conformidad y la participación en el «fin apostólico de la Iglesia», que es «la evangelización y santificación de los hombres y del mundo en que viven. Y el comprometerse en una presencia en la sociedad humana, que, a la luz de la doctrina social de la Iglesia, se ponga al servicio de la dignidad integral del hombre".

Tal vez por esa tendencia que se da en nuestro catolicismo de bascular hacia lo piadoso y devocional hay críticos de los Movimientos que los acusan de ser "conservadores" y "fundamentalistas". Ciertamente el *Regnum Christi* no quiere llegar a ser un espacio para que gentes "piadosas" se sientan bien. No quiere canalizar sus mejores energías hacia prácticas pías y devotas. Sin menosvalorar lo que otros Movimientos hagan, él no se siente llamado a copiar lo que otros realizan. Más bien se debe cuidar de no ir declinando hacia una práctica apostólica que progresivamente se ocupa más de alimentar las necesidades de piedad y devoción individual de los miembros, dejándoles que se satisfagan sólo con eso. El *Regnum Christi* no puede dejarse mecer y adormecer en una falsa seguridad de "yo estoy bien, tú estás bien, nosotros estamos bien". Precisamente el que haya otros que no están bien como yo es una razón para que yo no me sienta "bien". El *Regnum Christi* no es un Movimiento "santurrón", que huele a sacristía, o a cera de altar, sino una formación de apóstoles de la evangelización "extramuros", en medio del mundo, por vocación y por misión.

Hoy casi nadie duda de que los Movimientos eclesiales han representado ese despertar apostólico del laicado, y su incorporación a la tarea evangelizadora de la Iglesia por la que abogaron la teología de la primera mitad de siglo XX, y el Concilio Vaticano II.

Al despertar de los Movimientos en la Iglesia, y a las reacciones críticas con que fueron recibidos en muchos círculos eclesiásticos, sucedió el momento de la verificación y de la conciliación. Este momento lo representó el encuentro multitudinario de Movimientos eclesiales con el Papa Juan Pablo II en la plaza de San Pedro el 30 de mayo de 1998, Vigilia de Pentecostés. El Papa llama a este momento "un evento inédito: por primera vez los movimientos y las nuevas comunidades eclesiales se encuentran todos juntos, con el Papa". El mensaje que les dirigió el Santo Padre en esa ocasión era por su tono y contenido un abrir de par en par las puertas de la Iglesia a esa realidad nueva del Espíritu.

Decía el Santo Padre: "Hoy ante vosotros se abre una etapa nueva: la de la madurez eclesial. Esto no significa que todos los problemas hayan quedado resueltos. Más bien, es un desafío, un camino por recorrer. La Iglesia espera de vosotros frutos «maduros» de comunión y de compromiso. En nuestro mundo, frecuentemente dominado por una cultura secularizada que fomenta y propone modelos de vida sin Dios, la fe de muchos es puesta a dura prueba y no pocas veces sofocada y apagada. Se siente, entonces, con urgencia la necesidad de un anuncio fuerte y de una sólida y profunda formación cristiana. ¡Cuánta necesidad existe hoy de personalidades cristianas maduras, conscientes de su identidad bautismal, de su vocación y misión en la Iglesia y en el mundo! ¡Cuánta necesidad de comunidades cristianas vivas! Y aquí entran los movimientos y las nuevas comunidades eclesiales: son la respuesta, suscitada por el Espíritu Santo, a este dramático desafío del fin del milenio. Vosotros sois esta respuesta providencial".

Saliendo al paso de los recelos y peligros que algunos veían en los nuevos Movimientos eclesiales el Papa hablaba de cómo conservar y garantizar la autenticidad del carisma. Y respondía: "Es fundamental, al respecto, que cada movimiento se someta al discernimiento de la autoridad eclesiástica competente. Por esto, ningún carisma dispensa de la referencia y de la sumisión a los pastores de la Iglesia... Esta es la garantía necesaria de que el camino que recorréis es el correcto". Y el Papa mencionaba los "criterios de eclesialidad" de los Movimientos que menciona la Exhortación Apostólica *Christifideles laici* (cf. n. 30).

Y terminaba el Papa su discurso con una emotiva invocación al Espíritu Santo: "Hoy, en este cenáculo de la plaza de San Pedro, se eleva una gran oración: «¡*Ven Espíritu Santo*! ¡Ven y renueva la faz de la tierra! ¡Ven con tus siete dones! ¡Ven, Espíritu de vida, Espíritu de verdad, Espíritu de comunión y de amor! La Iglesia y el mundo tienen necesidad de ti. ¡Ven, Espíritu Santo, y haz cada vez más fecundos los carismas que has concedido! Da nueva fuerza e impulso misionero a estos hijos e hijas tuyos aquí reunidos. Ensancha su corazón y reaviva su compromiso cristiano en el mundo. Hazlos mensajeros valientes del Evangelio, testigos de Jesucristo resucitado, Redentor y Salvador del hombre. Afianza su amor y su fidelidad a la Iglesia... Hoy, desde esta plaza, Cristo os repite a cada uno: «Id al mundo entero y predicad el Evangelio a toda la creación» (Mc 16, 15). Él cuenta con cada uno de vosotros. La Iglesia cuenta con vosotros. El Señor os asegura: «Yo estoy con vosotros todos los días hasta el fin del mundo» (Mt 28, 10). Estoy con vosotros".

Cuando hablamos del Movimiento *Regnum Christi*, estamos refiriéndonos a uno de esos Movimientos eclesiales surgidos en el seno de la Iglesia a raíz del Vaticano II, aunque la inspiración del mismo data de los años cuarenta, en simultaneidad con la fundación de la Legión (cfr. Carta programática de la T.W.A. 1948).

En la Exhortación Apostólica *Christifideles laici*, n. 31 el Papa repite la llamada a la comunión eclesial, que es un don de Dios a la Iglesia, e invita a todos a trabajar con un fuerte sentido de responsabilidad, superando toda tentación de división y de contraposición que aceche la vida y el empeño apostólico de los cristianos.

El *Regnum Christi* se entiende así mismo como una comunidad intraeclesial evangelizadora, que tiene sentido solamente "en la Iglesia, para la Iglesia y a partir de la misión sobrenatural y humana de la Iglesia". La teología y la pastoral han puesto de relieve desde el Concilio Vaticano II la actuación conjunta y la integración de todos los agentes del apostolado en la Iglesia. Se trata de hacer una realidad operativa la dimensión comunitaria y participativa de todos los fieles y de todas las instituciones que trabajan en el apostolado. Todos somos Iglesia, y debemos actuar como Iglesia. Por eso es necesario que el Movimiento viva abierto a colaborar activamente con las demás instituciones eclesiales, aportando lo que es su carisma espiritual y apostólico que es lo que verdaderamente se le pide a él desde esa comunión intraeclesial.

Por lo que pudo haber habido en el pasado de individualismo, fragmentación y aislamiento eclesial entre las diversas fuerzas apostólicas, representadas por las parroquias, las congregaciones religiosas, y otras asociaciones de vida cristiana, actualmente está cristalizando a nivel eclesial, y la Jerarquía lo está pidiendo, un propósito de convergencia e interacción solidaria entre todas estas diversas fuerzas del apostolado católico. Respondiendo a las preguntas de los periodistas el director de la oficina de prensa del Vaticano, el jesuita P.Lombardi, presentaba un testimonio de esta interacción solidaria de todas las instituciones de apostolado eclesial. Decía, citando una carta de su Superior General: "La misión de la Compañía es demasiado grande para llevarla adelante sólo con los esfuerzos de los Jesuitas...Los Jesuitas pueden ser los animadores y los custodios de un espíritu y de una tradición, pero este espíritu y esta tradición pueden ser llevadas a cabo también por otros con no menor convicción y pasión."

Es opinión común, a la que aluden diversos documentos del Magisterio, que esta comunión intraeclesial debe vivirse desde la fidelidad al propio carisma institucional, y no a expensas del mismo.

El carisma encarna el modo que Dios ha inspirado a cada institución religiosa de colaborar apostólicamente en la obra común. Es una contribución que enriquece la vida del Cuerpo Místico. Llevar adelante esta consigna de colaboración intraeclesial dentro de la fidelidad al propio carisma nunca va a ser fácil. Las limitaciones humanas, las incomprensiones, las cerrazones en los propios intereses, las rivalidades, como aquellas que lamentaba San Pablo en su carta a los Corintios, aparecerán aquí y allá con frecuencia en el cultivo de la viña del Señor. Es de esperar que todos nos esforcemos por superar estas limitaciones, que no son nuevas en la vida de la Iglesia. Incluso, puede darse que a veces, un poco de sana rivalidad, sea buena para estimular el celo, cuidando que sea un buen celo.

Se alude en los documentos de la Iglesia al peligro de un "sincretismo de carismas" hacia el que pudiera derivar el deseo de colaboración y comunión intraeclesial. El documento vaticano "Colaboración entre institutos para la formación de sus miembros" al hablar del carisma y del patrimonio de cada Orden religiosa observa que: "cultivar la propia identidad en la «fidelidad creativa» significa hacer confluir, en la vida y en la misión del pueblo de Dios, dones y experiencias que la enriquecen y, al mismo tiempo, evitar que los religiosos se inserten en la vida de la Iglesia de un modo vago y ambiguo" (7,1).

Otro documento "Vida fraterna en comunidad" de la Congregación para la Vida Consagrada y las Sociedades de vida apostólica, advierte sobre el peligro de "la indiferenciación del carisma". "Es por tanto necesario, dice este documento, cultivar la identidad carismática, incluso para evitar una creciente *indiferenciación* que constituye un verdadero peligro para la vitalidad de la comunidad religiosa". El documento menciona cuatro instancias o casos en que se puede dar un transvase indiscriminado de carismas que lesionan la pervivencia de la propia identidad en algunas comunidades religiosas.

El documento vaticano menciona en primer lugar la *«indiferenciación»* en la que se cae cuando, sin mediación del propio carisma, se asumen las indicaciones pastorales de una Iglesia particular, o ciertas sugerencias provenientes de otras espiritualidades ajenas al propio carisma.

En segundo lugar advierte sobre un modo de pertenencia a movimientos eclesiales, que expone a algunos religiosos al fenómeno ambiguo de la *«doble identidad»*.

Advierte, también, de una cierta *acomodación del religioso a la índole propia* de los seglares, en las indispensables o, con frecuencia, fructuosas relaciones con ellos, sobre todo cuando son colaboradores; y que de este modo, en vez de ofrecer el propio testimonio religioso como un don fraterno que sirva de fermento a su autenticidad cristiana, se llega a ser como ellos, asumiendo sus modos de ver y de actuar, reduciendo así la aportación específica de la propia consagración;

Finalmente menciona una *excesiva condescendencia* respecto a las exigencias de la familia, a los ideales de la nación, de la raza y del grupo social, que implican el peligro de orientar el carisma hacia posiciones e intereses de parte.

Y concluye diciendo que "la indiferenciación, que reduce la vida religiosa a un mínimo y desvaído común denominador, lleva a hacer desaparecer la belleza y la fecundidad de la multiplicidad de los carismas suscitados por el Espíritu."

Una de las razones del florecimiento de los movimientos eclesiales es que ofrecen a sus miembros mayores oportunidades y opciones para encontrar un estilo de vida cristiana, un cultivo espiritual que responde mejor a sus necesidades espirituales y formativas, o a sus capacidades personales y aspiraciones de compromiso apostólico. Los movimientos pueden funcionar de una manera flexible, fluida, homogénea y enfocada.

Las últimas tendencias muestran que las parroquias son cada vez más grandes a medida que se producen fusiones y consolidaciones de las mismas por falta de sacerdotes, o disminución del número de fieles. Frecuentemente los fieles resienten y se oponen a estas consolidaciones, y desaparición de sus parroquias de origen, por sentirse desenraizados de algo que les daba un sentido de comunidad. Por el contrario, los movimientos pueden tener un mayor carácter relacional y comunal. Pueden dar a los miembros más oportunidades para conectarse con otros, crear nuevas relaciones, compartir dones y recibir apoyo para vivir una vida cristiana que necesita, en medio del aislacionismo que produce el mundo, sentirse comunidad de fe, de vida y de ideales.

Capítulo 11

Identidad, ideario, memoria.

La advertencia que hace el documento vaticano "Vida fraterna en comunidad" sobre el peligro de la "indiferenciación" del carisma recibido nos invita a pensar qué hacer para que la Legión y el Regnum Christi preserven intacto y logren trasmitir a las futuras generaciones lo específico que hay en ellos. ¿Cómo hacer para que la conciencia apostólica, hecha de fervor, de esfuerzo y de desgaste por el Reino se conserve en toda su pureza, se enriquezca sin perder su identidad, y se mantenga fresca y no decaiga con el paso del tiempo? Reflexionando sobre lo que ha sido la experiencia legionaria en los setenta años desde la fundación se descubren tres pilares sobre los que se ha edificado, consolidado y desarrollado la vida de la Legión y de sus individuos; a saber, una *identidad apostólica*, un *ideario guía*, y una *memoria histórica* del devenir de la Legión.

En una familia la identidad está relacionada con lo que se llama el "patrimonio genético", que incluye el DNA familiar, y los rasgos distintivos y reconocibles de sus diversos componentes. La gente suele hablar en la conversación familiar de los "Martínez-Domínguez" o de los "González Rodríguez" para indicar esa identidad. En el mundo es importante no sólo existir, sino ser reconocido. Se ha institucionalizado y forma parte del protocolo en las convenciones o reuniones públicas el llevar colgada de la solapa o del cuello la tarjeta de identificación personal. Es parte de una cultura que, amenazada siempre por la masificación y el anonimato, valora sobremanera y agradece el reconocimiento de una persona por su nombre propio ("name recognition"). Hago alusión a este caso sólo para ilustrar la exigencia ínsita en la naturaleza humana de sentir, vivir y testimoniar la propia identidad, también en el caso de una familia religiosa, como es la nuestra.

La *"identidad apostólica"* es uno de los elementos que más influyen en el espíritu apostólico de un legionario o miembro del Movimiento. Se vive esta identidad apostólica como una conciencia y un saber que se está en la Iglesia y en el mundo para colaborar de manera original y propia, la manera legionaria, aunque no exclusiva, pero sí nuestra, en la edificación del Reino de Cristo. Este es el sentido de aquella frase, de gramática un poco forzada: "Yo soy por la Legión que Dios me quiere". O aquella otra de "vivo en la Legión y la Legión vive en mí".

Sentirse poseedor de esta identidad hace que uno vea su presencia en la Iglesia como protagonista equipado con un carisma propio para colaborar en la construcción del Reino, en la tarea de llevar a Cristo al mundo, de acercar a la Iglesia al mayor número de personas. Si alguien en la Legión careciera de este sentimiento de identidad legionaria se sentiría, sin duda, viviendo en un cuerpo extraño. Las diversas etapas de la formación tienden a ayudar a los miembros a formar esa identidad del legionario. El cuidado por preservarla ha estado siempre muy presente desde los primeros años en la actuación de los formadores. Ha sido también tema de recomendaciones capitulares. El Fundador lo pedía ya en una carta del 10 de enero de 1955: "Yo desearía que la mística de la Legión y la obediencia de la Legión se predicaran como la mística y la obediencia de la Legión, y como tal se practicaran. Que la caridad de la Legión se predicara y se practicara como la caridad de la Legión. Que la humildad de la Legión se predicara y practicara como la humildad de la Legión. (carta n.242, vol. II).

No es lógico, ni objetivo, después de los años de vida de la Legión y del Movimiento, y del crecimiento y desarrollo de sus obras decir que la Legión y el Movimiento carecen de una identidad apostólica, de una mística apostólica propia. Sólo quien desconozca los hechos puede hablar así. Pues basta asomarse a la realidad que está ahí afuera, al trabajo de tantos legionarios y a las obras de apostolado indicativas de una opción apostólica concreta para darse cuenta de que todas esas obras ostentan un sello particular que las identifica como legionarias. Es de esperar, y de hecho así es, que si somos legionarios, y por años nos hemos formado en el espíritu y en el hacer legionarios, nuestras obras y actividades ostenten la inconfundible impronta legionaria.

Algo de esto tiene que haber en lo que somos y hacemos que la misma gente de afuera lo intuye, y te pregunta si eres legionario de Cristo.

El *"ideario guía"* es el segundo factor que ha contribuido de manera determinante a mantener viva esa conciencia y mística de lo que un miembro debe ser y debe vivir. Este ideario constituye el eje alrededor del cual gira la idea del Regnum Christi, su razón de ser en la Iglesia y en el mundo, su opción apostólica y metodológica, su óptica específica o modo de ver la realidad, su caja de resonancia espiritual. Para que los equipos y secciones del Movimiento, y las comunidades legionarias funcionen como fuerzas generadoras de lanzamiento apostólico y propulsoras de la acción hay que estar volviendo constantemente sobre este ideario en las reuniones de equipo, en los círculos de estudio, en las semanas de formación, en los retiros, y en los cursillos, en la dirección espiritual, etc. Este ideario que conforma la identidad apostólica del miembro del Movimiento hunde sus raíces y se alimenta en la eclesiología, la cristología, la espiritualidad, la Sagrada Escritura; y sobre todo se alimenta de la lectura y meditación del evangelio. El ideario contiene las ideas y las convicciones que forman el corazón de nuestra mística, las que nos hacen vivir y por las que luchamos. El Movimiento sólo puede marchar hacia adelante en la medida en que volvamos constantemente sobre estas convicciones madre para recordarnos de dónde venimos y a dónde vamos, del espíritu que nos anima, y de la fe que nos ilumina. Se trata de que el Regnum Christi permanezca apostólica y espiritualmente fiel a sí mismo, idéntico, con la identidad con la que Dios le ha dotado.

El contenido de estos dos aspectos, identidad e ideario, lo encontramos condensado en la primera parte del *"Manual del Regnum Christi"*. Los nueve capítulos que componen esa parte sobre la Naturaleza del Movimiento ofrecen una doctrina autorizada, sumamente clara y comprensiva de la identidad e ideario de la Legión y del Movimiento. Pienso que nada ha hecho obsoleta dicha doctrina, y que sigue siendo guía y punto de cotejo y confirmación para saber si en nuestro apostolado vamos haciendo camino con el Movimiento.

La *"memoria histórica"* es el otro elemento que contribuye a mantener vivo el espíritu y la identidad de un grupo, en nuestro caso de unas instituciones eclesiales, como son la Legión y el Movimiento. La memoria histórica actúa como hilo conductor de la trama vital, es el "filum" espiritual que asegura la continuidad entre las generaciones. Si pudiéramos concebir un árbol de sequoia animado de inteligencia sin duda que la copa del árbol tendría conciencia de las raíces profundas que lo mantienen en pie.

En la Legión esta memoria histórica nos es necesaria para crecer y desarrollarnos en línea de continuidad con nuestros orígenes fundacionales. La memoria histórica contribuye, además, a garantizar la permanencia y preservación del verdadero espíritu en tiempos de crisis y turbulencias. Por eso es importante que esa memoria histórica perviva siempre como punto de referencia en el camino de la Legión y del Movimiento. Se trata de una conciencia comunitaria, que no se reduce a un simple recuerdo o crónica del pasado. Es ilustrativa la carta que el General de la Compañía de Jesús escribe a los jesuitas con ocasión de la celebración del Bicentenario de la Restauración de la Compañía de Jesús, precisamente un 3 de enero de 2014, fecha coincidente con la fundación de la Legión. Dice en ella el P. Adolfo Nicolás: "Va a ser un año importante para el estudio de nuestra historia como Compañía. En distintos lugares del mundo se han programado estudios académicos, publicaciones, conferencias y reuniones de estudio para impulsar un conocimiento más profundo y ayudar a entender mejor la compleja realidad de la Supresión y de la Restauración de la Compañía: sus causas, sus principales protagonistas y sus consecuencias... Como bien sabemos, memoria e identidad están ligadas por profundos vínculos: el que olvida su pasado no sabe quién es. Cuanto mejor conozcamos nuestra historia y cuanto más profundamente la comprendamos, mejor nos entenderemos a nosotros mismos y mejor conoceremos nuestra identidad como cuerpo apostólico en la Iglesia…. Que nuestra oración personal y comunitaria, por medio de la reflexión y el discernimiento, den profundidad al estudio de la historia".

El Movimiento necesita de esta memoria histórica. De lo contrario, este se convertiría en una especie de camaleón institucional, que cambiaría de piel a cada nueva moda pastoral o espiritual que hiciera su desfile por la pasarela. Por eso el apostolado de la Legión es el Regnum Christi, y el Regnum Christi es el nombre que ostenta la Legión como institución de apostolado.

A lo largo de estos años, después de los primeros tiempos de la fundación, se ha sentido la necesidad de preservar esta memoria histórica. Hoy día existe en Roma, en la Dirección General, el archivo de la Congregación, donde se guardan todos los documentos que tienen que ver con la vida de la Legión desde sus orígenes. Sin duda que estamos muy a tiempo para poder recoger y preservar nuestra historia. Es un servicio que nos agradecerán las futuras generaciones y los estudiosos del carisma y espiritualidad de la Legión. Así se ha hecho en la mayoría, por no decir de todas, las Órdenes y Congregaciones religiosas. Un caso destacado es el de los Jesuitas. Su obra "Monumenta Historica Societatis Iesus" es una colección de 157 volúmenes comenzada en 1892 a raíz de la XXIV Congregación General. Esta colección recoge todos los documentos relativos a los orígenes y primeros años de la Compañía de Jesús, incluyendo la vida y los escritos de San Ignacio. De manera semejante han procedido los Salesianos con los escritos de Don Bosco. Pero lo importante no es la materialidad del archivo histórico; lo que importa es que todos los legionarios estén penetrados del espíritu que pervive en la memoria histórica, y lo hagan objeto de estudio, de reflexión, de inspiración.

La vuelta a las fuentes, el recurso a los orígenes es una recomendación constante de la Iglesia para las Órdenes y Congregaciones religiosas, especialmente cuando se trata de una puesta a punto de la vida del Instituto, como es el caso cuando se reúnen los Capítulos Generales.

"Identidad apostólica", "ideario guía", y "memoria histórica": estos tres elementos constituyen el molde en el que es posible verter el caudal de vida siempre fecunda del Movimiento y de la Legión en línea de continuidad y fidelidad creativa con el espíritu y la mística que el Espíritu Santo infundió en ellos. La Legión y el Movimiento sólo

tienen sentido si son lo que deben ser en todo tiempo y circunstancia. Podemos aplicarnos lo que Pío XII decía a los Jesuitas: "Ut sint quod sunt, aut non sint" ("que sean lo que son, o que no sean"). De manera semejante decía el Papa Juan Pablo II a los Legionarios y al *Regnum Christi*: "Si sois lo que debéis ser prenderéis fuego al mundo".

La identidad apostólica, el ideario guía y la memoria histórica, constituyen el molde originario del espíritu; si ese molde se rompe o se resquebraja, el espíritu entraría en un proceso acelerado de descomposición. ¡Qué difícil o imposible es rehacer un molde roto! La historia de muchas instituciones religiosas subsiguiente al Concilio Vaticano II es una prueba de que en pocos años se puede perder un precioso capital eclesial e institucional acumulado durante siglos.

Capítulo 12

Mística, espíritu, carisma.

"Mística, espíritu, carisma" forman una trilogía que resulta muy familiar a cualquier legionario. Hemos oído hablar de esto desde nuestros primeros años de formación. Al legionario se le concibe como un hombre con una "mística, un espíritu y un carisma". Se le concibe como lo contrario de una persona anodina, amorfa y apática. Hay en este modo de sentir una exigencia de coherencia, una línea de continuidad lógica entre el ser y el vivir que es característica de nuestra espiritualidad, hoy por hoy todavía joven y fresca. Y hay también un elemento de reacción al observar formas de vida religiosa tal vez cansadas e instaladas en la comodidad, reducidas a un quehacer meramente burocrático y administrativo. Aunque no debemos juzgar, pues lo mismo nos puede pasar a nosotros como institución.

Por *"mística"* entendemos en la Legión de modo particular la manera convencida y apasionada con que se abraza la causa del Reino de Jesucristo en la tierra, la causa de la Iglesia; y también el convencimiento con el que abrazamos, vivimos y amamos todo lo que es Legión. El diccionario suele distinguir dos significados diferentes de la palabra "mística". Uno es el que hemos dado anteriormente; y el otro referido a la mística cristiana, que es "una experiencia de Dios presente e infinito, provocada en el alma por una moción del Espíritu Santo" (Ancilli, La Mística). Son dos usos distintos. El primero tiene que ver con el modo convencido y entusiasta de sentir y de vivir un ideal, una causa. El segundo se refiere a la experiencia infusa de Dios y de su misterio. En nuestro caso la "mística" designa la fe y el convencimiento que tenemos puestos en las realidades más entrañables de nuestra vocación: el Reino de Cristo, la Iglesia, la Legión y el Movimiento. Sin duda que esta fe y convencimiento por todo lo que es legionario, es fruto del Espíritu Santo que inspira ese modo de sentir. En francés y en inglés es de uso común el término "mystique" para designar un modo de sentir con pasión una causa. El diccionario

Webster la define como "un cuerpo de doctrina y de convicciones rodeados de un aura de especial valor y sentido" (Webster's College Dictionary, 2010). La "mística" tiene como constitutivo un credo que da un determinado sentido a la vida. Es posible referirla a una gran variedad de intereses: la mística de una causa política, religiosa, social, cultural, deportiva, literaria o filosófica, ya sea de un individuo o de un grupo. Es por ello que el término en su acepción universal no tiene un significado religioso. En el lenguaje hacemos uso tanto del sustantivo "la mística", como del verbo "mistificar" y "mistificado".

Una función importante de la "mística" es que esta produce comunión de ideales y de miras. Crea solidaridad, amistad, confianza, generosidad, espíritu de sacrificio en torno a una causa. Reúne a los dispares, literalmente, a los que vienen de partes distantes en la unidad. La mística no se la discute, se la abraza con fe y entrega. Esto es así porque la mística encarna lo que uno es en lo más íntimo del ser: legionario, jesuita, salesiano.

Es importante para una congregación o comunidad religiosa que sus miembros posean la mística propia como congregación. La mística aglutina a los miembros, les da un sentido de pertenencia como familia religiosa. Hoy la Iglesia ve la necesidad de que en los institutos religiosos la vida fraterna en común sea algo que se vive con mayor alegría, gozo y espontaneidad a fin de que la vida sea más humana y cristiana en sus filas. Pero esta vida fraterna en común tiene que venir de dentro de los individuos y de la institución. Tiene que venir de la fe, del amor y de la convicción que sienten por lo propio. Esta convicción sentida por lo que somos y tenemos es como el cemento que une las piezas, es decir, los individuos que integran la comunidad. Y esta unión y comunión no es algo forzado, sino acogido con gusto. La mística es como una música de fondo que crea sintonía fraterna, un cierto agrado y gusto de vivir en comunión, según lo expresaba el salmista (sal.133).

La palabra "mística" ha sido siempre en la historia de la Legión muy significativa y sugerente. Ella expresa un modo de ver, de sentir, y de vivir como "legionarios". Se va adquiriendo con el tiempo, como fruto de una formación, frecuentación y familiarización con lo nuestro; con nuestro patrimonio e historia. La formación del legionario que se extiende a lo largo de catorce o quince años, distribuidos en etapas formativas, tiene por fin algo más que la capacitación intelectual para el ministerio. Hay que dar tiempo al tiempo para que cristalicen el espíritu y la mística de la Legión en el religioso y sacerdote. La formación intelectual es como un río que discurre por la superficie. La formación en el espíritu y la mística legionaria son como las venas de agua que discurren por el seno de la tierra.

En cada congregación religiosa se puede percibir la existencia de una "mística". Bastaría convivir unos días con los franciscanos, los jesuitas o los salesianos para observar un modo de ver, de sentir y de hacer que solemos designar como el estilo "franciscano", "jesuita" o "salesiano". El su libro *"The Jesuit Guide to (Almost) Everything. A Spirituality for Real Life"* ("Guía Jesuítica para casi todo. Una espiritualidad para la vida real"), James Martin describe para el gran público qué se entiende por carisma de los jesuitas: su espíritu, su manera de hacer en todo lo que la vida les presenta, desde los compromisos religiosos de su vida personal hasta la vida comunitaria y el apostolado. Es un libro escrito con una buena dosis de humor y que evidencia el gusto y sano orgullo de ser jesuita, no obstante ciertas páginas menos limpias de su historia, a las que hace referencia el autor. Sería deseable y de gran utilidad que un día un legionario escribiera también un libro semejante: "Guía legionaria para todo (o casi todo). Una espiritualidad para la vida real".

Al igual que el modo franciscano o jesuita, observamos también el modo legionario. Así hablamos de una mística cristocéntrica, del Reino; de una mística de la caridad, de la obediencia, de la unidad, etc. Se consigue este grado de mística cuando se ha dado un entendimiento profundo de quién soy como cristiano y como legionario, y una identificación convencida con lo mismo. El ideal legionario llega a cautivar, entra en la vida, la transforma, le da sentido y acabamiento. Pero es necesario dejarse cautivar; algo que se consigue con la frecuentación y convivencia con el ideal, hasta lograr establecer una familiaridad e identificación afectiva. Como acontecía en la fábula del

Principito y la zorra que nos cuenta Antoine de Saint Exupery en su célebre libro. El Principito le pregunta a la zorra cómo nace la amistad entre dos seres: "El secreto, le dice la zorra, es el dejarse "domesticar" por el otro hasta el punto de resultar dos seres únicos el uno para el otro".

"Mística" y "espíritu" son términos que guardan estrecha relación entre sí. Es posible verlos como sinónimos, o como uno contenido en el otro. De igual manera que se habla de "tener mística", así se habla también de "poseer un espíritu". Por "espíritu" se entiende una realidad viva y fuente de vida. Lo que hace vivir y vibrar al legionario es un "espíritu". El espíritu es la suma de nuestros amores, ideales, aspiraciones. Este espíritu se deja ver en lo que hacemos, pensamos, y queremos. El espíritu es dinámico y se encarna en lo que hacemos. Deja, por así decir, constancia de sí mismo en las obras. Por eso puede perdurar más allá de la muerte de quien lo encarna. Es el legado que se deja a las generaciones siguientes. El espíritu es creativo. Precisamente porque es vida y fuente de vida está siempre creando. Da vida a aquel en quien reside y alumbra otras vidas; es como una chispa que arde dentro y hace vivir. Y es Dios quien ha puesto en el hombre este espíritu o aliento de vida.

El legionario no puede vivir sin poseer un espíritu y sin tener una mística. Ser legionario no consiste en realizar un oficio o un empleo como tales. El hacer sólo un oficio no contiene mística. Una persona puede desempeñar bien un trabajo, pero no necesariamente está imbuido de mística en su desempeño. La dedicación que genera la mística es libre de miras egoístas; se actúa puramente por amor al ideal, y no se vive sin el sacrificio personal.

"Mística" y "carisma". De este último término ya se habló anteriormente bajo el encabezado: "actuar el carisma apostólico" (cfr. Cap. 7) Me remito a lo que allí se dijo como complemento de estas líneas.

El "carisma" lo podemos comprender comparándolo a un camino por el que uno escoge ir hacia una meta. La meta es la misma para todos:

heredar la vida eterna sirviendo a Dios con un corazón indiviso, y contribuir al establecimiento del Reino de Jesucristo en la tierra. Los caminos para ir hacia esa meta son múltiples, y de diverso trazado según cada caso de viajero. En el plano material, hay caminos, que son veredas; otros son autopistas; unos son de tierra; otros de asfalto; unos son llanos; otros montañosos; unos van por bosques, o praderas; otros por desiertos y estepas. Esta imagen del camino ayuda a entender la variedad de carismas dentro de la Iglesia como una variedad de caminos para llegar a la meta común. El carisma legionario y del Movimiento Regnum Christi es un camino que ostenta las notas características de nuestro vivir y de nuestro hacer al servicio del Reino de Cristo. Y en tanto podemos hablar del camino legionario en cuanto estamos convencidos de la existencia del carisma.

El carisma legionario expresa la manera cómo debe buscar su santificación el legionario, y cómo debe servir a la misión de la Iglesia de establecer el Reino de Cristo. Es un camino de santificación personal y de apostolado. No es invención humana. Esto lo dice muy claro la Iglesia. Es ella en definitiva la que certifica que el carisma viene de Dios y no de los hombres. Aunque los carismas no caen del cielo. Dios se arregla para hacerlos brotar de la tierra humana.

La mística legionaria expresa el convencimiento, la fuerza y el ardor con que el legionario abraza y vive su ideal. Por eso es imposible un carisma sin mística. Sería como la locomotora de tiempos pasados sin la combustión que activara los émbolos. Así puede suceder en el mapa de la Iglesia donde han surgido congregaciones religiosas dotadas de auténticos y valiosos carismas que con el paso del tiempo se han apagado porque se apagó la llama mística que les había dado vida, y les había mantenido vivo el espíritu. El carisma sin la mística se queda en mero enunciado. La mística sin el carisma resulta una llamarada efímera.

Suele suceder frecuentemente que para justificar el declinar del espíritu y del entusiasmo en los institutos religiosos surgen teorías que piden remodelar y redefinir el carisma y el modo cómo se encarna en la vida y acción del instituto religioso. En este caso las "questiones disputatae" giran casi siempre en torno a los binomios: libertad-autoridad; dependencia-autonomía; comunidad-ministerio; inmersión o apartamiento del mundo; revaloración o reduccionismo de las renuncias evangélicas; cultivo de la frugalidad y austeridad religiosa, o el vivir sobrados de todo. Los documentos de la Iglesia, desde el Concilio Vaticano II hasta nuestros días, siempre hablan de una puesta al día regresando a las raíces, al carisma en sus orígenes, el que inspiró y dio vida a la Congregación.

Al relajamiento de la vida religiosa en muchas instituciones y comunidades ha contribuido, también, el influjo ejercido por doctrinas que han configurado la cultura moderna. Sería ingenuo desconocer este influjo. Los Papas recientes han hablado con insistencia del carácter subjetivista, naturalista, e implícitamente ateo de la cultura actual. El individuo, como fin a sí mismo, y único referente de sus actos, se ha erigido en árbitro supremo de la existencia. La racionalidad subjetiva se ha rendido a los reclamos de la materialidad, que se impone como última medida del juicio, y que termina en un pensar de acuerdo a como se vive. Así se llega en el vivir diario a lo que San Pablo llamaba el "vaciamiento de la Cruz de Cristo".

Ello hace que hoy día sea difícil seguir proponiendo ciertas virtudes cristianas de la llamada "ascética pasiva". Es difícil entender y aceptar ciertas conductas de los santos. La tiranía del relativismo, de que habló Benedicto XVI, y el racionalismo exacerbado han hecho no sólo ininteligibles, sino hasta chocantes esas virtudes y conductas religiosas que en el pasado eran materia de santidad. Ciertamente el reconocimiento por la Iglesia de la santidad de una persona no canoniza todos los comportamientos que esa persona tuvo en la vida. Hay santos que son, tal vez admirables, pero no necesariamente imitables sin más.

"Mística, espíritu y carisma" son tres elementos que han acompañado la marcha de la Legión desde sus comienzos; la han impulsado fuertemente hacia adelante; han inspirado y estimulado la entrega de vidas jóvenes; y han logrado amalgamar las voluntades de todos fundiéndolas en una unidad compacta, dinámica y admirablemente

creativa, dentro de la observancia religiosa. La Legión ha tenido en estos años de fundación un crecimiento y una expansión que han sorprendido a amigos y a extraños. Y el secreto ha estado en la vivencia convencida, entusiasta de ese espíritu, de esa mística y de ese credo que llamamos carisma. En la medida en que la Legión pierda estos valores en esa medida perderá la frescura que aportan esos tres pilares, y se comenzará a notar el anquilosamiento del cuerpo, y me temo comience, también, la decadencia espiritual y apostólica. Pero en la medida en que la Legión y el *Regnum Chisti* conserven esos tres pilares saludables y fuertes se cumplirá la palabra de Juan Pablo II al Movimiento *Regnum Christi* y a la Legión: "si sois lo que debéis ser, prenderéis fuego al mundo".

Capítulo 13

¿Qué hay en el nombre "Legionarios de Cristo"?

En su historia "Los Jesuitas"(NewYork,1921), Thomas Campbell escribe que San Ignacio quiso dar a su Congregación el nombre de Compañía de Jesús; "Compagnia" en italiano; "Compagnie" en francés. El nombre latino "Societas", como también el inglés "Society", es una denominación posterior, que no conserva el talante militar de su Fundador. El nombre "Compañía" era una reminiscencia del pasado militar de Ignacio. "Compañía" significaba para él un batallón de infantería ligera, siempre listo para servir en cualquier parte del mundo. El nombre completo de "Compañía de Jesús" fue en su tiempo ofensivo para mucha gente; fue denunciado como blasfemo tanto en el Continente como en Inglaterra. Se enviaron peticiones a Reyes, y a tribunales eclesiásticos y civiles para cambiarlo. Hasta el Papa Sixto V firmó un Breve para suprimirlo. Probablemente la mejor apología del nombre fue hecha por el bonachón Enrique IV de Francia. Cuando el Parlamento y la Universidad de París le rogaron que usara su influencia para prohibir el título de Compañía "de Jesús", el rey alzando los hombros dijo: "No entiendo por qué nos preocupa esto tanto. Algunos de mis oficiales son Caballeros del Espíritu Santo; en la Iglesia está la Orden de la Santísima Trinidad; y en París tenemos una congregación de monjas que se llaman las Hijas de Dios. ¿Por qué nos va a preocupar que otros se llamen la "Compañía de Jesús?"

Sabemos por sus cartas que el Fundador de la Legión tuvo una experiencia semejante cuando pensó dar el nombre de "Compañía del Papa" o "Legionarios del Papa" a la Congregación. Los primeros en oponerse fueron ciertos religiosos que creían encontrar en el título de "Legionarios", o "Compañía" del Papa un peligro para los intereses de la Iglesia.

Para el modo de ver del Fundador el título era muy apropiado porque reflejaba la idea y la finalidad del Instituto. Y aducía nada menos que siete razones: la adhesión al Papa, la preservación de errores, el militar directamente bajo la bandera del Papa, las circunstancias por las que atraviesa la Iglesia lo reclaman, es distintivo de trabajo, de conquista y contemplación, y el odio que los enemigos tienen al representante de Cristo caerá sobre el Instituto. Por todo ello, el título será "un sello más de contradicción, de cruz y de fecundidad en todos los actos de los nuestros y del Instituto". A distancia de 70 años es posible ver cómo se han venido confirmando esas razones en la historia de la Legión.

Con el paso de los años, al igual que sucedió con la Compañía de Jesús, el nombre de Legionarios de Cristo alcanzará su derecho de ciudadanía en la Iglesia y en el mundo. Hoy día es el nombre con que se nos conoce y se nos nombra en todas partes. El valor y sentido del nombre lo atestiguaba con cierta emoción contenida el Papa Pablo VI cuando decía a un grupo de legionarios en Roma: *"Sois Legionarios, es decir, combatientes por el nombre de Jesús"* (Audiencia, 2 de enero de 1974). El nombre de nuestro Instituto indica claramente el carácter, el espíritu y el estilo de la Legión. El nombre no es una metáfora literaria. Al título corresponde el modo cómo queremos ser en la Iglesia y en el mundo: queremos vivir, trabajar, luchar por el Reino de Cristo sin reservas y poniendo la vida entera al servicio de ese Reino en el mundo. Donde nos requieran las necesidades de ese Reino, iremos, sin anteponer a ello ningún otro interés. Nuestra obediencia, como todos los demás compromisos, es por la causa de ese Reino. Por el Reino hemos dejado padre y madre, hermanos y hermanas, casa, esposa e hijos. Y si el Reino de Cristo nos llevase un día muy lejos a trabajar y no sabríamos cuándo o si un día regresaríamos a ver a nuestros seres queridos, (una hipótesis que sería bastante rara hoy día), lo entenderíamos y lo explicaríamos como lo han entendido siempre los verdaderos seguidores de Cristo, como aquello a lo que un día nos comprometimos como legionarios, y le dimos a Cristo nuestra palabra.

Esta ha sido, y sigue siendo también la gloria de muchos institutos de vida consagrada en la Iglesia en cuyas filas han abundado aquellos que partieron lejos para llevar el nombre de Cristo, y nunca pudieron regresar. Si a la Legión la privan de ese distintivo de servicio incondicional a la Iglesia la habrán vaciado de su esencia más genuina y hermosa. Tendríamos que decir a las gentes que no somos lo que parecemos, "Legionarios"; que el nombre ya no nos va. Tendríamos que pedirle al Sr. Pemán, si viviera, que reescribiera la letra que compuso para el himno legionario. De hecho tendríamos que reescribir los documentos más representativos de nuestra espiritualidad y el modo de rezar y de hablar. Tendríamos que cambiar el manual de oraciones, el de exámenes prácticos, las intenciones de los rosarios solemnes, la oración de Consagración Legionaria, y la hoja "Un Legionario debe ser", y las mismas Constituciones. Para el legionario sólo cabe un estilo de vivir su vida toda de consagrado: con una actitud y un comportamiento, aguerrido, valiente, en marcha ascendente hacia la meta. El Papa Francisco que gusta de usar el término "parresía", tal vez nos diría: "No os dejéis quitar vuestra "parresía". El legionario participa del ansia de Cristo cuando este decía: "Fuego vine a traer a la tierra y ¿qué he de querer sino que arda?" (Lc 12,49). Pertenece a la esencia del legionario vivir con "temperatura" de apóstol. También lo decía San Pablo: "Quién enferma que yo no enferme también" (2 Cor 11,29). O en una traducción equivalente: "quien tiene fiebre que a mí no me queme".

Es comprensible este miedo al "fuego abrasador de Dios" cuando el hombre se olvida de que es con la fuerza del Espíritu con la que el apóstol cuenta y avanza. Es verdad que Dios nos dio una inteligencia para que la utilizáramos, e hiciéramos nuestros cálculos; pero no para arredrarnos y echarnos atrás cuando el camino se pone cuesta arriba.

Este estilo de vida comprometido se extiende a toda la vida del legionario, desde la vivencia de los votos religiosos, con la radicalidad propia del evangelio, hasta el modo como lleva a cabo los compromisos apostólicos. Este estilo de vida fervorosa y creciente es lo contrario, y en cierto sentido una reacción, al espectáculo frecuente de vidas religiosas aburguesadas. Aquellas que han llegado a un acomodo con la práctica de la pobreza para que no duela. Una castidad, compatible con algunas trampitas de los sentidos, que Juan XXIII llamaba "subtilis fornicatio". Una obediencia, que se parezca a una especie de león disecado que a nadie asusta.

Hay Congregaciones Religiosas en la Iglesia que desgraciadamente se consideran a sí mismas en fase terminal. Bastantes ya cerraron para siempre sus puertas en muchos lugares. Otras están a punto de desaparecer. La ausencia de vocaciones y la no búsqueda de las mismas las está reduciendo a un estado de vida terminal. Se sigue la praxis de la consolidación o fusión de centros religiosos y obras de apostolado, debido a la disminución cuantitativa de mano de obra, y a la desproporción de los costes económicos. Muchas congregaciones religiosas enfrentan la dura realidad de no contar con el personal de relevo para seguir dando vida a las obras de apostolado.

Muchas propiedades de la Iglesia han quedado vacías, y han sido vendidas y convertidas en oficinas de banco, boutiques y restaurantes. La gente cada día aparece menos por la Iglesia. ¡Cuántos sacerdotes se ven reducidos a cuidadores de inmuebles, porque en la parroquia hay muy poco que hacer! ¿En qué gastan su tiempo? No es que se aburran. Digamos que el mundo, la sociedad de consumo, la vida social... les ofrece muchas maneras de estar "ocupados". Siempre hay un entorno social de amistades y de familia que proporcionan acogida, que brindan tiempo y conversación, horas de ocio... Y siempre se ofrece la alternativa de conectarse globalmente, por la web con el "mundo virtual"... Es muy difícil romper con ciertos moldes de vida. A la naturaleza humana que ha bebido en los aljibes de la disipación y de la vacuidad que ofrece el mundo, la perspectiva de cambio, de conversión, le produce horror y se echa para atrás. La imagen del religioso o sacerdote que frecuentemente capta la gente es la de una persona arropada por un estamento levítico que proporciona seguro de vida, casa, coche, economía garantizada y manutención...

Resulta plenamente válida y actual para el Movimiento Regnum Christi, la consigna del Papa Juan Pablo II a la Acción Católica Italiana: "Quiero repetiros a cada uno: Duc in altum! Duc in altum! Ten la valentía del futuro. Que tu historia, marcada por el ejemplo luminoso de santos y beatos, brille también hoy por la fidelidad a la Iglesia y a las exigencias de nuestro tiempo, con la libertad propia de quien se deja guiar por el soplo del Espíritu y tiende con fuerza a los grandes ideales. Duc in altum!

Hace unos meses, mayo del 2014, se consagró una hermosa Iglesia "Duc in altum" que la Legión, a través del empeño sostenido del P. Juan Solana y otros legionarios que le han ayudado en la empresa, ha construido en la antigua ciudad de Magdala, en Galilea. No ha sido fácil la empresa. Es la primera Iglesia construida en Tierra Santa en los últimos cincuenta años, después de la basílica de la Anunciación en Nazaret. El consagrante principal fue el Patriarca Latino de Jerusalén, Mons. Fouad Twal. Muchos de los presentes que conocían a la Legión y su estilo de trabajo veían en la obra el sello legionario: un apostolado de envergadura, de abrir brecha, y de abrazar el reto con pasión por la misión.

Tercera Parte

LOS COMIENZOS DEL MOVIMIENTO *REGNUM CHRISTI*

Capítulo 14

Los antecedentes

Conocer los orígenes de una institución es como saber la conformación genética de una familia. Va en ello su identidad, su raigambre, su nacimiento en la historia, su anclaje en el tiempo; el qué, el cómo y el para qué de su existencia. Esto se aplica a la Legión de Cristo y al Movimiento Apostólico *Regnum Christi*. El error que se puede cometer en tiempos de revisión y de renovación institucional, sobre todo si este proceso se debe a factores traumáticos que han aquejado seriamente a la Institución, es el de olvidar, o querer cancelar de un golpe, no sólo el fenómeno origen del trauma (los abusos cometidos por las personas), sino arrojar por la ventana, de manera indiscriminada, la historia misma de la institución. Una historia que tiene muchos protagonistas, con nombres y con activos a su cuenta, con ejemplaridad de hoja de servicios; servidores justos y honestos, que vivieron y murieron en la fe que profesaron el día que se consagraron a Dios en la Legión o en el Movimiento.

Hacer una crítica de la Legión y del Movimiento a estas alturas y distancia histórica, desconociendo o poniendo en entredicho sus orígenes históricos y espirituales sólo puede conducir a ejercer una actividad revisionista en un limbo institucional, subjetivo, y llevado por muchos "vientos de doctrina". La Legión y el Movimiento Apostólico que pudieran salir de ese revisionismo serían otra creatura muy diversa de la originaria, aunque se dijera que se trataba de la misma realidad.

En la historia de la Iglesia se han dado casos de instituciones que se reinventaron a sí mismas en un afán de regeneración del carisma, y que paulatinamente a partir de ahí fueron pasando, como nubes de verano, hasta desaparecer, si no de las listas oficiales, sí del mapa de las instituciones que realmente cotizan en la Iglesia. Es verdad que la Iglesia nos ha instado desde los comienzos de nuestra crisis a expresarnos con libertad y madurez de juicio; pero eso no quita que esa empresa no tenga sus riesgos, pues todos somos humanos. Se dice que es bueno abrir ventanas para que entre aire nuevo. Pero en el caso de un vendaval como el que se abatió sobre la Legión y el *Regnum Christi* abrir ventanas es fácil; cerrarlas es lo difícil. Los movimientos de contestación siguientes al Concilio Vaticano son una prueba de ello.

La Legión tiene algo muy positivo en su haber, y es el ser una Congregación joven y de jóvenes en su mayoría. Pero esto también tiene su contrapeso, puede fallar la conexión con el pasado, y con la tradición. Por eso es importante conservar la memoria histórica.

…el catolicismo de la primera mitad del s. XX.

Para poder entender ciertos rasgos que conforman la mentalidad y el estilo de la Legión y del Movimiento es necesario remontarse al catolicismo de la primera mitad del siglo XX, y posteriormente al Concilio Vaticano II. A ambos lados del Atlántico latía fuertemente la consigan de Pío X de "instaurar todas las cosas en Cristo". Otro factor que anima la piedad católica de esos tiempos es la devoción al Sagrado Corazón de Jesús. Esta devoción, promovida en gran manera por la Compañía de Jesús, penetra los círculos católicos, las instituciones, las parroquias, los seminarios y las familias. Muchas naciones se consagran oficialmente al Corazón de Cristo, le levantan santuarios nacionales, como el Santuario a Cristo Rey en el monte del Cubilete en México, o el Cerro de los Ángeles en España, y la Basílica del Sagrado Corazón, en Montmartre, París. Se difunde la entronización del Sagrado Corazón en las casas, la devoción de los primeros viernes de mes. Pío XI escribe una encíclica importante: *Miserentissimus Redemptor,* sobre la devoción al Corazón de Jesús, a la que seguirá después la encíclica *Haurietis aquas* de Pío XII. Esta devoción, unida a la del Reinado de Cristo, caló profundamente en la piedad de los fieles de todo el mundo. Circunstancias históricas de persecución religiosa hicieron que ambas devociones adquirieran en México y en España el cariz de cruzada religiosa en defensa de los derechos de la Iglesia contra gobiernos masónicos o comunistas, empeñados en destruir la fe.

Todos estos factores históricos se hacen presentes en la idea de fundar una nueva Orden religiosa que venga en ayuda de la Iglesia y en defensa de sus intereses.

…un Papa nuevo y un Concilio Ecuménico para la Iglesia

La elección a Papa de Juan XXIII ha dejado una huella profunda en la Iglesia y en la Legión. Los legionarios podríamos hacer memoria de muchas ocasiones en las que Juan XXIII estuvo muy cerca y se mostró muy paternal con los legionarios. Entre todos menciono la visita a nuestra Iglesia de la Virgen de Guadalupe. Fueron pocas las salidas del Papa del Vaticano. Desde Pío IX un papa no salía de los muros vaticanos, a excepción hecha de la visita relámpago de Pío XII al barrio de San Lorenzo Extramuros a raíz del bombardeo sufrido por la población.

Uno de los primeros actos de enorme trascendencia del nuevo Papa fue el convocar un Concilio Ecuménico para el *"aggiornamento"* o puesta al día de la Iglesia. Lo reclaman los nuevos tiempos y las necesidades de las almas de cara a los enormes retos nacidos de los cambios sociales, políticos, económicos, culturales y tecnológicos. El mundo se encuentra en una marcha acelerada hacia un futuro diferente e imprevisible. Se vive en una sociedad del cambio, de la novedad, de la emergencia pujante del mundo juvenil y su protagonismo social, del extenderse de nuevas ideologías en los campos de la filosofía, la sociología, la religión, la política, el progreso, la economía, la moral social. También se acrecientan las tensiones políticas entre las naciones con la llamada "guerra fría".

El Papa siente que la Iglesia necesita una apertura al mundo, y que del mundo lleguen a la Iglesia aires nuevos que la interpelen, la comprometan y la muevan hacia adelante. "Abrir las ventanas, decía Juan XXIII, para que la gente pueda ver dentro de la Iglesia, y la Iglesia pueda ver hacia afuera". Juan XXIII es más un pastor que un intelectual. Le interesa que los hombres de Iglesia, obispos y sacerdotes, vivan una vida más evangélica y apostólica; menos preocupados por los intereses de hacer carrera, de obtener títulos y dignidades, y llevar una vida alejada del sentir y del vivir del común de las gentes. Juan XXIII tenía conciencia de esta situación de involución de la Iglesia por su experiencia en misiones diplomáticas al servicio de la Santa Sede en países como Turquía y París. Las gentes con las que tenía que tratar por oficio, Jefes de Estado, representantes de las naciones, delegaciones de otras confesiones religiosas, obispos católicos…lo llevaron a ser un hombre de diálogo, de apertura y entendimiento con todos, aunque sin comprometer en ningún momento su carácter de representante de los intereses de la Iglesia. A Juan XXIII le debe la Iglesia dos importantes encíclicas: *"Mater et Magistra"* y *"Pacem in Terris"*. En la primera recoge los grandes temas de la doctrina social de la Iglesia desde la *"Rerum Novarum"* de León XIII y acuña nuevos conceptos como "la cogestión en la empresa", algo muy nuevo en aquel entonces; y la necesidad de establecer el "salario familiar". La *"Pacem in terris"* ofrece la doctrina de la Iglesia en temas de paz y coexistencia entre las naciones en un tiempo que se caracteriza por la carrera de armamentos. Juan XXIII cumple un gesto valiente y de distensión al recibir en audiencia privada, en medio de la guerra fría, al Jefe del periódico ruso la "Pravda", emparentado con el entonces presidente ruso Leonid Brézhnev.

Juan XXIII pudo abrir solemnemente el 11 de octubre de 1962 en la Basílica de San Pedro en Roma el Concilio Vaticano II. Sólo viviría para ver realizarse la primera sesión del mismo. El Papa moriría el 3 de junio del año siguiente. Y le tocaría a Pablo VI, elegido el 21 de junio de 1963, Solemnidad del Sagrado Corazón, dar continuidad al Concilio y clausurarlo felizmente en Roma el día 8 de diciembre de 1965, fiesta de la Inmaculada. El Concilio representa un punto de llegada y de partida de la Iglesia tras los grandes y decisivos pontificados de Pío X, Pío XI y Pío XII, que abarcan cincuenta años de vida de la Iglesia a través de dos guerras mundiales, y el resurgimiento de Europa tras los efectos de la segunda guerra mundial. Se trataba de poner al día *("aggiornamento")* la vida de la Iglesia para responder mejor a las nuevas necesidades y retos de los tiempos. La solución a estos problemas tiene que venir de una mejor comprensión del misterio de la

Iglesia. Fue mérito de dos cardenales: Montini de Milán y Süenens de Malinas-Bruselas, proponer al Concilio en la primera sesión el hacer del misterio de la Iglesia como el eje conductor de todos los trabajos del Concilio: la Iglesia *ad intra* y la Iglesia *ad extra*. Los cuatro documentos más importantes sobre la Liturgia, la Revelación Divina, la Naturaleza y Misterio de la Iglesia, y la Misión Pastoral de la Iglesia en el mundo son como faros poderosos de luz que iluminan cada uno a su manera ese misterio de la Iglesia.

La idea del Concilio y su interés por la puesta al día de la Iglesia cala hondamente en todo el mundo. Los cuatro años que dura el evento conciliar producen un nuevo interés acerca de la Iglesia a nivel mundial; basta considerar el número de periodistas y corresponsales acreditados en la sala de prensa del Vaticano. Las tareas doctrinales no sólo ocupan a los Padres Conciliares, sino que son una magnífica escuela de fe para todo el mundo. Las nuevas técnicas de la comunicación hacen llegar hasta los extremos del mundo todo lo que pacientemente se va discutiendo y elaborando en el Aula conciliar. El Concilio resulta un acontecimiento diario a nivel planetario. La oficina de prensa sirve minuto a minuto lo que acontece en la sala y en los círculos menores del Concilio.

Después de cuatro años de sesiones otoñales y trabajos sin interrupción se clausuró el Concilio con un haber impresionante de doctrina, y una agenda de tareas urgentes a llevar a cabo por toda la Iglesia. Ello no iba a ser fácil, porque no todos entendían esas tareas de la misma manera. Algo que el Concilio había querido dejar claro era su carácter más bien pastoral y no dogmático. Para ello puso en evidencia la categoría bíblica de la Iglesia como "Pueblo de Dios", que contiene la totalidad de pastores y fieles, que comparte la misma vocación a la santidad, la comunión en los mismos bienes de la salvación, la dignidad e igualdad esencial de todos los miembros y la participación en la misión. Esta nueva comprensión de ser Iglesia dio un gran impulso al apostolado seglar. Se multiplicaron por doquier, sobre todo en Europa y en América Latina, las organizaciones y los grupos de acción apostólica, y comenzaron a surgir en mayor número nuevos movimientos eclesiales de apertura a la evangelización y a la transformación del mundo.

…mayo del 68. París, México, Berkeley

Por lo que se refiere al mundo social y político los años sesenta y setenta son tiempos de grande turbulencia a nivel mundial. En Europa y Estados Unidos la guerra de Vietnam hace que el movimiento pacifista se dispare y se extienda por Occidente de ciudad en ciudad y de manifestación en manifestación, generalmente poco pacíficas, y originando disturbios en los "campus" universitarios y confrontaciones con las fuerzas del orden. En América Latina se implanta, procedente de Europa, la llamada teología de la liberación que se inspira en el modelo marxista de interpretar la historia y la sociedad y propone una praxis revolucionaria para el cambio; no excluyendo, si es necesario, la fuerza armada.

Surgen en diversos países latinoamericanos y africanos movimientos armados revolucionarios filo-soviéticos, o filo-chinos que buscan mediante la lucha armada la liberación del pueblo de las condiciones de opresión y pobreza a que están sometidos por la desigualdad económica y el imperialismo colonialista de Occidente. Sus líderes más carismáticos, como el Che Guevara, Fidel Castro, el sacerdote guerrillero Camilo Torres en América Latina, y Patrice Lumumba en Africa, se convirtieron en iconos de la causa de la liberación de los pueblos oprimidos.

Todas estas circunstancias históricas inciden en la cristalización del Movimiento Regnum Christi. Una idea o inquietud se hace camino de manera más sentida: es la necesidad de venir en ayuda de la Iglesia en unos momentos en que la Jerarquía sola no puede hacer frente a todas las tareas que se le presentan. El Vaticano II acuñó una nueva categoría teológica y pastoral: "los signos de los tiempos" que significaba una lectura en clave evangélica del *"kairós"* divino. Estos "signos de los tiempos" daban lugar al optimismo pues se era capaz de ver en el mundo la presencia del Espíritu alentando las llamadas a dar respuesta a las angustias, las ansias, los temores, las expectativas de libertad y de paz de la humanidad. Juan XXIII recogía estas llamadas a la paz y a la libertad en su encíclica *Pacem in Terris.* Y en este sentido iba la Constitución Pastoral *Gaudium et Spes,* del Concilio Vaticano II.

No en todos los ambientes se respiraba este optimismo. No faltaron ciertos grupos a quienes les interesaba más una misión de cambio de estructuras hacia dentro de la Iglesia, a la que acusaban de "monolítica" y autoritaria. Había personas y grupos que querían una Iglesia no institucional, con un gobierno democrático a cargo del Pueblo de Dios, y sin dogmas de fe o de moral. Invocaban de manera acrítica el espíritu del Concilio para airear teorías que se apartaban de la enseñanza oficial en puntos importantes. No se trataba de teólogos o libros aislados, sino de un magisterio paralelo y alternativo al de la Iglesia. Esta corriente progresista supo organizarse muy bien a nivel nacional e internacional, dotándose de medios muy eficaces y activos de comunicación y de divulgación. Muchos que saludaron el Concilio Vaticano II y su obra de renovación como una grande esperanza para la Iglesia y para el mundo, posteriormente, al contemplar el espectáculo de contestación generalizada y agresiva de la vida y doctrina de la Iglesia se sintieron invadidos por mucho pesimismo. Es conocida la expresión de Karl Rahner, el teólogo progresista más prominente en esos años. Con referencia a quienes habían hablado años antes de una "primavera de la Iglesia", Rhaner se lamentaba de que un "invierno" se había apoderado de ella. Comentando esta expresión de Rahner decía años después el Cardenal Ratzinger que "en realidad parecía que, después de la gran floración del Concilio, hubiese penetrado hielo en lugar de primavera, fatiga en lugar de nuevo dinamismo. ¿Dios dónde estaba? ¿Y la Iglesia, después de tantas discusiones y fatigas en la búsqueda de nuevas estructuras, no estaba de hecho extenuada y apocada? La expresión Rahneriana era plenamente comprensible, expresaba una experiencia que hacíamos todos. (Card. Joseph Ratzinger, Discurso en el Congreso Mundial de Movimientos eclesiales, Roma 28 de mayo 1998). También Pablo VI se lamentaba en una catequesis de que "el humo del infierno había entrado en la Iglesia".

Uno de esos católicos preocupados por el rumbo que estaban tomando las cosas dentro de la Iglesia fue Jacques Maritain, filósofo francés, uno de los pensadores católicos más influyentes a ambos lados del Atlántico en la primera mitad del siglo XX. Fue inspirador y punto de referencia de las nuevas democracias cristianas. Había nacido el 18 de noviembre de 1882 en París de familia protestante, y fallecido el 28 de abril de 1973 en Toulouse. En 1904 se casó con Raïssa Oumansoff, inmigrante judía de origen ruso, con quien compartió muchas de sus inquietudes intelectuales y de su obra. En 1906 Maritain, y su esposa Raisa se convirtieron al catolicismo, influenciados por el filósofo León Bloy, con quien les unía una antigua amistad. Su conversión fue un hecho trascendental tanto en su vida como en su obra. Formado en la escuela de Lovaina del cardenal Mercier, empapado en las mejores esencias aristotélico-tomísticas y conocedor profundo de las nuevas orientaciones ideológicas, llegó a ser uno de los principales representantes del neoescolasticismo, cuyos principios aplicó, dentro de la más estricta ortodoxia, a la solución de los problemas modernos. Sintetizó en torno al realismo tomista las concepciones del *iusnaturalismo* o derecho natural de Francisco de Vitoria y Hugo Grocio. Con Pablo VI le unía desde hacía muchos años una especial amistad. En su telegrama de pésame por su muerte diría el Papa: "Maritain seguirá siendo para todos un filósofo de alto valor, un cristiano de fe ejemplar, y para Nos mismo un amigo especialmente querido desde los tiempos de su misión ante la Santa Sede".

Fue un entusiasta de la idea del Concilio. Por eso su libro *El campesino del Garona* publicado en 1966, fue una bomba en el medio intelectual católico, sobre todo en el medio progresista, que tenía a Maritain por uno de los suyos. En el libro Maritain denuncia el "aggiornamento" progresista, la ola de críticas al magisterio y a la autoridad del Papa; el abandono de la Tradición y el culto a la modernidad, que él llamaba "cronolatría", y que describía como una Iglesia arrodillada ante el mundo.

Otro libro que hizo también mucha impresión en aquellos años, sobre todo en Estados Unidos, fue *El Caballo de Troya en la Ciudad de*

Dios, publicado en inglés en 1970 por el filósofo y teólogo de origen alemán Dietrich Von Hildebrand (1889-1977), profesor junto con su esposa Alice en la universidad de Fordhan, de los Jesuitas, en Nueva York. El autor fue alumno y seguidor de Edmund Husserl y Max Scheller. La amistad con este le condujo a su conversión al catolicismo. Incorporó la fenomenología de Husserl a sus conocimientos profundos del Tomismo, e hizo escuela entre muchos intelectuales católicos. Fue una gran figura en la historia religiosa, política, intelectual y cultural del siglo XX. En su libro *El Caballo de Troya en la Ciudad de Dios* Von Hildebrand denuncia los excesos de las corrientes progresistas dentro del catolicismo sobre todo en los campos de la liturgia y de la moral.

No obstante esta situación turbulenta dentro de la Iglesia, las enseñanzas del Vaticano II lograron llegar a los fieles y penetrar la mentalidad católica. Los grandes temas del Concilio: La Revelación Divina, la Liturgia, la eclesiología, la misión pastoral de la Iglesia, el apostolado de los seglares…comienzan a impregnar los programas catequéticos y los programas de formación cristiana. El libro de Ives Congar "Jalones para una teología del laicado" aparecido en los años anteriores al Concilio, significó un punto de llegada de la reflexión teológica sobre el lugar del seglar en la Iglesia. Los escritos de este autor influyeron grandemente en la reflexión eclesiológica del Concilio, y ofrecieron una base teológica muy importante para la doctrina conciliar sobre el estado, la vida y la misión del seglar católico.

Se multiplican los grupos de jóvenes católicos que se interesan por conocer más a fondo su fe, y quieren dar testimonio y transmitirla a otros jóvenes, con los que comparten las mismas preocupaciones de búsqueda del sentido de la vida. Se repite por todas partes que ha llegado la hora de los seglares, llamados también a la santidad y a trabajar por la construcción del Reino de Cristo. Contemporáneamente crece en Occidente el interés de los jóvenes por la religión. Muchos marchan a la India y al Tibet atraídos por la espiritualidad oriental. Mientras que en Occidente desembarcan maestros y gurús que enseñan el arte de la meditación trascendental, y los métodos de recogimiento interior, como el Yoga y el Zen.

Las ciencias de la Catequética y de la Pedagogía de la fe conocen una edad de oro en estos años gracias a hombres que tienen, no sólo el bagaje intelectual, sino también el genio en la materia, como Pierre Babin, Pierre Imberdi y Jean Christin. La literatura religiosa para jóvenes y adultos conoce un período brillante. Son numerosos en esos años posteriores al Concilio los autores católicos que unen el arte de escribir al de saber responder valientemente a los cuestionamientos de la fe, y a las preguntas sobre Dios, Cristo y la Iglesia. Todavía se encuentran en las bibliotecas de nuestros Centros de apostolado los libros de Fernand Lelotte, Gustavo Tills, Francisco García Salve, Jacque Loew, Andrè Manaranche, Bernard Bro, Michel Quoist, Tomás Morales S.J., José María Cabodevilla, Louis Evely, José Ma. Pujadas. Autores que produjeron una literatura de fuerte compromiso cristiano.

…Los pioneros de los Movimientos eclesiales.

El interés que anima a estas nuevas generaciones de cristianos, sobre todo de jóvenes, no es tanto hacer frente a los problemas de la contestación interna de la Iglesia, en la que no están interesados, sino la de llevar la fe a un mundo secularizado; se habla de un compromiso por evangelizar el mundo. Es en estas décadas de los sesenta y setenta donde nacen una gran mayoría de los nuevos movimientos eclesiales.

Algunos movimientos "pioneros" ya venían de años atrás. La Acción Católica (ACI) nace en Italia en 1915 y se extiende por todo el país. Después se extenderá a todo el mundo católico. Pío XI es llamado el fundador de la Acción Católica por el interés que puso en ella y la iniciativa personal que le llevó a remodelar su estructura, dotándola en 1923 de unos nuevos Estatutos. En ellos se establece una estructura de gobierno más centralizada, capaz de unir las fuerzas católicas, con una relación más directa con la Jerarquía, y responder mejor a las condiciones cambiantes de los tiempos. En base a esa nueva estructuración se establecen, según edades y profesiones, ramas diversas: *"Juventud Italiana de Acción Católica (GIAC)"*. *"Federación Italia de Hombres Católicos (FIUC)"*. *"Federación de Universitarios Católicos (FUCI)"*. *"Juventud Femenina Católica Italiana (GFCI)*. *"Universitarias Católicas Italianas"*. La GIAC de jóvenes dio origen a la rama de adolescentes de 14 a 20 años (Juniores); y jóvenes célibes de 20 a 30 años (Seniores). Por su parte la Juventud Femenina Católica dio origen a las ramas de niños, adolescentes, y aspirantes. Es interesante observar como más tarde el Movimiento *Regnum Christi* acogerá una estructura organizativa y una variedad de categorías de miembros que guardan cierta semejanza.

El Movimiento de Cursillos de Cristiandad se puede también contar entre los precursores del *Regnum Christi*. El Movimiento de los Cursillos y la Legión nacen en la misma década de los 40, y comparten los mismos ideales de llevar a Cristo a la juventud, la exigencia de vivir la fe de manera coherente, y la urgencia de incorporar el seglar a la misión evangelizadora de la Iglesia. En ambas instituciones sobresale una espiritualidad centrada en Cristo, y un fuerte impulso apostólico. Se siente la urgente necesidad de fundamentar la fe en la vida de gracia y en el conocimiento y amistad con Cristo, en la vida sacramental, en el evangelio, en el estudio, y en el compromiso apostólico. El "Cursillo" es el instrumento apostólico clave para la captación de nuevos miembros, la formación espiritual, el compromiso de vida, y el lanzamiento apostólico. Con la asistencia al Cursillo, que dura tres días, con un primer día de retiro espiritual, se inicia la vida del Cursillista en el Movimiento. A lo largo de esos tres días con la ayuda de meditaciones del evangelio (como la del "Hijo Pródigo" y la de "Las tres miradas de Cristo"), y de conferencias (llamados "Royos") el candidato deja que resuene en su alma la llamada de Cristo a una amistad personal con Él, y a un seguimiento entusiasta y alegre. Este propósito de vida cristiana se materializa en la "Hoja de compromiso" que cada uno hace suya y que abarca vida de oración, estudio y acción apostólica. Para los actos de piedad el cursillista recibe la *Guía del Peregrino*, que es un manual que contiene diversas oraciones generales, y otras típicamente cursillistas. Se puede ver claramente en esta metodología y contenidos del Cursillo un parecido con el Triduo de Incorporación del *Regnum Christi*.

El Movimiento de Cursillos de Cristiandad surge en Mallorca en los años 40, fruto del trabajo, inquietud y esfuerzo apostólico de un grupo de seglares y sacerdotes que formaban el Consejo Diocesano de jóvenes de Acción Católica. La idea de los Cursillos fue madurando durante varios años a través de la peregrinación de los Jóvenes de Acción Católica de la diócesis de Mallorca a Santiago de Compostela. Nace en una época, después de la guerra civil española, que se caracteriza por un florecimiento religioso, tanto a nivel popular y social como a nivel personal. Los seminarios están llenos; y florecen las vocaciones a la vida religiosa. Pero se detectaba un déficit a nivel de vivencia y experiencia personal de la fe y del testimonio y acción evangelizadora en la vida social. Esto era lo que los cursillos de cristiandad trataban de infundir en sus miembros: crear, según su misma terminología, una vida cristiana "consciente, creciente e irradiante".

Otro Movimiento que guarda cierta afinidad de ideario espiritual con el *Regnum Christi* es el de las Congregaciones Marianas que en los años 70 tomará el nombre de "Comunidades de Vida Cristiana (CVX)". Las Congregaciones Marianas fueron establecidas por la naciente Compañía de Jesús ya desde el siglo XVI. El Colegio Romano, fundado por San Ignacio mismo, es el lugar de nacimiento de la primera Congregación Mariana en 1584, con el nombre de "Congregación del Colegio Romano", y con la aprobación pontificia, que la declaraba "Madre y Cabeza" de todas las demás. Las congregaciones marianas están formadas por grupos de seglares que se sienten atraídos por la espiritualidad jesuita, y quieren integrar los estudios académicos con la vida espiritual y poder vivir así la unión con Dios y ser testimonio ante los demás. Los grupos se multiplicaron en todo el mundo donde los jesuitas desarrollaban su misión. En la época moderna las Congregaciones Marianas han pasado por un período de refundación, siempre bajo la guía de la Compañía de Jesús, cuyo Superior General preside, como Asistente Mundial, toda la asociación, y cuenta con un Vice-asistente mundial, también Jesuita. En la Asamblea Mundial del año 1967 se cambió el nombre de "Congregaciones Marianas" por el de "Comunidades de Vida Cristiana (CVX), y posteriormente, en 1990 por el de "Comunidad de Vida Cristiana" (CVX), para acentuar la idea de que se trata, no tanto de una pluralidad de comunidades, sino de *"un solo cuerpo apostólico que responde a un solo mundo»*. Actualmente el estatuto que dirige la vida de estas Comunidades son los "Principios Generales", aprobados por Pablo VI el año de 1971, que constan de un Preámbulo, y tres partes. La Primera Parte, relativa a la naturaleza, los fines y las características esenciales de las CVX. La Segunda, al estilo de vida. Y la Tercera, a las normas jurídicas que rigen la asociación.

La práctica de los Ejercicios Espirituales de San Ignacio está en la base de toda la vida espiritual y del compromiso de vida apostólica de las Comunidades de Vida Cristiana (CVX). La misión y el servicio al Reino abrazan todos los sectores de la vida profesional, social, económica, política. La formación de los miembros reviste un carácter exigente y profundo. Está articulada en cuatro fases sucesivas: con los nombres de "iniciación", "enraizamiento", "profundización", y crecimiento permanente". A las que se añaden los "cursos de formación", que incluyen los ejercicios espirituales.

La Legión de Cristo nace en este ambiente eclesial previo al Concilio Vaticano II en que pululan muchos ideales de renovación cristiana; y se experimenta por todas partes un despertar de iniciativas y de organizaciones católicas que se comprometen a llevar a Cristo a la sociedad y a la vida de las personas.

Los primeros años de la Legión, en esas décadas de los cuarenta y cincuenta, fueron años dedicados exclusivamente a la formación de los primeros grupos de legionarios. Un camino formativo progresivo que comenzaba en las dos Escuelas Apostólicas de México y de España con los estudios de escuela secundaria, y superior, continuaba en España en la Universidad de Comillas de los Jesuitas, con los estudios de humanidades clásicas; y terminaba en Roma, en la Universidad

Gregoriana, con los estudios de filosofía y teología. Desde los comienzos la Legión buscó dar a los legionarios una formación completa y de la mayor calidad. La razón era formar y ofrecer a la Iglesia un grupo de sacerdotes con una excelente preparación intelectual que los capacitara para emprender una tarea de envergadura en bien de la misión de la Iglesia. Esa tarea debía ser la formación, organización y lanzamiento de los seglares para que actúen desde dentro del mismo mundo en la transformación de las mentes, de la cultura y de las estructuras. Era necesario despertar en los seglares "la conciencia de que no sólo pertenecen a la Iglesia, sino que son la Iglesia", en palabras del Papa Pío XII en un discurso a los Cardenales en 1946. La idea resonará fuertemente unos años más tarde en el Concilio Ecuménico Vaticano II.

Esa formación del legionario requería un largo camino previo a la ordenación sacerdotal. La decisión de enviar a los nuestros a estudiar a la Universidad Gregoriana y a la de Santo Tomás en Roma obedecía al propósito de darles una formación lo más excelente desde el punto de vista intelectual, y plenamente en consonancia con el Magisterio de la Iglesia. Roma significaba también cercanía al Santo Padre y exposición enriquecedora a siglos de tradición católica en el corazón de la cristiandad. Se trataba de formarse en lo que se llamaba "lo spirito di Romanità", en palabras de Mons. Giuseppe De Marchi, adjunto de la Secretaría de Estado Vaticana. Lograr estos objetivos en la formación tuvo un precio grande para la Legión en aquellos años de fundación y de penuria económica. También tuvo afuera sus críticos que no entendían por qué había que llevar a los legionarios a formarse fuera del país.

Sin embargo gracias a este esfuerzo de colocar a los legionarios en centros universitarios de reconocido prestigio y tradición se logró formar en ellos un gran interés por el estudio y una grande apertura a la cultura católica y a la profana. Los estudiantes legionarios comenzaron enseguida a sobresalir, no sólo como estudiantes aplicados, sino también brillantes en las diversas materias de la filosofía y la teología. Eran todavía los tiempos en que se tenía cada año el equivalente a una

"Disputatio coram", a cargo del alumno más destacado del curso. Entre ellos les tocó en suerte en años diferentes a dos legionarios.

Junto con el estudio de la filosofía, teología, Sagradas Escrituras, Doctrina social, Moral, Psicología… se fomentaba mucho la lectura de las obras maestras de literatura universal como parte de la formación humanística. Se elegían según los intereses personales las diversas áreas de especialización. Se frecuentaban conferencias y actos académicos que abundaban en una ciudad como Roma. Se hacían y se ponían a disposición de la comunidad dossiers sobre temas de interés entresacados de las muchas revistas que se recibían en la biblioteca. Se creó el programa de lecturas, que consistía en un gran mural donde cada quien anotaba periódicamente sus lecturas. El hablar en público y la oratoria sagrada ocupaban un lugar importante en los programas formativos. La disciplina, los reglamentos y el estilo de vida del centro de formación favorecían la dedicación absorbente al estudio. En las mañanas se asistía a las clases en las Universidades, y las tardes se dedicaban por entero al estudio. El jueves era día de descanso; se salía de paseo a la campiña romana, cada quien con su bocadillo, o se iba de visita cultural a la ciudad de Roma.

En esos años de fundación, a falta de obras concretas de apostolado, cada quien se formaba teniendo como puntos de referencia futuros escenarios de apostolado en los que se trataría de organizar, formar y lanzar a grupos de jóvenes que quisieran comprometerse a llevar la fe a otros jóvenes. Un libro muy leído en aquel entonces era el de Douglas Hyde (1922-1996), *"Dedication and Leadership"*. Narraba la historia personal del autor como militante del partido comunista inglés, convertido después al catolicismo; y describía las tácticas comunistas para reclutar y formar a sus líderes. Fue director del periódico del partido "The Daily Worker". Era un libro que nos ayudaba a abrir los ojos y ver con qué fe en su causa, y con qué tácticas trabajaban los enemigos de la fe.

El ideal apostólico de la Legión desde un principio era el de llegar hasta la clase obrera, la clase intelectual y la clase empresarial. Era necesario prepararse para saber luchar sirviéndose de las mismas tácticas y estrategias del enemigo, pero imbuyéndolas de la verdad y la sinceridad y al servicio del bien humano y espiritual de las gentes. En las clases de oratoria y de predicación el "orador" construía en su mente escenarios imaginarios de púlpitos de iglesia, de congresos, de mítines, de convocatorias masivas de gentes… El arte y la técnica del hablar por radio y televisión entraban también en esos planes de preparación para el futuro apostólico. La consigna era: "había que llegar a todo eso". Había que ayudar a la Iglesia a no quedarse atrás en la marcha de la historia.

No creo que fueron en vano esos esfuerzos y esos años de soñar y formarse para los apostolados futuros. Se forjó una imagen muy exigente del legionario y del grado de preparación que tiene que alcanzar en su formación. Se daba una estrecha conexión e interacción entre todos los elementos que se conjugaban en la vida y formación del Legionario: los estudios universitarios, los intereses intelectuales individuales, la visión del mundo y de la Iglesia, la idea de la Legión y su misión, el tiempo de formación y el tiempo de apostolado, la conciencia de que llegado el momento de salir al campo de batalla había que gastarse, sin miedos, por la misión. En esos años en que los apostolados "ad extra" eran pocos, los Legionarios tenían una conciencia muy viva de que era necesario llevar el Evangelio al campo de batalla del mundo. La Legión se presentaba como un cuerpo compacto, de un mismo pensar y sentir, polarizado por la misión. La Legión se sentía a sí misma no como un "Cosmos", sino como un "Universo" organizado y convergente en torno a un único proyecto de llevar a Cristo y su mensaje a todos los hombres, en especial a los líderes, para que por medio de ellos el mensaje alcanzase a muchos más. El interés de los estudios universitarios consistía en preparar apóstoles de futuro, y no académicos interesados en un saber fin a sí mismo. Los siguientes 40 años dedicados al lanzamiento y expansión de las obras de apostolado darían la razón y convalidarían esos años de preparación intensa e ilusionada. Y serían la prueba de que no habían sido años de soñar en vano, sino una preparación y puesta a punto de una estrategia que daría más tarde óptimos resultados, y configuraría el camino formativo del apóstol legionario. Lo que vino después, las obras de apostolado, el Movimiento *Regnum Christi*... sería, por así decir, el resultado de una "historia anunciada".

Capítulo 15

El progresivo fraguarse de la idea del Movimiento.

Es iluminador considerar cómo se encontraba ya la idea de Movimiento Apostólico en la mente del Fundador desde la fundación misma de la Legión. Baste leer la carta de la T.W.A del año 1948, en la que encontramos clara y profundamente propuesto lo que vendría a ser veinte años más tarde el *Regnum Christi*. Ahí se decía: "Medios, aspiraciones y método que han de seguir los nuestros para conseguir el Reinado de Jesucristo Nuestro Señor". Los medios: sólida formación, escrupulosa selección. Las aspiraciones: crear un batallón contemplativo y conquistador que escoja aquellos apostolados de mayor rendimiento para la causa del Reino. El método: crear centros para la formación de la elite laica; colegios para la educación de la juventud y la adquisición de vocaciones para el Instituto; centros de formación para líderes obreros católicos; centros para la formación de industriales, banqueros, economistas, comerciantes; centros para la formación y organización de universitarios y titulares; centros donde se preparen elementos que actúen en la política de los pueblos; establecer Seminarios-Universidades para la formación de grupos selectos de sacerdotes. La visión de fondo de este plan era el de venir en ayuda de la Iglesia en un momento tan decisivo y combatido de su historia, y la de devolverle el lugar que le corresponde en el seno de las naciones. Cómo diría después Juan XXIII: "una Iglesia *"Mater et Magistra"*.

La carta de la T.W.A. puede ser considerada con toda verdad histórica como un texto constitucional de primera importancia. La intuición que representa figurará en todos los textos constitucionales posteriores. Tres observaciones salen al paso: La primera, referente al estilo del texto: conciso, enfático, definitorio. Esto es evidente en el párrafo inicial: "Medios, aspiraciones y métodos que han de seguir los nuestros para conseguir el Reinado de Jesucristo Nuestro Señor". Recuerda el estilo de la primera fórmula de la Compañía de Jesús: "Cualquiera que en nuestra Compañía, que deseamos se distinga con el nombre de

Jesús, quiera ser soldado para Dios bajo la bandera de la Cruz, y servir al solo Señor y al Romano Pontífice su Vicario en la tierra, tenga entendido que….forma parte de una Compañía fundada ante todo para atender principalmente al provecho de las almas en la vida y doctrina cristiana y para la propagación de la fe".

Es de notar, en segundo lugar, la claridad de concepción y la sencillez con que se describen las aspiraciones y los métodos que guían la obra del Instituto. El lector se puede hacer fácilmente una idea del sentido de futuro que había en ese escrito. Y finalmente se constata cómo el desarrollo de los apostolados de la Legión siguió fielmente esos lineamientos marcados por el Fundador.

En todas las redacciones de las Constituciones de la Legión, la actual es la n°.5, al hablar del apostolado todas hacen mención de la captación, formación y lanzamiento de líderes en los diversos campos de la vida para imbuir la sociedad del espíritu cristiano y dar un gran impulso a la Causa del Reino de Cristo.

En el principio no fue el Movimiento tal cual lo conocemos ahora. No existía siquiera el nombre. Se trató entonces de unos intentos de lanzar la obra de apostolado seglar de la Legión con diversos nombres: "Milicias de Cristo Rey" o su equivalente en latín "Milites Christi".

Tenemos por esos años varias cartas del Fundador que documentan esos intentos. En la carta del 30 de diciembre de1960, n.398, el Fundador escribe: "en los ratos que me quedan libres de los Santos Ejercicios, estoy elaborando en sus últimos puntos el plan y reglamento de las Milicias de Cristo. Enseguida iré de norte a sur de la República para encontrar las primeras células de universitarios, banqueros, obreros y campesinos. Afortunadamente contamos con la bendición de casi la mayoría de los Obispos. El primer centro lo tendremos en México, y de ahí fundaremos en Ciudad Juárez, Chihuahua, Saltillo, Monterrey, León, Guadalajara, Zamora, Colima, etc… Todos estos centros iniciales pensamos tenerlos establecidos para fines de 1961. El trabajo ha de ser ágil, penetrante, secreto y tener una sincronización nacional".

Es interesante para entender estos comienzos históricos del Movimiento y el modo de pensar la acción el Fundador ver cómo se combinan las grandes aspiraciones apostólicas con un proceder pragmático, ajustado a cierta realidad. Esto se ve en la elección que hace de los lugares para comenzar el Movimiento apostólico. Se trata de ciudades en el norte y centro del país. Las primeras son las de mayor desarrollo industrial, más cercanas a Estados Unidos. Y las segundas representan un catolicismo más arraigado y secular.

En marzo de 1963, el Fundador viajó a Uruapan, Mich. para acompañar a un legionario, cuyo padre se estaba muriendo. Así lo recuerda este legionario: "el Fundador se hospedaba en el hotel "Hernández". Para ese tiempo ya tenía escrito algunos números de los estatutos de los *Milites Christi*. Había pensado mucho en ese título. A veces escribía en las servilletas de papel del comedor, otras veces dictaba. Trabajaba varias horas al día. En la plaza principal era posible escuchar a predicadores evangélicos que en sus charlas atacaban a la Iglesia católica y a los sacerdotes. Se oían también los discursos de los políticos en sus mítines electorales para Gobernador del Estado. Al Fundador esto no le dejaba indiferente. Veía la suerte de tantas gentes que por ignorancia caían víctimas de depredadores políticos o religiosos.

Un mes más tarde, en la carta del 6 de mayo, 1963, sigue con el mismo tema. Escribe: "Otro campo de trabajo también muy intenso, pero lleno de consuelo y de alegría íntima es el de la fundación de los *"Soldados de Cristo"*, que gracias a Dios han quedado ya constituidos con un primer grupo de magníficos jóvenes, que están dispuestos a colaborar y a someterse con generosidad al plan de formación espiritual y de trabajo apostólico específico".

Uno de los primeros apostolados emprendidos por este grupo que se formó entre los estudiantes del colegio Cumbres, y que el Fundador tenía muy en el corazón, fue la difusión de la palabra del Papa. Que la gente se enterara de lo que el Papa estaba enseñando y pidiendo a los católicos. En la carta desde México, 1 de septiembre de 1965, escribe: "Le voy a adjuntar una copia de la hoja semanal que los Cruzados de Cristo Rey han comenzado a publicar para difundir el pensamiento del Papa". La hoja, que era un publicación semanal, tuvo gran difusión en México y España. Con el pasar del tiempo y la llegada de las modernas tecnologías de comunicación, la hoja dejó de salir, y en su lugar surgieron los servicios de Zenit, Catholic Net y otros.

El 6 de noviembre de 1965 (vol. IV), queriendo dar una forma definitiva a los diversos intentos de organizar el apostolado, escribe: "Tengo ya terminado el estudio con el fin de emprender, con la ayuda de Dios, a fondo el próximo año los apostolados específicos de la Legión en la creación y dirección de grupos selectos para la cristiana transformación de los ambientes. Será un paso de trascendencia en la historia de nuestra Legión y afianzará en forma definitiva el fruto espiritual de todos los apostolados que hasta el presente hemos venido desarrollando".

Dentro de su ingente trabajo no cesa de pensar en la creación del instrumento apostólico de la Legión. Todo lo que hace contribuye de alguna manera a preparar el terreno para el día en que ese plan vea la luz. Su estrategia se centra especialmente en México, que será el escenario óptimo para la puesta en marcha del Movimiento de apostolado, y en donde la Legión cuenta ya con una sólida base seglar, dispuesta a colaborar. En esta línea de ir preparando el terreno para el lanzamiento del Movimiento hay que ver el hecho de que, con ocasión de la celebración del Concilio Vaticano II en Roma, los legionarios ofrecen hospitalidad en el Colegio de Via Aurelia a los obispos mexicanos. La gran mayoría de ellos acepta la invitación. El Fundador conoce personalmente a la gran mayoría de estos obispos. En encuentros personales les da a conocer los planes de apostolado de la Legión en México. Quiere y pide que los obispos le apoyen en esto.

Para el año de 1965, en que finaliza el Concilio Vaticano II, la Legión es grandemente estimada en México. Como prueba de ello, el P.Alfonso Samaniego, Director General del Instituto Cumbres, es invitado por la Televisión Mexicana, Televisa, a pronunciar una serie de conferencias sobre la encíclica de Juan XXIII, "Pacem in Terris". Las conferencias tuvieron gran audiencia, tanto por el tema de la paz, muy candente entonces, los tiempos de la llamada "guerra fría"; como también por el conferenciante, un legionario, autoridad máxima del Instituto Cumbres, y gran conferencista, que se valía siempre sin papeles, y tampoco improvisaba.

En estos años se inicia la construcción de la sede definitiva del Universidad Anáhuac. Grandes personalidades empresariales de México dan su apoyo económico a la construcción de la Universidad Anáhuac. Ello es un dato del aprecio por la obra educativa de la Legión en México, y de la necesidad que se experimenta en la clase social más previsora de hacer algo sólido para enfrentar un futuro político y social preocupante.

A finales de 1966 abre sus puertas el "Instituto Irlandés" que representa un nuevo y avanzado concepto de educación personalizada. Clases con números reducidos de alumnos, y enseñanza exclusiva en lengua inglesa. Este tipo de enseñanza era nuevo y necesario. Lo estaban pidiendo los padres de familia, que no querían seguir correr los riesgos de tipo moral al verse obligados a enviar a sus hijos a escuelas de los Estados Unidos.

La pastoral que se llevaba a cabo en los colegios era de gran eficacia y alcance. Aprovechando el tiempo de Cuaresma se imparten en el Centro Cultural Interamericano y en los Colegios tandas de ejercicios espirituales ignacianos. Para ello se traen de España grandes predicadores de ejercicios. Más tarde algunos de ellos serán figuras importantes en la jerarquía española, como el cardenal de Madrid, D.Angel Suquía; el obispo auxiliar de Madrid, Don Angel Morta; Don Teodoro Cardenal, obispo de Osma; Don Antonio Oyarzabal, canónigo del Santuario de la Virgen de Aránzazu, en Vizcaya.

Además, están los retiros de fin de semana en Cuernavaca en los que participan, de acuerdo a un calendario establecido a principio del año escolar, todos los cursos de alumnos de nuestras escuelas. Las catequesis de preparación a la Primera Comunión y Confirmación forman parte integrante de la pastoral del colegio. Las celebraciones litúrgicas con las que se cierran esas catequesis son una ocasión para renovar la fe, y celebrar la amistad y la cercanía de toda la familia educativa. También están las conferencias cuaresmales en el auditorio del Colegio a los padres de los alumnos, sobre temas de vida cristiana, la familia y la educación... Todas estas actividades formaban parte de un plan catequético muy serio y profesional, que forjaba y mantenía viva la identidad católica de la escuela. Además, todo ello era como un ir preparando el camino y disponiendo a las gentes de nuestros colegios para el día en que se les propusiera el Movimiento como una continuidad y un coronamiento de su vida y colaboración con la Legión.

...el paso previo a Madrid y Barcelona...

En este camino de lanzamiento del Movimiento, el Fundador da un paso importante en 1965 destinando a Madrid al P. Alfredo Torres, hasta ese momento Rector del Centro de Estudios de Roma, para dar comienzo a la formación de equipos de jóvenes. El P. Alfredo Torres se entregó en cuerpo y alma a esa tarea, y bien pronto empezó a reunir algunos chicos universitarios o de bachillerato en torno a sí en un piso rentado en la calle de Francisco de Asís y Méndez Casariego. El Fundador solía comentar sobre el trabajo del P.Torres en Madrid cómo con cuatro ideas muy sencillas que le había dado antes de mandarlo a Madrid había logrado hacer del Movimiento no sólo una realidad, sino también una fuente de vocaciones para el Movimiento y la Legión. El 3 de enero de 1968 el P.Alfredo Torres logró realizar la primera incorporación de jóvenes al Movimiento, un total de 12 jóvenes madrileños. Aunque oficialmente el Movimiento no tenía todavía un nombre, la esencia del mismo ya existía. Esta incorporación tuvo lugar en Zaragoza (España), en la basílica de la Virgen del Pilar, un marco muy simbólico. Lo que interesaba era captar buenos jóvenes que quisieran hacer algo por Cristo y por la Iglesia, y formarlos espiritual, humana y apostólicamente para lanzarlos a la acción de conquistar a otros.

Con este fin el P. Alfredo Torres emprendió la construcción de una Residencia universitaria en Madrid para albergar a chicos españoles o de América Latina, que venían a Madrid a estudiar la carrera. En un término de tres años se llevó a cabo el proyecto, y el Colegio Mayor "Santiago Galas Arce" comenzó a funcionar con gran éxito. El nombre del Colegio Mayor se debe a su principal bienhechor, el empresario español radicado en México, D. Santiago Galas Arce. Un pequeño equipo de legionarios se instaló en el Colegio Mayor con el fin de colaborar en la pastoral y apostolado de las universidades y de las escuelas de la zona. El celo apostólico del P. Torres y de sus colaboradores no conocía pausa. En la década siguiente de los 70 se construyó el Centro de Retiros de Reajo, en la sierra de Madrid, un lugar geográfico de belleza natural, y rodeado de silencio y soledad; la "soledad sonora" del verso sanjuanino.

Cómo se logró construir el Centro fue una historia típica del talante apostólico del P. Alfredo Torres. Un talante emprendedor que le ha distinguido toda su vida. El P.Torres tuvo que gastar tiempo, energías, sagacidad, y usar de mucha paciencia y tesón para ir por los juzgados, las alcaldías, la junta de vecinos, los arquitectos, las constructoras, y los donantes… Llegado el caso era el primero en arremangarse y ponerse a dar una mano, como si fuera un trabajador más.

Al mismo tiempo se fueron adquiriendo en la ciudad de Madrid varios pisos para residencia y centros de apostolado en la ciudad, tanto para las señoritas consagradas, que llegarían a Madrid en 1971; como para los jóvenes de Tercer Grado, y los Legionarios. Años más tarde vendrían la compra de terrenos y la construcción de los colegios y de la Universidad Francisco de Vitoria. En España el P. Alfredo Torres fue el hombre de confianza y el pionero de toda la empresa apostólica de la Legión y del Movimiento.

Otro paso en esa misma dirección fue el envío del P. Francisco Navarro a Barcelona. Era el año de 1967. El P.Navarro había trabajado hasta entonces largos años en el Colegio Cumbres de México. Enseguida el P. Francisco Navarro pudo abrir en unos pisos alquilados en el barrio de Sarriá una pequeña residencia para estudiantes universitarios. A esa residencia acudían también jóvenes en busca de dirección espiritual. También aquí al poco tiempo llegaron otros legionarios para apoyar labor apostólica, sobre todo en los colegios de la zona.

Fueron años en los que el Fundador hubiera deseado dedicarse más de lleno a la preparación y lanzamiento del Movimiento, pero tuvo que atender a multitud de asuntos que no le dejaban tiempo. Se celebraba en Roma el Concilio Ecuménico Vaticano II. La construcción de la Universidad Anahuac exigía un esfuerzo ingente de recaudación de ayudas económicas para el proyecto. Los trabajos en Roma para obtener de la Santa Sede el "Decretum Laudis" para la Legión (1965). La supervisión de la formación y vida religiosa que reclamaba el ambiente eclesial después de la celebración del Concilio Vaticano II. La preparación y celebración de un Capítulo Extraordinario (1968-1969), mandado por la Santa Sede a todas las Congregaciones y Órdenes Religiosas como consecuencia de la puesta al día que había dictado el Concilio Vaticano. Todo esto hizo que el lanzamiento del *Regnum Christi* tuviera que esperar.

Capítulo 16

Verano de 1968: lanzamiento del Movimiento *Regnum Christi*.

Al final de los años sesenta, y concluidos los trabajos del Concilio Vaticano II, y la reestructuración de los estudios filosóficos y teológicos en las universidades y seminarios, había llegado el momento marcado por la Providencia para el lanzamiento de la obra de apostolado específico de la Legión. En ese momento la Legión contaba con los elementos esenciales para el lanzamiento del Movimiento. Esos elementos eran: una espiritualidad bendecida y aprobada por la Iglesia, una visión clara del camino a seguir para la instauración del Reino de Cristo, un grupo pequeño, pero suficiente para empezar, de hombres selectamente formados espiritualmente, y preparados en lo intelectual y apostólico. El otro elemento que decía que la hora había llegado era el contar ya con las primeras obras apostólicas sólidamente establecidas, que fueron los primeros colegios y la universidad Anáhuac. En la mente del Fundador estaba muy clara la conexión de causa y efecto que se daba entre instituciones educativas de la Legión y la puesta en marcha del Movimiento y sus apostolados.

…año de 1968…

En el verano de 1968, el Fundador creyó que era llegada la hora, sin más dilaciones, de lanzar definitiva y formalmente el apostolado específico de la Legión. Los preparativos se llevaron a cabo en Dublín, Irlanda. En el verano de 1968, el Fundador convocó en la nueva sede recién construida del Noviciado de Dublín, a un grupo de 6 sacerdotes legionarios: los PP. Rafael Arumí, Alfredo Torres, Alfonso Samaniego, Francisco Navarro, Cristóforo Fernández, Miguel Díaz y José Antonio Alonso. Ayudado por ellos, el Fundador trató de concretar y definir el fin y la naturaleza del Movimiento; su estructura organizativa y jerárquica, la metodología apostólica, la formación, los compromisos, los miembros y su incorporación al Movimiento, los grados de entrega, la economía. Abordó también la cuestión de darle un nombre: "Movimiento *Regnum Christi*. No fue difícil dar con ese nombre. El "Reino de Cristo" está en el frontispicio de la Legión. Y la expresión latina *"Regnum Christi"* iba mucho con la sensibilidad eclesial del Fundador. De esas reuniones salieron al final unos documentos que describían la constitución y naturaleza del Movimiento; sus fines apostólicos; la formación y el apostolado de los miembros; las actividades propias y su metodología; la incorporación al Movimiento. La organización y los temas del Triduo de Incorporación; y el ritual de la ceremonia de incorporación.

Simultáneamente se elaboró un bosquejo de lo que sería el ECYD: el movimiento para adolescentes. Una primera ayuda en este camino la procuró un libro con el nombre "Links Handbook" que providencialmente se encontró en una librería católica de Dublín. Se trataba de un manual de formación y apostolado para adolescentes de un Movimiento inglés conocido con el nombre "The Grail". (Este Movimiento está actualmente extinguido, o se ha convertido en otra cosa). Debidamente traducido y adaptado en México en 1969 sirvió enseguida como Manual del ECYD para las edades de 11-14 años. En ese mismo libro se inspiró el Fundador para diseñar el escudo del ECYD y adoptar el mismo himno.

Los meses siguientes a esta ronda de trabajos en Dublín con el Fundador estuvieron absorbidos por los preparativos y las sesiones del Capítulo General Extraordinario que se tuvo en Roma en los meses de Octubre y Noviembre, y se continuarían al año siguiente en Dublín.

En diciembre de 1968 el Fundador decide reunir en Cotija, Mich. a todos los sacerdotes y religiosos legionarios que trabajan en México y algunos procedentes de España, más 5 seglares estudiantes de la Universidad Anáhuac. Eran alrededor de 25 participantes en total. El fin era, después del trabajo llevado a cabo en Dublín, dar a conocer el Movimiento *Regnum Christi* a los legionarios que se encontraban trabajando en México en los colegios y en la Universidad Anáhuac, y capacitarlos prácticamente para ser ellos los pioneros del lanzamiento del Movimiento. El plan tenía que ponerse en práctica de inmediato. Y para ello se encontraban ahí reunidos todos, para aprender cómo había que hacer para comenzar. El Cursillo se inició el día 13 de diciembre de 1968, y se prolongó hasta el día 7 de enero de 1969 en que el grupo hizo su regreso a México. Durante la estancia en Cotija los sacerdotes y religiosos se hospedaban con familias conocidas y amigas. Las actividades del cursillo se tenían en el recibidor de la casa de la Sra. María González y D. Luis Valencia. Todas las conferencias fueron impartidas por el Fundador. Se tuvieron mesas redondas de reflexión y de intercambio, hubo tiempos también para el estudio personal. La finalidad de las conferencias era compenetrarse profundamente del espíritu del Movimiento, de su celo apostólico y de conquista, de entender la importancia de ir a los líderes, de captarlos, formarlos y lanzarlos al apostolado. La metodología esencial tenía que ser la acción celular, o capilar, de vértice a base, sobre los líderes. Andando el cursillo, se tuvieron ensayos del "Encuentro con Cristo", con las diversas partes de la lectura y reflexión evangélica, la Revisión de Vida, y la revisión de la "Hoja del Compromiso". También hubo ensayos del "Círculo de estudio". Estos ejercicios prácticos se tenían en equipos, de 7-8 religiosos, y se llevaban a cabo frente a todo el grupo. Al final de cada ensayo se analizaba el andamiento del mismo.

En el capítulo "jóvenes" se vio la necesidad, siguiendo las directrices del Concilio Vaticano, de hacer algo para animar la participación de los jóvenes en la Misa. En concreto se trató de cómo promover el canto litúrgico. Ya se habían preparado en Roma y enviado copias a todos los Centros legionarios de dos volúmenes con cantos en español para la misa y el rosario. Acababa de llegar a las librerías en España la "Misa de la Juventud" de Cristóbal Halffter, sobrino de Ernesto Halffter, autor este de la música del himno legionario (1969). Alguien propuso la idea de ensayar esa "Misa de la Juventud" y cantarla en la Parroquia del Pueblo en la Misa de Navidad de media noche. Ello serviría como un ejemplo de lo que había que hacer en el Movimiento para acercar los jóvenes a la liturgia. Así con la ayuda de quien sabía un poco más de música y algunas buenas voces que existían en el grupo se ensayó y se cantó íntegramente la Misa de la Juventud de Cristóbal Halffter. De esa misa pasaron a formar parte del repertorio algunas piezas, como el canto de entrada: "Yo pondré en ellos una señal"; el canto de la Comunión: "Beberemos la copa de Cristo", y el canto de salida: "Anunciaremos tu Reino, Señor".

El día 6 de enero, Fiesta de Reyes Magos, fue el último día del cursillo. Y como regalo de Reyes cada uno de los participantes recibió su nueva tarea apostólica, la de fundar el Movimiento en el puesto de trabajo que estaba desempeñando. Nuestro Fundador nombró responsables de ECYD en el Colegio Cumbres e Irlandés. Responsables de equipos de Reino en la Secundaria y Preparatoria de dichos Colegios. Asesor espiritual y capellán en la Universidad Anáhuac. Responsables de matrimonios jóvenes y de matrimonios adultos. El día 7 de enero salió toda la comitiva de legionarios hacia México D.F., y al día siguiente, primer día de clases, después de las vacaciones de Navidad, cada uno se encontraba en su puesto de trabajo con el reto y la tarea de dar comienzo inmediato al Movimiento *Regnum Christi* y al "ECYD".

Al final del cursillo tuvo lugar la primera incorporación al Tercer Grado de 5 jóvenes universitarios del la Universidad Anáhuac, a quienes el Fundador les había invitado a participar. Fueron José Antonio Méndez Moore, Carlos Gutiérrez, Luis Comas, Javier Aristi y Cesar Macías. Tuvieron su residencia en el Centro Cultural Interamericano de Tlalpan, D.F. Su superior era el P.Herminio Morelos, y el director espiritual el P.José Antonio Alonso. Circunstancias muy diversas en cada caso hicieron que este primer grupo de consagrados no durara mucho, y se disolvió después de medio año. José Antonio Méndez-Moore fue el único que perseveró en su intención, pero tuvo que esperar hasta abril de 1975 en que se hizo la primera consagración de jóvenes en México, D.F.

El momento que marcaba el inicio del Movimiento era tan serio y trascendente que el Fundador juzgó conveniente que todos los Legionarios, recién llegados del cursillo de Cotija, nos reuniéramos una hora al día por espacio de un mes, para dar un repaso a todo lo que se había visto y explicado en Cotija. El único tiempo hábil que se encontró para que todos nos reuniéramos fue el de la meditación de la mañana, de 5.30 a 6.30 en la casa de la Comunidad del Cumbres, Rosedal.

Así se puso en marcha, y empezó su andadura histórica, el *Regnum Christi*; y aunque en un principio con vacilaciones y titubeos de todos los implicados, sin embargo ya no hubo marcha atrás. A la vuelta de diez años ya se le veía muy establecido, habiendo logrado una buena base de miembros, ahondado su mística apostólica, profundizado el grado de entrega y de trabajo de sus miembros, consolidado las instituciones de formación y de acción, consistentes en la vida de los equipos, de las secciones, y las actividades apostólicas. Fueron decisivos en lograr estos resultados los cursillos sobre el Movimiento que se seguían teniendo con frecuencia a nivel de todas las secciones.

En esos años se curtieron los que entonces eran tan sólo hermanos en prácticas apostólicas, y hoy son sacerdotes legionarios: los HH. Emilio Tomás, Michael Ryan, Donald Curry, Vincent McMahon, Dermot McCloskey, Juan José Ferrán, Jesús Blázquez, Andrés Ramos, y otros muchos. Los PP. Jesús Blázquez y Juan Andrés Ramos lograron con su celo apostólico y trabajo sacrificado inyectar un gran dinamismo a la secciones del Reino de jóvenes y del ECYD. A estos nombres de legionarios se sumaban los que ya trabajaban en México; especialmente los sacerdotes Fue de importancia capital el contar con legionarios de la talla del P. Alfonso Samaniego, Gregorio López, Faustino Pardo, Carlos Mora. En las reuniones conjuntas de legionarios para analizar y revisar la marcha de los apostolados, ellos constituían, sin lugar a duda, el "senado", o grupo de referencia en esas reuniones.

Todos ellos lograron despertar en los miembros grandes inquietudes de "qué voy a hacer yo por Cristo", que se tradujeron después en la captación y multiplicación de los miembros, y en iniciativas apostólicas muy significativas, que sería largo enumerar, y que hoy día son muy florecientes. Surgió también un buen número de vocaciones a la Legión y a la vida consagrada del Movimiento.

En los meses siguientes al regreso de Cotija(1969), el Fundador se dio a escribir los estatutos del ECYD, y los estatutos del primer Club para jóvenes: el Club "Kilimanjaro", que funcionaría en los Colegios Cumbres e Irlandés. Para la redacción de este último documento se recogieron materiales de diversos clubs deportivos o culturales existentes en la Ciudad de México, que pudieran dar ideas sobre cómo funciona un club. Fue un trabajo que el Fundador realizaba a altas horas de la noche, de regreso de sus compromisos del día, los cuales consistían principalmente en la recaudación de fondos para el financiamiento de las obras de construcción de la Universidad Anáhuac. Pronto estuvo, también, listo el ritual de la ceremonia de la incorporación al ECYD, y la hoja de compromiso del miembro.

Algunas fechas importantes en la fundación del *Regnum Christi*.

3 de enero de 1968, en el Pilar de Zaragoza, España, primera incorporación al Movimiento de un grupo de 12 jóvenes, presidida por el P.Alfredo Torres. Todavía no se llamaba *"Regnum Christi"*.

Julio de 1968: reuniones en Dublín, Irlanda, con el Fundador de un grupo de sacerdotes legionarios para preparar el lanzamiento definitivo del Movimiento. Fue en esas reuniones donde se acuñó y oficializó el nombre de Movimiento *"Regnum Christi"*.

Navidad de 1968, en Cotija, Michoacán. Cursillo sobre el *Regnum Christi* y el ECYD dado por el Fundador en persona a los Sacerdotes y Religiosos que trabajaban en México. Se llevó a cabo al final del cursillo la primera consagración de 5 jóvenes universitarios con la emisión de las promesas de pobreza, castidad y obediencia.

6 de enero 1969, Cotija Mich. Al finalizar el cursillo el Fundador asigna a cada sacerdote y religioso presentes su campo concreto para lanzar el Movimiento.

8 de enero de 1969 comienzan en México las clases después del receso navideño, y con ellas se da comienzo a la formación de los primeros equipos del *Regnum Christi* y del *ECYD* en los Colegios Cumbres,

Irlandés, y en la Universidad Anáhuac, y entre los padres y familiares de los alumnos. Para este trabajo llegó de Roma un grupo de religiosos legionarios en prácticas apostólicas que se dividieron el trabajo con los niños y los jóvenes de nuestros colegios. Y para la gente adulta, papás, mamás y demás familiares de nuestros alumnos fueron designados los sacerdotes con mayor experiencia y trayectoria apostólica en México. *En el mes de Enero* de ese mismo año 1969, de regreso del Cursillo de Cotija, se tiene cada mañana una charla en la casa de la comunidad del Cumbres para todos los sacerdotes y religiosos residentes en México, D.F. para repasar todo lo que se había visto en el cursillo de Cotija.

En los primeros meses de ese año comienzan a reunirse algunos equipos de adultos en una casa de la calle de Ahumada Villagrán, en la ColoniaVirreyes. Unos meses más tarde, por iniciativa del P.Alfonso Samaniego y un grupo de señoras y señores ligados a la Legión, fundan ahí mismo "FAME" (Familia Mexicana, A.C.) que imparte cursos, conferencias de preparación matrimonial, y de espiritualidad conyugal. Ofrece también servicios de dirección espiritual y consultoría familiar. Por esos cursos pasaron gente entonces joven, que después ocuparía posiciones de liderazgo en la sociedad.

Marzo de 1969, Semana Santa, además de los ya tradicionales ejercicios espirituales abiertos que se venían dando cada año para las familias de nuestros colegios en México, se tienen otros específicos para miembros del Movimiento en el Centro Cultural Interamericano de Tlalpan, D.F. Los predicadores eran sacerdotes legionarios, que estaban iniciándose en este tipo de predicación, y algunos sacerdotes españoles del clero diocesano, expertos en la predicación de los ejercicios espirituales de San Ignacio. Don Angel Zuquía sería más tarde cardenal arzobispo de Madrid; Don Angel Morta, obispo auxiliar de Madrid, y Don Antonio Oyarzabal, canónigo del Santuario mariano de Nuestra Señora de Aránzazu, en Guipúzcoa. El secreto del rápido crecimiento, expansión y florecimiento apostólico del *Regnum Christi* se debió principalmente al entusiasmo, a la entrega y celo de todos los legionarios, que sentían como propio la marcha del Movimiento, y se sumaban y aportaban cada uno su propio talento.

Elaboración de estatutos, manuales y otros subsidios.

Para la formación de los miembros del ECYD se contaba con dos carpetas, una amarilla y otra azul, que contenían materiales totalmente desarrollados de charlas formativas, actividades de equipo y actividades de captación. Las dinámicas de estas actividades, y las dinámicas de grupo a seguir en el desarrollo de las mismas estaban perfectamente indicadas en todos sus pasos. Estos materiales, no eran optativos, sino obligatorios a fin de seguir una misma línea de formación y acción. Bien pronto se contó, también, con un curso completo de formación espiritual y teológica para seglares del Movimiento, en dos carpetas, con el nombre de "Historia de la Salvación".

La preparación de los cursos de formación del ECYD y del *Regnum Christi* y otros materiales de espiritualidad fue un trabajo considerable. Pero era necesario y urgente para eliminar las improvisaciones o el que los responsables se vieran obligados a procurarse "la paja" en otros graneros ajenos. Desde el principio se cuidaba la fidelidad a una misma línea doctrinal y metodológica, para evitar una especie de Movimiento estilo "cafetería".

El Comunicado del Capítulo General de 1992 en el n.480 hacía mención del trabajo llevado a cabo para elaborar estos documentos. Ahí se decía: "Vinieron después los Estatutos del Regnum Christi, Principios y Normas, Manual del *Regnum Christi*, Estatutos del ECYD...".

Los principales subsidios fueron, por orden de aparición:

"Triduo de incorporación al Movimiento". Consta de una serie de meditaciones y pláticas orientadas a crear compromiso cristiano, y disponer a la integración dentro del Movimiento.

"Ritual para la incorporación". Se trata de un texto original para el rito de incorporación el *Regnum Christi.*

"Manual del Movimiento Regnum Christi" Contenía la explicación básica del Movimiento: su naturaleza, fin, espiritualidad, metodología. Se llevó a cabo esta primera edición en Salamanca, España, en el verano de 1969, y recoge las ideas del cursillo de Cotija, y los elementos con que se fue enriqueciendo el trabajo apostólico en ese año.

"Manual del Regnum Christi" (2ª Edición), renovada y ampliada en Roma en el otoño del año de 1971, a raíz y como fruto del cursillo del Movimiento que se tuvo ese verano en Monticchio (Nápoles), con la presencia del Fundador. La cubierta era de color rojo con una reproducción del Cristo legionario como fondo, y la superposición de imágenes de gentes diversas.

"Vocabulario del Regnum Christi" (2 carpetas de color marrón). Fue una obra llevada a cabo en el otoño de 1971 después del Cursillo de Monticchio por los PP.Javier García y José A. Alonso, y que recogía en forma de vocabulario, y siguiendo un orden alfabético, las sesiones de "Questions" tenidas con el Fundador en el cursillo de Monticchio. La obra fue de mucha utilidad para la labor formativa de los miembros del Movimiento como fuente autorizada y como subsidio de consulta.

"Los Estatutos del Movimiento". Existía una primera redacción que databa del año 1976, a la que colaboró con el Fundador el P.Rafael Arumí, L.C. (cfr.CNP n.1820, Madrid 12 de junio de 1976). Fue poco conocida y difundida. Probablemente porque los cursillos de Cotija y de Monticchio, más las frecuentes conferencias del Fundador y los subsidios del Manual y otros textos formativos fungieron como guía suficiente para el trabajo.

Historia de la Salvación" (2 carpetas). Es el curso básico de formación impartido en los Círculos de estudio. El volumen I contiene los tratados sobre Dios, creación, pecado, alianza, redención. El volumen II los tratados de Iglesia, sacramentos, gracia, moral, escatología. Esta obra se debe a la gran importancia que se daba en el Movimiento a una formación comprensiva en la fe. El Círculo de estudios, junto con la Revisión de Vida, eran las dos actividades formativas periódicas fuertes en la vida de los equipos. Para ello se les motivaba sobre la necesidad personal y apostólica de estar sólidamente instruidos y fundados en la fe.

"Comentarios a los Evangelios para uso del Encuentro con Cristo". Desde Salamanca, donde era profesor de humanidades, el P. Pablo López cooperó con estos comentarios a los evangelios, que formaban dos grandes carpetas.

"Estatutos del Movimiento Regnum Christi" (2ª Edición). En el verano de 1982 el Fundador creyó necesario, una vez acabada la redacción definitiva de las Constituciones de la Legión, hacer una redacción más actualizada de los Estatutos del Movimiento *Regnum Christi*, que ya entonces se estaba extendiendo considerablemente y contaba con un nutrido grupo de consagrados de ambos sexos en diversas partes del mundo. Con este fin se reunió durante dos meses en el Centro de retiros que tiene el Movimiento en Reajo del Roble, en el pueblo de Navacerrada (Madrid). Lo acompañaban y colaboraban con él dos Sacerdotes legionarios, los PP. Juan José Ferrán y José A. Alonso. Al final de ese verano se concluyó el nuevo texto de los Estatutos del Movimiento, que estuvieron en vigor por 20 años; y marcaron el rumbo a seguir en el importante trabajo de expansión del *Regnum Christi* que se llevó a cabo en esas dos décadas.

"Manual del Movimiento Regnum Christi" (3ª Edición). En el otoño de 1982 en Roma se hizo una nueva edición del "Manual del Movimiento *Regnum Christi*", cuyo contenido, siendo en el fondo el mismo, se organiza de manera más estructurada y técnica.

"Espiritualidad Seglar". Este tipo de instrucción se daba en cursillos especiales, durante las vacaciones del verano, o durante algún otro período. Este tipo de cursillo explicaba la vocación y compromiso del seglar cristiano; su identidad cristiana; su función en la Iglesia y en el mundo; la vocación a la santidad; el apostolado de los seglares. Todas

las explicaciones estaban basadas en las enseñanzas del Concilio Vaticano II, y en la doctrina del Manual del *Regnum Christi*.

"La Iglesia y su misión". Otro cursillo, de tema eclesiológico, para jóvenes del Movimiento; igualmente basado en la doctrina del Vaticano II.

"Triduo de renovación de tres día completos sobre el bautismo para adultos", con fuerte referencia a la liturgia y teología del bautismo.

"Triduo de renovación de tres días sobre el bautismo para jóvenes". El triduo aprovecha los ritos bautismales (referencias al Éxodo, unciones, exorcismos, señal de la Cruz, el símbolo apostólico, el agua, la luz, vestidura nueva…) para hacer entender de manera sensible la espiritualidad y la mística del bautismo. Ambos triduos están concebidos en clave de llamada a la santidad y de compromiso apostólico. El por qué de estos triduos es de un lado la importancia que se da en la espiritualidad del bautismo, cuyo aniversario lo celebra cada legionario en su día de manera relevante, haciendo una hora de oración y teniendo en frente la lámpara encendida símbolo de la fe bautismal. Por otro lado, la doctrina del bautismo está en el centro de toda la teología del Vaticano II sobre la identidad y la espiritualidad del cristiano.

"Manual del ECYD" (2 carpetas, amarilla una y azul la otra). Contenían los temas formativos para las diversas etapas del Ecyd. La carpeta amarilla para las dos primeras etapas: 11 a 13 años. Contenía, también en las primeras páginas, el Himno del Ecyd: "Te entrego mis manos a ti Señor" (traducción y adaptación del original inglés). La carpeta azul contenía temas más adaptados a las otras dos etapas: 14-16 años. Dos eran los méritos de estas carpetas: eran una formación bastante completa en la fe adaptada a las edades; y hacían uso de una metodología que se valía de las mejores técnicas de acción grupal, para favorecer la reflexión e involucrar activamente a todos los participantes. Se procuró que en todos los centros de apostolado de la Legión y del Tercer Grado hubiese numerosas copias de estos materiales a disposición de los diversos líderes y responsables.

Los comienzos fueron difíciles, porque el Movimiento buscaba un alto grado de formación y de compromiso apostólico en sus miembros seglares. Esta fase inicial de despegue que llevó a cabo el Movimiento en la ciudad de México, en Monterrey, Saltillo, Madrid y Barcelona, duró alrededor de diez años. Fue decisiva la insistencia a todos los niveles de dirección y responsabilidad en la práctica de los cursillos de formación, la dirección espiritual, las reuniones de equipo semanales, los retiros mensuales... Hasta que maduraron las primeras generaciones, que comprendieron la causa del Movimiento, se entusiasmaron profundamente con ell, y se dieron, cada quien según su estado de vida, a hacer fuerte y eficaz el *Regnum Christi*.

Un dato importante en estos años de lanzamiento del Movimiento fue el seguimiento personal que le dio el Fundador. El acompañó personalmente en estas primeras décadas los pasos del Movimiento con grande esmero y vigilancia a través de reuniones, pláticas, intervenciones personales, y correspondencia escrita. Según él, dado el carácter de nueva institución en la Iglesia, el Movimiento se explicaba mejor por aquello que no era: una "Asociación Pía", una "Confraternidad religiosa", un "Instituto secular" o una "Tercera Orden". En aquellos tiempos la codificación canónica no contemplaba una forma jurídica como la que se daba en un Movimiento. El Regnum Christi quería ser un Movimiento de vida y acción cristiana; abierto a todos, con un interés en asociar a los líderes, pero desempeñándose apostólicamente en una línea de acción más pastoral, que ideológica o académica.

Afortunadamente se daba en todos los legionarios y miembros del *Regnum Christi* un gran interés por captar bien la idea del Movimiento, y su programa de expansión, formación, y acción apostólica. Se trataba de realizar un Movimiento sumamente serio y profesional, siguiendo fielmente la doctrina y metodología apostólica, sin recortes, y sin acomodaciones personales.

Quien quisiera tener una visión concreta y autorizada de la naturaleza y de la obra de la Legión y del *Regnum Christi* puede leer cuanto dijo el Capítulo General del año 1992 en el comunicado que se hizo público (cfr. nn.526-536). Ello es un buen punto de reflexión para ver si actualmente el Movimiento del *Regmnum Christi* persevera en su identidad específica o si con el correr del tiempo se ha podido dar un cierto desliz hacia una concepción del Movimiento distinta del original. Hay Congregaciones Religiosas que con el fin de ponerse al día dieron entrada indiscriminadamente a un mosaico de prácticas, iniciativas y actividades sin control alguno que no tenían en cuenta, ni respetaban la idea y el carisma fundacional en aras de una pretendida adaptación a la modernidad.

...el interés por contar con subsidios catequéticos

Surgió un gran interés por contar con los subsidios catequéticos más actualizados y de las mejores escuelas en la materia. Para ello se creó un presupuesto y se encargó a un equipo, y algunos legionarios individualmente para que en cada casa de formación y centro de apostolado se fuera formando una biblioteca de pastoral de jóvenes y de adultos que sirviera para el trabajo de formación personal y ofreciera materiales de trabajo para el apostolado. En el Centro Cultural Interamericano, adquirido por la Legión en 1962 para sede de retiros, ejercicios espirituales y congresos, se decidió formar una biblioteca selecta y actualizada de pastoral de adultos y juvenil. Para su realización fueron enviados expresamente desde Roma el sacerdote recién ordenado Juan Manuel Fernández Amenábar y el religioso en prácticas Manuel Fernández. A esta biblioteca siguieron otras. Cada Centro de Apostolado debía contar con la suya. Entre las normas para la adquisición de libros estaba aquella que ordenaba que de cada obra que se adquiriese individualmente se deberían conseguir dos ejemplares más, uno para el propio centro, y otro para ser enviado a la Dirección General desde donde se ordenarían copias para todos los Centros.

Este interés por capacitarse en la catequética incluía el estudio y el ejercicio en las técnicas y dinámicas de grupo. En el cursillo del Reino de 1974, impartido a los legionarios de México y EE.UU. en el Centro Cultural Interamericano, se invitó a un experto de "La Escuela de Padres" de París, el doctor Guasch, quien durante una semana impartiría unas charlas sobre la conducción y dinámicas de grupo, complementadas con ejercicios prácticos. Había un gran interés por servirse de los mejores métodos y técnicas en el trabajo del Movimiento y del ECYD.

Capítulo 17

El triduo de incorporación y otras actividades.

1. EL TRIDUO DE INCORPORACION

En algunos Movimientos, como en el *Regnum Christi,* la incorporación se lleva a cabo dentro de un retiro de tres días completos. Las ideas del triduo de incorporación proponen una dinámica de conversión y entrega. Es la dinámica clásica de los ejercicios de S.Ignacio de Loyola. De acuerdo a esa dinámica de conversión y de compromiso de fe, el triduo está articulado por una serie de meditaciones sobre temas evangélicos y pláticas formativas.

¿Qué busca el *Regnum Christi* con el Triduo de Incorporación? La respuesta es fácil y difícil. Conquistar al hombre para Cristo: sería una síntesis breve y clara... El *Regnum Christi* ha nacido para extender el Reino de Cristo de una manera muy especial, transformando al hombre hasta engendrar en esa naturaleza un ser cristiano auténtico. El contenido espléndido de esta transformación lo encontramos en las cartas de san Pablo. Este hombre nuevo tiene un rasgo especial: es amigo de Dios, es hijo adoptivo de Dios, hermano de Jesucristo, y poseedor del Espíritu. El Movimiento pretende despertar en los hombres esta realidad. Pretende hacer vivir esta transformación operada en el bautismo. Por ello en el triduo se busca que la persona asuma conscientemente el compromiso cristiano del bautismo de forma definitiva, madura y convencida.

El orden de cada día del Triduo está estructurado de la siguiente manera, dándose una correspondencia temática entre las meditaciones y las pláticas:

LA NOCHE DE ENTRADA

Meditación Introductoria: "La transfiguración"

PRIMER DÍA

Meditación: "El Hijo Pródigo"

Plática: "La confesión"

Meditación: "Los Reyes Magos"

Meditación: "El sentido de la vida"

Plática: "Lectura evangélica y Revisión de Vida"

SEGUNDO DÍA

Meditación: "Los primeros discípulos: Andrés y Juan"

Meditación: "El Joven Rico"

Meditación: "El Ciego de nacimiento"

Plática: "El Apostolado"

Meditación: "Parábola de los dos Hijos".

TERCER DÍA

Meditación: "El Buen Samaritano"

Plática: "Naturaleza y fin del Regnum Christi"

Plática: "Los principios base del Movimiento"

Plática: "Movimiento Militante"

Plática: "La Orientación Moral"

Plática de Perseverancia

El Retiro concluye con la MISA DE INCORPORACION según el Ritual del mismo, y con la entrega de la "Hoja del Compromiso", un crucifijo y el libro de los Evangelios.

La HOJA DEL COMPROMISO contenía los siguientes actos:
- Una meditación diaria de 15 minutos de duración
- Lectura evangélica diaria durante 15 minutos.
- Las oraciones de la mañana y de la noche, según el Manual de oraciones.
- La hora Eucarística semanal, o el ofrecimiento de una hora del propio trabajo con espíritu de reparación.
- La Misa frecuente entre semana
- La confesión periódica.
- El Rosario
- El Retiro mensual.
- La orientación moral.
- La lectura de algún libro de espiritualidad o de la Palabra del Papa.
- El Encuentro con Cristo, con la Revisión de Vida.
- Peregrinación anual a un santuario mariano.

El Triduo de Incorporación aunque es específico del *Regnum Christi*, no es único. Otros movimientos apostólicos también tienen algo semejante, como es el caso del Movimiento de los Cursillos de Cristiandad y de las Comunidades de Vida Cristiana, de los jesuitas.

Los CURSILLOS DE CRISTIANDAD celebran también un triduo semejante que consta de un primer día de retiro en silencio, seguido de una serie de meditaciones y charlas.

Las meditaciones son:
- "Conócete a ti mismo"
- "Hijo Pródigo"
- "Las tres miradas de Cristo"
- "La figura de Cristo"
- "Mensaje de Cristo al Cursillista (el último día)

Las Charlas (llamados "Rollos") son:

- "El ideal"
- "Gracia Habitual"
- "Seglares en la Iglesia"
- "Gracia Actual"
- "Vida de Piedad"
- "Estudio"
- "Sacramentos"
- "Acción"
- "Obstáculos a la vida de gracia"
- "Dirigentes"
- "Vida de Gracia"
- "Cristiandad en acción"
- "Seguro total"
- "Más allá del Cursillo"
- La Hoja de servicio que contiene los compromisos.

Las COMUNIDADES DE VIDA CRISTIANA (CVC)

Este movimiento ofrece a sus miembros los Ejercicios de San Ignacio, de una semana de duración. El retiro se divide en cuatro etapas, que se llaman "semanas", y suele constar cada etapa de dos o tres días. Las actividades y los tiempos de cada día se organizan de manera discrecional, según sugiere la metodología de los ejercicios. Cada día consta de un cierto número de meditaciones y alguna exhortación o plática.

LA PRIMERA "SEMANA" consta de las meditaciones del "Principio y Fundamento", seguidas de las meditaciones relativas al Pecado, los Novísimos y la Misericordia Divina.

LA SEGUNDA "SEMANA" está dedicada al conocimiento interno de Cristo, para más amarle y mejor seguirle. Consta de las meditaciones de la Encarnación y de la Vida Oculta de Cristo, y la Propuesta del Reino. A las que siguen las meditaciones de la Vida Pública enfocadas al conocimiento del camino de Cristo y de su Plan para quien se decida a seguirle. Es en esta semana donde el ejercitante es invitado a hacer su ofrecimiento a Cristo con la oración "Tomad y Señor y recibid…"

LA TERCERA "SEMANA" está dedicada a las contemplaciones de la Pasión de Cristo con el fin de reforzar las disposiciones de la semana anterior del seguimiento e imitación de Cristo, apoyándose en la respuesta de generosidad: "Qué has hecho tú por mí, qué he hecho yo por ti, qué voy a hacer yo por ti".

LA CUARTA "SEMANA" busca disponer al ejercitante para la misión de extender el Reino de Cristo y asegurarle la presencia de Cristo Resucitado en su vida.

2. EL ENCUENTRO CON CRISTO

El Encuentro con Cristo forma parte de los compromisos de vida que abraza el miembro del *Regnum* Christi al incorporarse al Movimiento. Consta de cuatro partes. Lectura y reflexión evangélica, Revisión de Vida, Revisión de la Hoja del Compromiso, y Revisión del Compromiso apostólico. La lectura y reflexión evangélica ha sido siempre muy propia de la espiritualidad de la Legión. Al entrar al noviciado el futuro legionario recibe una copia del Nuevo Testamento. Y durante los dos años del noviciado se dedicará a estudiar y memorizar los textos más salientes. Los que se incorporan al Movimiento reciben un ejemplar de los Evangelios. Esta lectura y reflexión evangélica abre el alma de los participantes a un verdadero encuentro con Cristo en comunión eclesial.

Sigue la Revisión de Vida, segundo momento del Encuentro, de acuerdo al esquema clásico de ver-juzgar-actuar, concluyendo esta parte con una breve oración hecha por uno de los participantes. Se termina con la revisión de la Hoja del Compromiso personal, y la del Compromiso apostólico del equipo.

3. EL CÍRCULO DE ESTUDIOS

Es otro elemento esencial de la metodología del Movimiento. Se le podría llamar piedra angular de la formación cristiana. Porque, así como la piedra angular de un edificio alinea toda la estructura del mismo, así el Círculo de Estudio quiere servir como punto de alineación de todos los aspectos de la vida según los principios fundamentales de la doctrina católica. Esta formación en la fe es un presupuesto necesario para toda obra de evangelización. El Movimiento entiende que para afrontar la Iglesia los problemas y los retos que le presenta el mundo moderno, desde la política hasta la ciencia, pasando por la filosofía y la psicología, la moral, se necesita que el cristiano adquiera una sólida y amplia formación en la fe y en la moral. Poco a poco se ha ido abriendo paso en la conciencia de la Iglesia la convicción de que ya no vale la respuesta del antiguo catecismo de Astete que aconsejaba responder a objeciones difíciles con aquello de "no me preguntéis a mí que soy ignorante; doctores tiene la Iglesia que os sabrán responder".

La necesidad de formar a los seglares para que estén en condiciones de "dar razón de su fe" ha multiplicado las opciones y los modos de responder a esa necesidad. Cada día son más numerosos los cursos de teología y catequética para seglares. Se multiplican las "Escuelas de la fe". Para muchos movimientos eclesiales de orientación evangelizadora y diálogo con la cultura la formación en la fe es un requisito esencial. Tal es el caso del Movimiento fundado por Mons.Giusani, "Comunión y Liberación". Por todas partes está surgiendo un laicado cristiano entendido en materia de fe y de moral. Y no podía ser de otra manera para el hombre de esta época que siente la necesidad de estar informado, de juzgar, de opinar, de tomar parte en el discurso ya sea social o eclesial. Por otra parte vivimos en el mundo de la información y de la comunicación, de la globalización de la cultura. Sin duda que en la mayoría de los casos esta información es superficial, anecdótica. Una de las mayores necesidades de la Iglesia hoy es el contar con un laicado informado, capaz de dar razón de su fe en los muchos areópagos del mundo. Muchas gentes de hoy son deudoras del ateísmo y nihilismo del siglo pasado, del agnosticismo y del relativismo cultural. En el centro de la cultura moderna laica se sitúa el hombre y la humanidad. La filosofía nihilista de Nietzsche y Sartre, ha terminado por imponerse en muchas gentes: "Si Dios existe, el hombre no tiene sentido. Pero si el hombre existe, la libertad humana lo es todo". O como decía un personaje de Dostoievski: "Si Dios no existe todo está permitido".

Es precisamente de cara a esta ignorancia y combates de la fe de donde nace la necesidad de formar líderes cristianos capaces de dar razón de su fe. ¿Qué es lo que el mundo de la negación de Dios más teme? No a una Iglesia encerrada en "capillismos" o cenáculos piadosos. Esto al mundo enemigo de Dios no le preocupa; las considera situaciones de ocaso; residuos de tiempos pasados, que se encuentran en situación de salida del escenario. Lo que interesa a los ideólogos de un mundo sin religión es poseer la plaza pública, los areópagos del mundo, las ondas hertzianas, los centros de difusión de mensajes, y sobre todo, influir en los centros de la educación y de la cultura.

Los Movimientos quieren ser y contribuir según su propio carisma apostólico a dar respuesta a este reto del ateísmo e indiferentismo religioso moderno. Ya se trate de Movimientos o grupos eclesiales orientados a la formación y maduración de la vida y devoción cristiana, o de grupos que buscan una integración de fe y vida, comprometidos en la evangelización y animación cristiana del mundo. En esta categoría se encontraría el *Regnum Christi*. Una tercera categoría la formarían los grupos se distinguen por un compromiso social y cultural.

El Movimiento *Regnum Christi* ha seguido desde el principio de su existencia una línea de compromiso con la fe católica como valor supremo a vivir, a apreciar, a difundir, a explicar y a defender. El lugar teológico del Movimiento dentro del marco eclesial no es un banco o el coro de una Iglesia, sino los nuevos "atrios de los gentiles" que representan una gran mayoría del mundo más desarrollado socialmente, y que se definen a sí mismos como gente agnóstica, no religiosa, o creyente pero no practicante.

El *Regnum Christi* se desdeciría de sí mismo, de su auténtica identidad, si fuera declinando hacia una pastoral de atención exclusiva o preferencial del católico medio, tradicional y practicante. A estos hay que atenderlos pero a aquellos que viven en las periferias de la fe hay que irlos a buscar. Según datos estadísticos las escuelas católicas y las universidades son actualmente desde el punto de vista de la profesión y práctica religiosa otros tantos "atrios de los gentiles" donde hay que buscar entablar ese diálogo de la fe. Arrastramos como secuela de los años de la revuelta contra Roma en las décadas de los 70 y 80, el abandono de una catequesis orgánica y sistemática de la doctrina católica. Este abandono de la catequesis y la consiguiente ignorancia de la verdad católica han contribuido a una situación de mucha desventaja y debilidad de la Iglesia ante el envite del enemigo. Por otro lado es numeroso el coro de voces que se levanta cuestionando la verdad del cristianismo. Esto hace que la voz de la Iglesia quede sumergida y le cueste mucho trabajo hacerse escuchar.

4. LOS CURSILLOS DEL MOVIMIENTO

Los cursillos han sido una herramienta muy importante no sólo para conocer mejor la naturaleza, los fines y la metodología apostólica del Movimiento, sino para hacer prender en los miembros una poderosa mística apostólica y un entusiasmo compartido y contagioso. Los cursillos ofrecían, también, una experiencia múltiple que iba desde casos de conversión personal hasta casos de entrega total. Eran momentos fuertes de motivación apostólica, de consolidación del compromiso de vida con el Movimiento, y de experimentar la comunión dentro del mismo. De estos cursillos salieron muchas iniciativas apostólicas de envergadura que llegarían a tener un gran impacto apostólico y social. Saldrían también buenas vocaciones a la vida consagrada y legionaria.

Sin la obra de los cursillos es imposible explicar la iniciativa, la imaginación y la audacia que representan obras apostólicas del Movimiento como "Pro-Superación Personal", "México Unido", "Cideco", "Semper Altius", "Juventud y Familia Misionera", Teletón, Crit, "Aguilas Guadalupanas" "Un Kilo"… y muchas más. Los cursillos eran el resultado de una gran motivación. Pues no era fácil a un joven irse lejos de sus amigos, de su familia, y hasta de su país para encerrarse con otros jóvenes por un mes o tres semanas y dedicarse a actividades de oración, de reflexión y estudio sobre temas de fe, de moral y de vida cristiana... que resultaban como la introducción de "cuerpos extraños" en su sistema de vida.

La temática ordinaria, aunque no exclusiva giraba en torno a temas del Manual del Movimiento, que era el libro "vademecum" de los miembros. Las explicaciones tenían siempre una parte de teoría y otra de ejercitación práctica en la metodología del Movimiento.

Los cursillos internacionales del Movimiento en los primeros diez años fueron los siguientes:

- *Cursillo de Cotija, México*, diciembre de 1968 a 6 de enero 1969.
- *Cursillo de Monticchio, Nápoles*, Julio-agosto de 1971
- *Cursillo de Cubas de la Sagra (Toledo, España)* a 3GF, 8 de diciembre 1971 a 25 de enero 1972.
- *Cursillo de México*, Centro Cultural Interamericano, Diciembre 1972.
- *Cursillo en el Noviciado de Orange, USA,* Navidad de 1972
- *Cursillo de México*, Centro Cultural Interamericano, Verano 1974
- *Cursillo de Monterrey* para Señoras del R.C., noviembre de 1974
- *Cursillo Saltillo* para Señoras del R.C. diciembre de 1974.
- *Cursillo en Annunziata, Nápoles*, verano de 1976
- *Cursillo en Argomilla, Cantabria, 1976*
- *Cursillo en Reajo del Roble, Madrid*, 1976, para señoritas del Movimiento.
- *Cursillo en Reajo del Roble, Madrid, 1977,* para señoritas del 3GF.
- *Cursillo en Cotija, Mich. 1980,* para señoritas del 3GF con ocasión de la inauguración del primer Centro Cultural, verano de 1980.

Se tenían, también, cursillos nacionales a lo largo del año en los diversos países.

Capítulo 18

La Revisión de Vida, troquel de apóstoles.

La práctica de la Revisión de Vida tiene ya una larga tradición en la historia de la Legión y del *Regnum Christi*. Forma parte desde un principio de la hoja de compromiso de los miembros del Movimiento. Está prescrita por los Estatutos y explicada detalladamente en el Manual del *Regnum Christi* en el capítulo XX y en el Manual del Miembro del Movimiento en el capítulo VIII, y en el libro de Principios y Normas de la Legión y en el equivalente de la Vida Consagrada del Movimiento.

La Revisión de Vida (RdV) es más que una herramienta de apostolado. Es un troquel donde se va fraguando poco a poco, a golpe de evangelio y de vida real, la fisonomía del apóstol del Movimiento. La Revisión de Vida ayuda a superar métodos de formación meramente teóricos y pasivos, y sirve para crear una mentalidad de compromiso cristiano de cara a un mundo por evangelizar. Representa en la vida del apóstol un momento fuerte de verificación y compromiso de la hoja de servicio.

Originariamente este instrumento de apostolado no es de matriz legionaria. Su origen se debe al Movimiento de la Juventud Obrera Católica (JOC), fundado en Bélgica (1924) por el entonces Monseñor y más tarde Cardenal Joseph Cardijn (1882-1967). El método de la Revisión de Vida será después asumido por la Iglesia Latinoamericana en los encuentros de Medellín (1968), Puebla (1979) y Santo Domingo 1992).

Resulta extraordinario y excepcional el hecho de que la Iglesia se haya pronunciado oficialmente a favor de este método de formación y acción apostólica que es la Revisión de Vida. La primera referencia oficial pontificia es del Papa Juan XXIII en la encíclica "Mater et Magistra". "Es muy oportuno, escribía el Papa, que se invite a los jóvenes frecuentemente a reflexionar sobre estas tres fases (ver, juzgar, actuar) y a llevarlas a la práctica en cuanto sea posible. Así los conocimientos aprendidos y asimilados no quedan en ellos como ideas abstractas, sino que los capacitan prácticamente para llevar a la realidad concreta los principios y directivas sociales" (n.218). La misma recomendación se repite en el decreto sobre el apostolado de los laicos, "Apostolicam Actuositatem": "La formación para el apostolado, se dice allí, no puede consistir en la mera instrucción teórica. Por eso los laicos deben "aprender poco a poco y con prudencia desde el principio de su formación, a *ver, juzgar y a actuar* todo a la luz de la fe" (n. 29). La Constitución pastoral sobre la Iglesia en el mundo de hoy (Gaudium et spes) también recomienda este método del ver los problemas que presenta el mundo actual y juzgarlos a la luz de la Revelación, para encontrar los criterios y los modos de actuar del cristiano en el mundo. En el mensaje final del Concilio dirigido a la Humanidad (7 de diciembre de 1965), se afirma que el Vaticano II fue una "extraordinaria revisión de vida para rejuvenecer el rostro de la Iglesia, para responder mejor a los designios de su Fundador, el Gran Viviente, Cristo, eternamente joven".

El teólogo francés Ives Congar llegó a decir que la revisión de vida aparecía como la forma de espiritualidad típica del postconcilio. "Una de las causas principales de su gran éxito, escribía Raúl Biord Castillo, fue el que representaba un método inductivo, porque partía de la situación, alejándose de los métodos tradicionales deductivos, que de ideas generales y universales deducían lo que se debía hacer".

Juan Pablo II en la exhortación apostólica "Pastores dabo vobis" presenta este "discernimiento evangélico" como una realidad nueva y original para la interpretación de las situaciones históricas concretas y reales. Este discernimiento tiene por objeto la toma de conciencia de una situación histórica concreta, de sus vicisitudes y circunstancias, vista, según afirma la Exhortación "no como un simple «dato», que hay que registrar con precisión y frente al cual se puede permanecer indiferentes o pasivos, sino como un «deber», un reto a la libertad responsable, tanto de la persona individual como de la comunidad. Es un «reto» vinculado a una «llamada» que Dios hace oír en una situación histórica determinada; en ella y por medio de ella Dios llama al creyente". En el contexto de la formación de los sacerdotes el Papa cita las palabras del Concilio Vaticano II «Es deber permanente de la Iglesia escrutar a fondo los signos de los tiempos e interpretarlos a la luz del Evangelio, de forma que, acomodándose a cada generación, pueda ella responder a los perennes interrogantes de la humanidad sobre el sentido de la vida presente y de la vida futura y sobre la mutua relación de ambas. Y citando la Constitución Pastoral sobre la Iglesia en el mundo actual *(Gaudium et spes,4)* concluye: "Es necesario por ello conocer y comprender el mundo en que vivimos, sus esperanzas, sus aspiraciones y el sesgo dramático que con frecuencia le caracteriza". También el Comunicado Capitular del año 1991 hace suyas estas palabras de la Exhortación Apostólica.

Este fue el contexto que rodeó y motivó a la Legión a adoptar como propio el método de la Revisión de vida. Otros movimientos de apostolado también lo hicieron suyo.

Raúl Biord Castillo, desarrolla los rasgos principales del método en una conferencia que dio con ocasión de las XXII Jornadas de teología y reflexión, el 23 de marzo de 2004, bajo el título: *"Ponderación Teológica del Método ver-juzgar-actuar"*. Resumiendo los puntos principales de esta conferencia, tenemos, en un primer momento el "ver" que se propone analizar un hecho de vida con el fin de descubrir actitudes y modos de pensar y valoraciones y comportamientos. Se buscan las causas y se analizan las consecuencias que pueden tener en las personas, en las comunidades y en las organizaciones sociales. El acento se pone en la persona, no en las ideas ni en las cosas.

Sigue a este primer momento el "juzgar" que es el momento central de la revisión de vida. Se propone tomar posición frente al hecho analizado, explicitar el sentido que descubre la fe, la experiencia de Dios que conlleva y las llamadas de conversión que surgen de él. Para ello se valora positiva o negativamente el hecho, se buscan hechos similares en la vida de Jesús, en el evangelio o en la Biblia, se analizan las consecuencias del encuentro con Dios y la llamada a la conversión. Se trata de un discernimiento.

El tercer momento se refiere al "actuar" en el que se señalan aquellas actitudes que las personas deben cambiar en sus vidas, los criterios de juicio que deben ser transformados, los hábitos que son cuestionados por la Palabra de Dios y las acciones que se van a desarrollar.

Sobre la finalidad del método decía este mismo autor: "Este método implica contemplar a Dios con los ojos de la fe a través de su Palabra revelada y el contacto vivificante de los Sacramentos, a fin de que en la vida cotidiana veamos la realidad que nos circunda a la luz de su providencia, la juzguemos según Jesucristo, Camino, Verdad y Vida, y actuemos desde la Iglesia, Cuerpo Místico de Cristo y Sacramento universal de salvación, en la propagación del reino de Dios, que se siembra en esta tierra y que fructifica plenamente en el Cielo".

Y concluía: "La comunidad eclesial aprende así a VER con los ojos del Padre, JUZGAR coherentemente con las enseñanzas y testimonios de Jesús y su comunidad y ACTUAR bajo la influencia del Espíritu Santo. El ver-juzgar-actuar es un método teológico-pastoral porque no sólo se propone comprender la realidad y juzgarla, sino que apuesta y se compromete por su transformación en la línea del Evangelio".

La Revisión de vida busca conectar fe y vida, creencia y profesión. No se entiende como un acto desconectado de las realidades que integran y conforman la vida. La Revisión de Vida no puede estar desconectada de la realidad que nos compromete allá afuera. Quiere precisamente ser lo contrario de un tipo de encuentros que más parecen un viaje en submarino que un sumergirse en la espesura de la vida humana. ¿Cómo entender esa realidad de afuera? ¿Cómo entrar en contacto con ella? ¿Cómo hacer que me interpele? ¿Cómo pasarla por el filtro del evangelio e interiorizarla? De esto se ocupa precisamente la Revisión de Vida. El apóstol es como un médico que siente la necesidad de conocer al paciente para poder actuar sobre él. De esta manera la Revisión de Vida viene en ayuda del apóstol para hacerle entender y tratar a la luz de la Palabra de Dios la realidad compleja y problemática en que vive comprometido. Busca como objetivo propio la formación de una fe operante a través de la reflexión y puesta en común del mensaje evangélico. Se entiende y se lee el evangelio como levadura que fermenta y transforma las mentalidades, las realidades y las estructuras de vida. Nada es extraño al evangelio y este nunca es "neutro".

La Revisión de Vida es un método cuya práctica se aprende con el ejercicio y el interés por aprender. Pero no basta con saber la técnica; hay que poner en ello alma y corazón de apóstoles. Puede ser un momento fuerte de vivencia, animación y motivación apostólica si hay en los miembros la debida resonancia espiritual y apostólica. Puede ser una carga y un aburrimiento si no se da esa resonancia. No es una actividad que salga por sí sola. Requiere disposición interior, y un querer hacerlo. La Revisión de Vida llama a la inteligencia para pensar, reflexionar, analizar. Llama también a la escucha atenta y bien dispuesta de lo que dicen los demás. Es un ejercicio de puesta en común, y de aunar voluntades en torno a un consenso y un propósito que se forma como fruto de ver la vida a la luz de la Palabra de Dios.

Hay obstáculos que dificultan el poner en práctica este método. Uno muy común es el de la alergia a reflexionar, a analizar, a escuchar e interesarse por lo que dicen los demás. Está, también, la impaciencia que nos urge a la acción y a no detenernos a pensar y compartir, como si esto fuera una pérdida de tiempo. Vivimos en la cultura del momento. No sabemos dar tiempo al tiempo. Buscamos el servicio rápido. Nos gusta el estilo del "fast food"; el ritmo de vida acelerada. A veces se puede ser víctima de un prejuicio por el que se cree que pensar y reflexionar es pérdida de tiempo y complicarse inútilmente la vida. Es cierto que se puede caer en el peligro de convertir la Revisión de Vida en una mesa de discusión. Como si la discusión del problema equivaliese a su solución, y eso es un engaño.

El método de la Revisión de vida alimenta una actitud interior de tensión y vibración apostólica para captar y comprender cómo se sitúa el Evangelio en calidad de interlocutor en medio del devenir del mundo en que vivimos inmersos. Es un medio eficaz para librar al apóstol de la superficialidad de la fe en el modo de mirar el mundo. Hace que el espíritu atento escuche la "llamada" de Dios latente en la situación histórica concreta, y quiera responder a ella de manera acertada y convincente. Al igual que la Iglesia "experta en humanidad y servidora del hombre", el apóstol cuanto más experto en humanidad tanto mejor sabrá ayudar a solucionar los males del hombre. De nada sirve, es más bien contraproducente y estéril reducirse a anatematizar al mundo, la cultura moderna, la mentalidad imperante, el secularismo, el relativismo, o el indiferentismo religioso, e irnos después tranquilos a casa. El Concilio Vaticano II de cara a un mundo por evangelizar escogió, más que anatematizar, el ser pastoral.

"Ver, juzgar, actuar", es una metodología importante en la vida y en el apostolado del legionario. Es un arte que requiere una cierta formación de la mente y un conocimiento de los elementos que van definiendo la cultura y la historia del mundo y de la sociedad. Esto requiere una actitud interior de cierta tensión o vibración apostólica por cómo se sitúa el Evangelio dentro de ese devenir del mundo en que se vive inmerso. La revisión de vida, ya sea a nivel de equipo, o a nivel de lectura y análisis personal, es un remedio necesario para librar al apóstol de la superficialidad y formar una fe madura en el modo de mirar y responder a la problemática que el mundo presenta a la evangelización.

La Revisión de Vida actúa como un antídoto contra el peligro de que los equipos y comunidades se constituyan como cenáculos cerrados sobre sí mismos, con muros levantados que no permiten ver más allá de la realidad de los que están presentes. La Revisión de Vida llama a sus miembros a tener alzadas las persianas y orientadas las antenas del espíritu en dirección de las señales que llegan del mundo. De esta manera se crea y se alimenta la interacción entre el mundo y el apóstol, entre la Iglesia y el Movimiento. De esta manera se crea una conciencia en los miembros de estar embarcados en una misión común y concreta en medio del mundo. Se estrechan de manera más fuerte los lazos de la unión con miras a aunar esfuerzos a favor de la gran tarea del Reino. En la Revisión de Vida lo más importante no es el reflexionar, el hablar, el juzgar, sino el actuar. En tanto es un método útil en cuanto los miembros están dispuestos a pasar de las palabras a la acción. Como decía el Documento de Medellín del CELAM, 1968:

"No ha dejado de ser esta la hora de la palabra, pero *se ha tornado, con dramática urgencia, la hora de la acción*".

Nuestras comunidades religiosas tienen en la revisión de vida un gran medio para alimentar la vida fraterna en común. ¡Qué mejor tonificante para una comunidad que el compartir el interés por cómo le vaya al evangelio en el mundo! ¡Qué mejor medio de encuentro personal que la atención de todos puesta en el avance del mensaje de Cristo! ¡Qué mejor manera de acabar con el aislacionismo y el individualismo que acecha a los que viven en comunidad que el mirar por encima de ellos mimos a las necesidades de las almas! La vida fraterna en comunidad no se puede parecer a la de aquellos personajes burgueses de la película surrealista de Luis Buñuel "El ángel exterminador", en la que los invitados a una cena, quedan atrapados en la gran mansión y no aciertan a encontrar la salida, y con el pasar de las horas y los días la situación se hace terriblemente ridícula e incoherente.

La historia del Movimiento es testigo y guarda recuerdo de cuán eficaces y ricas de resultados apostólicos han sido las Revisiones de Vida llevadas a cabo por sus miembros. Es exacto decir que muchas de las obras de apostolado de mayor envergadura que realiza hoy el Movimiento nacieron al calor de ese ver, juzgar y actuar de la Revisión de Vida. Este método tiene en el Movimiento la misión de ser una escuela de apóstoles líderes; una rampa de lanzamiento de empresas apostólicas audaces, no por razón de aparecer audaces, sino porque la urgencia y la pasión por evangelizar justifica el ser audaces. Y como en el caso de San Pablo, y de los grandes misioneros, el miedo al fracaso no tiene lugar. La Revisión de Vida desarrolla en nosotros una óptica evangélica a través de la cual vemos, juzgamos y tratamos de actuar. La vida se evangeliza. Y el evangelio viene a ser el gran protagonista de la vida.

Andando los años 70, tras la experiencia habida en el Movimiento, la Legión introdujo la Revisión de Vida entre los elementos formativos específicos de la espiritualidad legionaria, junto con los retiros, los triduos, las pláticas dominicales, y los ejercicios espirituales. Su práctica debía ser quincenal y por equipos.

En el Comunicado Capitular del año 1991, n.461, se lee que "es pues necesario que todos aprendamos el arte del discernimiento evangélico, que sepamos trascender el aspecto circunscrito de los hechos….Que sepamos con corazón de apóstoles, responder rápida y eficazmente a las amenazas que se levanten contra la Iglesia y contra el mismo hombre".

En el n. 10, del mismo Comunicado Capitular se lee también que: "El discernimiento evangélico toma de la situación histórica y de sus vicisitudes y circunstancias no un simple dato, que hay que registrar con precisión y frente al cual se puede permanecer indiferentes o pasivos, sino un "deber", un "reto" a la libertad responsable, tanto de la persona individual como de la comunidad. Es un "reto" vinculado a una "llamada" que Dios hace oír en una situación histórica determinada; en ella y por medio de ella Dios llama al creyente".

Un buen resumen del método y sus características se encuentra en el "Libro de Principios y Normas".

Capítulo 19

La Legión y *Regnum Christi,* una mutua pertenencia.

Es un hecho real que el origen histórico del Movimiento *Regnum Christi* y su crecimiento y expansión han estado ligados a la Legión de Cristo, con quien comparte, además de la persona histórica del Fundador, la espiritualidad, la finalidad apostólica, la metodología y la organización. La Legión de Cristo nace al comienzo de los años cuarenta con una gran apertura y exposición a la situación de la Iglesia en el mundo moderno. El lanzamiento definitivo del Movimiento del *Regnum Christi* tendrá lugar el año de 1968. Pero ya desde los comienzos, la Legión piensa en una acción apostólica que organice y movilice a las elites de seglares católicos. En el proyecto fundacional de la Legión se contempla ya esa acción. En la carta de la TWA, del año 1948, el Fundador habla de "un Instituto enteramente consagrado a buscar por todos los medios buenos y lícitos en todos los tiempos el establecimiento del Reino de Cristo en el mundo". Podemos decir que en estos años previos se va gestando la idea de Movimiento en la mente del Fundador, sin que se le de todavía un nombre, ni se mencione su constitución o forma de ser.

Se acomete primero la tarea de fundar y formar la Legión para poder contar con una rama sacerdotal que sirva de base sobre la que se apoye la construcción del Movimiento seglar. Muchos Movimientos eclesiales modernos han seguido un camino a la inversa. Primero han existido como asociaciones de seglares, por seglares y para seglares. Con el paso del tiempo, estos Movimientos de seglares, por seglares y para seglares se han visto en la necesidad de contar con sacerdotes propios para atender al servicio pastoral de sus miembros. Ese ha sido el caso de "Comunión y Liberación" que en un momento avanzado de su historia, en el año 1989, funda la rama sacerdotal de S. Carlos Borromeo. Y el del Movimiento "Familia Internacional de Schonstatt", que inicialmente funda las ramas seglares del

Movimiento, y finalmente años más tarde "Los Padres de Schonstatt" para el servicio pastoral y sacramental de toda la Familia.

La Legión de Cristo, y el servicio que prestan sus sacerdotes no se puede entender dentro del cuadro del Movimiento solamente como un servicio de ayuda o intendencia espiritual a los miembros seglares. La historia del Movimiento ha confirmado cuán providencial y acertado ha sido establecer primero la rama sacerdotal como guía y fuerza de lanzamiento de la rama seglar, y posteriormente como pulmón impulsor de la expansión y consolidación de los apostolados. Desde esta perspectiva histórica es fácil comprender como la unión entre la rama sacerdotal y la rama seglar del Movimiento es algo esencial. Ni el *Regnum Christi* sin la Legión, ni la Legión sin el *Regnum Christi*. Está, por así decir, en el DNA de ambos esa mutua pertenencia. El Regnum Christi es el camino apostólico de la Legión de Cristo.

En esos años previos al lanzamiento del Movimiento, sin todavía un nombre propio con el que llamarle, se solía hablar de él en términos de "Primera Legión" y de "Segunda Legión", como correspondiendo vagamente a lo que hoy se conoce como rama seglar (Primera Legión) y rama sacerdotal (Segunda Legión). Cuando la Legión alcanzó en los años sesenta un grado relativamente suficiente de crecimiento interno y de obras educativas en México (Instituto Cumbres, Instituto Irlandés, y Universidad Anahuac) fue entonces el momento de poder lanzar el Movimiento seglar del *Regnum Christi*. En México, principalmente, gracias a las obras educativas de la Legión se contaba con un amplio grupo estudiantil y familiar como campo de trabajo apostólico.

En el Decreto de aprobación de los Estatutos del *Regnum Christi* emanado por la Congregación para los Institutos de Vida Consagrada y las Sociedades de Vida Apostólica, se afirma que el Movimiento y la Legión de Cristo están unidos de manera indivisible. Aunque cada parte integrante del Movimiento tiene una identidad propia en virtud de su particular naturaleza y composición, el tejido profundo de ideales, principios y espíritu y los vasos comunicantes de la vida son los mismos. Cada rama vive el carisma con un timbre de voz propio. El *Regnum Christi* es por ello sinfónico; las voces se integran en un todo coral, que es expresivo de unidad en la diversidad.

La Legión es una congregación de vida consagrada. Jurídicamente tiene una existencia en sí misma que le da la Iglesia. Pero cada congregación religiosa sirve a la misión de la Iglesia de santificar y de llevar la humanidad a Cristo. Es por ello que la Legión abraza al *Regnum Christi* como el camino de su servicio a la Iglesia. La Legión es por el Regnum Christi; y este representa el camino de la vocación apostólica de la Legión. El legionario puede decir que él es en, por y para el *Regnum Christi,* según el pensamiento de Dios y la dispensación de la Iglesia. La Legión fue pensada en atención al Movimiento, y este no puede realizarse sin la Legión.

En la historia de la fundación y expansión del Regnum Christi la Legión ha sido como la cabeza de puente que ha abierto el camino a muchas realizaciones apostólicas del Movimiento. Podríamos también decir que la Legión ha sido como la inspiradora, y la locomotora que jalona la marcha. El sacerdote está puesto en medio de la Iglesia para guiar, iluminar, mover, enseñar el camino del evangelio; y esto lo hace con el ejemplo, la palabra y la acción pastoral. Como pastor se le pide que reúna a las ovejas, las llame por su nombre, y marche delante de ellas. Aunque la dirección es una, la gestión es ciertamente de muchos.

Capítulo 20

La vida consagrada en el Movimiento *Regnum Christi*.

La vida consagrada que se da en el *Regnum Christi* teológicamente considerada es una rama del gran árbol milenario de la vida consagrada en la Iglesia. Es interesante anotar que a partir del magisterio de Juan Pablo II, ha habido un cambio de terminología significativo en este campo. Anteriormente se hablaba de vida religiosa (cfr. documentos del Vaticano II sobre la vida religiosa). A partir de Juan Pablo II el término oficial es el de "vida consagrada". La Exhortación Apostólica *"Vita Consecrata"* hace un recorrido histórico de estas diversas formas de vida consagrada que se han dado desde los primeros siglos de la Iglesia, y de la evolución de su nomenclatura.

Una ubicación canónica de las nuevas formas de vida consagrada, como las que se dan en los diversos "movimientos eclesiales", es algo que se está abriendo camino lentamente. Hay que entender que esto no equivale a estar en una situación de interinidad o ilegitimidad en la Iglesia, como alguien pudo pensar y decir en el pasado, ya que muchas de estas instituciones, entre ellas la que se da en el Movimiento, tienen aprobación eclesial. Desgraciadamente muchos confundieron legitimidad e identidad con canonicidad. Y esto fue un error lamentable. La única manera de que estos Movimientos puedan usar el nombre de "eclesiales" es que hayan sido reconocidos por la autoridad de la Iglesia. La Comisión de Cardenales y de expertos que redactó el nuevo Código de Derecho Canónico al llegar al tema de los nuevos Movimientos eclesiales y formas de vida consagrada que se dan en muchos de ellos, optó por dejar ese capítulo abierto. Juzgó prudente tomar nota de su existencia, reconociendo en ello la presencia del Espíritu Santo que anima y renueva la vida de la Iglesia; y aconsejó a los Obispos "procurar discernir los nuevos dones de vida consagrada otorgados a la Iglesia por el Espíritu Santo" (CDC n. 605).

Es un hecho que la cuestión de la configuración canónico-jurídica de las nuevas asociaciones y formas de vida consagrada se encuentra en "altamar". Sería engañarse, o forzar la cuestión, pretender que existen hoy los moldes canónicos, y que es sólo cuestión de ver en cuál de ellos encaja mejor la vida consagrada laical.

Se ha escrito mucho acerca de este tema en los últimos años y no hay consenso sobre el modo cómo se ubican estas nuevas formas de vida consagrada en el actual derecho eclesial. Es una cuestión abierta, y en la que se dan opiniones muy divergentes. Se pueden consultar los escritos de expertos como el Card. Velasio De Paolis, Laurent Boisvert, Michel Dortel-Caludot, S.J. para darse cuenta de esto. Llegará el día en que estas cuestiones queden dilucidadas. Por el momento existe una división de opiniones entre los que quieren que las nuevas realidades eclesiales se ajusten de alguna manera a los modelos canónicos establecidos, y aquellos otros que no quieren que sus Movimientos se vean despojados de una existencia más fluida, flexible y libre que les permita actuar, fieles a la doctrina y fe de la Iglesia, pero dentro de una organización y estatuto de vida particulares.

Si la Comisión Pontificia encargada de redactar el Nuevo Derecho Canónico decidió dejar la puerta abierta sobre la ubicación canónica de los nuevos Movimientos, cabe decir de cara a quienes quisieran encapsular de alguna manera a los Movimientos que no hay que ser más canonistas que el Derecho mismo. Tampoco los Movimientos tienen que apresurarse a entrar en una casilla canónica en la que después pudieran no reconocerse. Se han dado casos de estos en la historia de las instituciones de vida consagrada en la Iglesia, algunos de ellos bastantes recientes. La Iglesia sabiamente está dando tiempo al tiempo en todo este tema y confía que el tiempo permitirá discernir el soplo del Espíritu. Hay algunos Movimientos que influidos, presionados, o con cierto complejo de falta de identidad institucional se han apresurado, con la ayuda de algún experto condescendiente, a buscarse una ubicación en el código. Pero la prisa jalonada por el apuro de no saber si somos o no somos lo que pensamos ser nunca ha sido buena consejera. La teología de la Iglesia desde los orígenes hasta el Vaticano II reconoce la legitimidad de una vida de consagración al seguimiento cercano de Cristo como un derecho inherente a todo bautizado. Desde cuando Pio XII reconoció a los Institutos Seculares como nueva forma de vida consagrada en la Iglesia mediante la Constitución Apostólica *"Provida Mater Ecclesia"* (2 de febrero, de 1947), se venían ya dibujando en el mapa de la vida consagrada nuevos modos de vivir los compromisos evangélicos de pobreza, castidad y obediencia. El Concilio Vaticano II dejó muy claro en la Constitución *"Lumen Gentium"* el tema de la llamada de todos a la santidad. Viene a decir el Concilio que la santidad no es monopolio de la vida religiosa: "Todos los discípulos de Cristo, cualquiera que sea su estado o rango de vida están llamados a la plenitud de la vida cristiana y a la perfección del amor", dice la *"Lumen Gentium"* en el n. 40. La vocación cristiana a una vida de consagración se puede realizar de diversas maneras: de forma personal y privada, a través de simple promesa como en los institutos seculares, o por votos públicos. La *"Lumen Gentium"* así lo afirma: "Esta práctica de los consejos evangélicos, abrazada bajo el impulso del Espíritu Santo por un gran número de cristianos, sea a título privado, sea en una condición o estado de vida sancionado por la Iglesia" (L.G. n.39).

La vida de consagración evangélica que se vive en el *Regnum Christi* responde a la naturaleza y finalidad de la vida consagrada en el Iglesia. El hecho de que encarne una modalidad nueva de la misma no significa que es una versión menos auténtica o genuina. Los Estatutos del Movimiento claramente establecen la vida en el Tercer Grado como una vida de seguimiento radical de Cristo mediante la profesión de los consejos evangélicos de la pobreza, castidad y obediencia, dentro de la mejor y más genuina tradición de la vida consagrada en la Iglesia. Ya el Concilio Vaticano II al hablar de la vida consagrada, especialmente en el capítulo VI de la *"Lumen Gentium"* y en el documento *"Perfectae Caritatis"* sobre la vida consagrada, se sirvió de diversos términos para describir el modo cómo se liga una persona al seguimiento radical de Cristo ya sea "por medio de votos, promesas u otros ligámenes" equivalentes.

El P. M.Philipon, O.P., experto del Concilio Vaticano II, en su libro: *"La vie religieuse, selon le Vatican II"*, escribía: "El Vaticano II, no obstante las resistencias de algunos, tuvo a bien afirmar que la vida consagrada es de institución divina al igual que el episcopado. La jerarquía y el estado de vida consagrada tienen el uno y el otro un origen evangélico y divino… Si el estado de vida consagrada no forma parte de la constitución jerárquica de la Iglesia, es sin embargo una estructura de la Iglesia de orden carismático y pneumático, una función de santidad al servicio de la misión salvífica de la Iglesia de Cristo"(pg. 19-20).

El Tercer Grado se encuentra en estos momentos haciendo un camino de renovación profunda a distancia de 40 años de su fundación. Se trata de confirmar todo lo que ha habido de bueno y positivo en el pasado, de mejorar lo que es susceptible de perfeccionamiento, y también de ir quitando aquello que, aunque tal vez de buena fe, estábamos haciendo mal y no nos ayudaba. Pero como escribía el P. Philipon en el libro antes citado, "para ayudar a esta renovación, es de la mayor importancia tomar conciencia de la verdadera naturaleza de la perfección religiosa (consagrada). Hay muchos miembros de Congregaciones e Institutos a quienes les falta una teología profunda de la vida consagrada" (ib. pg. 54). En los últimos tiempos han sido numerosos los documentos que ha emanado el Magisterio para guiar y sostener la vida de los consagrados. Es en la lectura atenta, tal vez convenientemente explicada, y en la meditación de esos documentos que vamos todos a encontrar el conocimiento profundo que necesitamos para realizar la renovación que nos pide la Iglesia, dentro de la fidelidad a la vida consagrada y al carisma con el que Dios ha enriquecido al Tercer Grado.

Capítulo 21

Fundación y primer desarrollo del Tercer Grado Masculino. *(Con este nombre se les ha conocido en el pasado, y lo usamos aquí por consideración a la historia)*

Los primeros miembros consagrados

Al final del Cursillo de Cotija, navidad de 1968, se llevó a cabo la consagración al Tercer Grado de 5 muchachos que habían participado en el cursillo. Esta fue la primera consagración al Tercer Grado. Los cinco componentes del equipo se establecieron en el Centro Cultural Interamericano de Tlalpan, en México D.F. Tenían como superior al P. Herminio Morelos, L.C., y como director espiritual al P.José A. Alonso, L.C. Estos cinco jóvenes estudiaban carrera civil en la Universidad Anahuac. Ahí hacían su apostolado del Movimiento, participando en reuniones de grupo con otros jóvenes universitarios. De regreso a casa por las tardes, aprovechaban para tener clases de formación espiritual en diversas materias. Esta primera experiencia de vida consagrada en el Movimiento fue de corta duración. Seis meses después el grupo se disolvió, quedando sólo un miembro, el actualmente P. José A.Méndez Moore, en espera de que más tarde se reanudase el Tercer Grado.

En el cursillo de Cubas de la Sagra (Toledo, España), al finalizar el mismo en enero de 1972, 2 jóvenes universitarios hicieron sus promesas, y poco después se añadió un tercero.

Centro de Formación 3GM

En octubre de 1974 se abrió en Madrid, España el primer centro de formación del 3GM,, en un apartamento del séptimo piso de la calle Conde de la Cimera, en las inmediaciones de la Ciudad Universitaria. El primer director fue el P. Carlos Zancajo LC. Estaba integrado por 13 jóvenes universitarios: Fernando Fernández Mazarambroz, Eduardo Segura Bueno, Javier Medina, José María Ramírez Sobrino, Ricardo Sada, Fernando Ibáñez, Aurelio Sevillano, Juan Francisco González Vidal, Carlos Villalba, Eduardo Estévez, Virgilio Velasco, Juan José

Bienzobas, Pablo Bosch. Con el andar del tiempo siete de estos jóvenes serían ordenados sacerdotes dentro de la Legión de Cristo.

Estos jóvenes se dedicaban a estudiar por las mañana una carrera civil en la Complutense de Madrid, y por las tardes a estudiar y a recibir la formación espiritual. Los apostolados se llevaban a cabo en los clubs de la sección de jóvenes del RC, del Ecyd, y en el contacto con estudiantes en la universidad. El trabajo apostólico se hacía en colaboración con los legionarios, quienes se encargaban de la parte espiritual y formativa de los jóvenes.

En México, en abril 1975, se consagraron 8 jóvenes universitarios, entre ellos los PP. Alvaro Corcuera, Eduardo Robles-Gil, Florencio Sánchez, y Oscar Sánchez. Se formó con este grupo el primer centro del 3GM en México. El Centro estuvo ubicado al principio en la calle Bosque del Rayo, y, tras varios traslados, se estableció unos años después definitivamente en un nuevo edificio construido en Lomas Anáhuac, en la calle de Medicina.

En Dublín, Irlanda, en 1977 se llevaron a cabo las primeras consagraciones al Tercer Grado de jóvenes Irlandeses. A final de ese año el equipo sumaba cinco jóvenes consagrados. El 3 de enero de 1978, aniversario de la fundación de la Legión, se instalaron en una casa grande de estilo victoriano de nombre "Clonlost", en el sur de Dublín. Los primeros integrantes del equipo eran los jóvenes irlandeses Dermot Tennyson, Matthew Devoy, Declan Creighton, Peter Byrne, Lian Doyle y el español José Eduardo Villalba. Tenían como capellanes a los PP. Guillermo Izquierdo, Antonio Izquierdo, y al Hno. Anthony Bailleres como Asistente.

Al establecimiento de los primeros equipos de consagradas y consagrados del Tercer Grado del Movimiento siguió enseguida la apertura de los centros de apostolado y de las primeras obras apostólicas.

Los apostolados del Tercer Grado Masculino.

Los miembros del Tercer Grado Masculino han venido ejerciendo sus apostolados, ya sea en las secciones del Reino y del ECYD, o insertos en responsabilidades directivas o administrativas de obras adjuntas a la Legión. Su actuación en los colegios ha sido también de gran valor y profesionalidad en los diversos oficios que han desempeñado. Con el pasar del tiempo y su afianzamiento institucional han estado en condiciones de asumir responsabilidades cada vez de mayor envergadura. El Tercer Grado Masculino cuenta con un creciente número de miembros cualificados civilmente que realizan apostolados al frente de centros universitarios, colegios, obras sociales, instituciones culturales, etc. Su labor en las universidades del Movimiento, escuelas, y otras instituciones apostólicas se va multiplicando y adquiriendo mayor presencia. A lo largo de su historia, desde su fundación, el número de estos consagrados ha oscilado, debido a que un buen número de ellos se ofrecieron a venir en ayuda de los apostolados emergentes de la rama sacerdotal, y se integraron en la Legión.

Los miembros del Tercer Grado Masculino, además de los estudios de filosofía y teología correspondientes a su formación como consagrados, cursan una carrera civil de su elección. Esta capacitación civil forma parte de su identidad como apóstoles del *Regnum Christi*, el cual pide que sus miembros estén capacitados profesionalmente para actuar apostólicamente como verdaderos seglares en medio del mundo, y allí donde los intereses del Reino de Cristo los necesite. No hay duda que este servicio al Reino de Cristo se va ir multiplicando en los años futuros como resultado de una mayor autonomía y madurez institucional del Tercer Grado Masculino.

Ha sido frecuente en el pasado la pregunta de los consagrados varones: ¿Y nosotros qué es lo que estamos llamados a hacer a diferencia de los legionarios? ¿Qué nos toca? La mejor respuesta que yo he encontrado es muy sencilla. Los consagrados de ambas ramas pueden y deben hacer todo lo que hace el legionario, salvo decir Misa y confesar. Y el campo será de quien mejor trabaje la parcela que le ha tocado cultivar, ya sea legionario o consagrado. Creo que la historia es ya testigo de esta realidad. A esto conduce la naturaleza del Movimiento, según la cual con el paso del tiempo y la implementación de nuestro carisma institucional y apostólico, los verdaderos protagonistas de su empuje y avance serán cada día más los seglares, y entre ellos en gran medida los seglares consagrados. El sacerdote está pensado para trabajar más desde la barrera, o desde su puesto de mentor y de guía espiritual. No había duda en la mente del Fundador de que en el futuro se llegaría a una inversión de términos con respecto a cómo han sido las cosas al principio. En un futuro la Legión y el legionario serían identificados por su condición de miembros del *Regnum Christi*. Si todavía no ha llegado ese momento, sin duda se ha debido a que hay que darle más tiempo al tiempo, y también a un cierto complejo afectivo que desde tiempos atrás sigue ligando a muchas familias y personas a la Legión de Cristo.

La realidad actual del Tercer Grado masculino es el de una asociación privada de fieles conforme al Derecho Canónico, lo cual hace que asuma directamente las responsabilidades de su gobierno, de su crecimiento interno, y de su gestión apostólica dentro del Movimiento. Su capacidad y calidad de trabajo, y su atención a la captación de miembros líderes en activo serán siempre una contribución decisiva al buen éxito del Movimiento.

Capítulo 22

La fundación del Tercer Grado Femenino. *(Sigo usando aquí la denominación original por las razones ya aludidas anteriormente)*

Por lo que se refiere a la historia de los comienzos del Tercer Grado de las señoritas Consagradas del Movimiento copio aquí lo que me contaba hace algunos años una de las que integraron el primer equipo de consagradas.

Me contaba ella que "era el 15 de agosto de 1969, Fiesta de la Asunción de la Virgen, y se encontraban juntas en el Centro Cultural Interamericano, Tlapan, México, D.F. las siguientes señoritas: Graciela Magaña Luna (de Tlazazalca, Mich. maestra, catequista, corte y confección). Guadalupe Magaña Luna, hermana de Graciela (Contador privado, catequista, corte y confección) Paulette Kneeland Sánchez (México, D.F., Psicología, repostería y cocina francesa). Teresa Peláez (Hispano-mexicana, Educación superior en USA). Guadalupe Portillo Pérez (León, Gto., maestra) y una tal María que llegó cuando estábamos en Retiro y se fue antes de romper el silencio. Margarita Estrada Barba llegaría el 1 de septiembre (Tepa, Jalisco, Secundaria). Todas éramos señoritas jóvenes, entre 19 y 23 años.

"El primer encuentro con el Fundador fue el 10 de octubre de 1969, en FAME, Lomas Virreyes, México D.F. Nos hablaba de la situación política y social en México y de la situación de la Iglesia, en plena crisis pos Vaticano II. En México la situación política era cada vez más problemática, con peligro de una guerra civil. La solución, nos decía él, no es la vía de las armas, sino el apostolado seglar. Ustedes podrán penetrar en ambientes donde no le será permitido entrar al sacerdote y a la religiosa. Para ello deben llegar a ser mujeres de Dios y mujeres formadoras de mujeres, maestras de la fe. Tienen que interesarse por adquirir un cuerpo sólido de doctrina, sobre todo de la doctrina social de la Iglesia. Hizo a cada una entrega de una copia de los documentos del Concilio Vaticano II. Nos organizamos para tener a diario estudios personales, exposiciones y puestas en común de cada uno de los documentos. Nos insistía el Fundador que era necesario caminar siempre al paso de la Iglesia, ni adelante ni atrás. En esa reunión nos resolvió dudas que teníamos, y nos respondió a preguntas que le hicimos, muy genéricas la mayoría, sobre nuestra nueva vida, pues no teníamos mucha idea de aquella aventura. Se determinaron algunos aspectos prácticos sobre lo que se podía o no se podía hacer, y sobre el vestido, pues hasta entonces cada quien vestía a su aire. La moda que se llevaba era la minifalda.

La casa en que vivíamos todo ese tiempo hasta que nos fuimos a Dublín, Irlanda, pertenecía a la Sra. María Luisa Blanco Vigil. Se encontraba en la calle Avila Camacho 61, en Lomas, junto al anillo periférico. Era una construcción de estilo inglés. Una planta baja con las dependencias comunes, un piso superior con dormitorios espaciosos, un ático grande con una pianola donde tocábamos la Traviata y otras músicas clásicas. Fuera había un amplio y bien cuidado jardín.

La Santa Misa, el ofrecimiento de obras y la meditación lo teníamos a la 7.00 a.m. en la sede de "Fame" (Familia Mexicana), en la calle Ahumada Villagrán, a cinco minutos de distancia. El P. Gregorio López era nuestro capellán. Allí mismo, teníamos las clases, según un programa de estudios semanal. Las materias eran Cristología, Evangelios, Eclesiología, Documentos del Vaticano II. Espiritualidad y metodología del Movimiento. El conferencista era el mismo P. Gregorio López. Sus clases nos resultaban sumamente amenas, interesantes y novedosas para nosotras que conocíamos muy poco de esos temas.

Una vez a la semana venía Polito, el chofer, para llevarnos al apostolado. Visitábamos familias de una zona marginada, y dábamos catequesis a los niños y les repartíamos ropa. La zona se llamaba "El Molinito", donde ahora hay un colegio de Mano Amiga.

En una ocasión fuimos a las pirámides de Teotihuacán. En otra fuimos a ver un partido de futbol al estadio Azteca. En cuanto a la organización interna del grupo, en la casa todas éramos iguales; no había cargos, ni responsabilidades, pues no había en un principio quien tuviera mejor idea de cómo se dirigía aquel tipo de vida en común. Por ello, todo tenía que resolverlo el P.Gregorio. Además no había surgido el problema de formar una economía. La Sra. Blanco Vigil nos proveía de alimentos, y con ayudas y donativos de aquí y allá nos podíamos valer. El P.Gregorio comprendía nuestra situación, y nos consentía ciertos caprichitos, como el de comprar gelatinas y algunas otras golosinas. Sólo Dios sabe cómo pudo ir cuajando aquel comienzo de vida consagrada del Movimiento. Fue como si nuestras pasiones individuales hubieran sido anestesiadas de momento y viviéramos una situación de gracia original, que se manifestaba en la amistad, la alegría, la solidaridad, con la certeza de que Cristo nos tenía allí y nos llamaba a cosas más grandes por las que valía la pena vivir y renunciar.

Las primeras consagraciones.

Finalmente, en el CCI de Tlalpan, D.F. el 8 de diciembre, Solemnidad de la Inmaculada, a las 6.00 de la tarde tuvo lugar la Celebración Eucarística dentro de la cual emitimos nuestras promesas de pobreza, castidad y obediencia. Todo fue a puerta cerrada. Tenía que ser así, pues el acto era algo insólito, y aparentemente, extraño. No hubo tiempo para explicar nada a nadie, ni a nuestros familiares de momento. Por otra parte urgía dar el paso, pues los diferentes apostolados del Regnum Christi avanzaban rápidamente, y se necesitaban apóstoles a tiempo completo para ponerse al frente de esos avances.

El rito de consagración fue un poco diferente de cómo lo conocemos hoy. La esencia, la misma. No conocíamos en esa época las promesas privadas. Éramos 6 aquel día las que nos consagramos, las mismas que ya estábamos desde el principio".

… Febrero 25, 1970: el paso a Dublín, Irlanda.

Después de casi tres meses de espera desde que nos consagramos, y seis de que nos habíamos reunido en México, se nos hizo el sueño de viajar a Dublín Irlanda, al otro lado del Atlántico, donde quedaría establecida nuestra primera casa de formación.

Nos habían precedido ahí algunos años antes, 1959, los Legionarios de Cristo que tenían en un edificio recién construido, al pie de las montañas, un floreciente centro de noviciado. El arzobispo de Dublín, Mons, Charles McQuaid, religioso del Espíritu Santo, veía con buenos ojos a la Legión; lo mismo que el nuncio apostólico de su Santidad, Mons Antonio Riberi, que anteriormente había sido el último nuncio en China. Estas buenas relaciones ayudaron para que el Centro de formación de señoritas consagradas se instalara en Dublín con todos los permisos eclesiásticos.

Sabíamos que Irlanda era un país con una historia de catolicismo muy heroico, vecino de Inglaterra, y donde la gente hablaba el inglés y el irlandés. Encontramos la casa perfectamente aseada, ordenada, amueblada. Dormitorios, capilla, comedor, recibidor, biblioteca y salón de clase, un hermoso jardín con 36 rosales, y una cancha de tenis... El P. Cristóforo Fernández, Rector del Noviciado de los Legionarios en Dublín, había provisto para que la casa estuviera lista y acogedora. La casa llevaba el nombre original y poético de un árbol, "Voewood", así llamado por sus hermosas flores azules, que con la brisa caen y se disuelven en el aire como si fueran lágrimas. La casa fue rebautizada con el nombre de "Residencia Universitaria de la Santa Cruz". Estaba ubicada en el sur de la ciudad, en una zona residencial junto al estadio hípico, en la calle "Hainault Road", Foxrock, y a 5 minutos del Noviciado de la Legión. Allí dimos comienzo a nuestra nueva vida en Dublín las 6 que habíamos viajado de México.

Para sorpresa nuestra, al día siguiente, 26 de febrero, vinieron a visitarnos Patricia Bannon y Pauline Lawler, dos chicas irlandesas de Dublín, interesadas en nuestra vocación. Las dos tenían hermanos en la Legión. Y pocos días después se vinieron a vivir al Centro. En el verano de ese mismo año de 1970 llegó también Elisabeth Cosgrave, de Dublín, cuyo hermano, Raymund, era también legionario. Algunos meses más tarde llegó la Srta. Catherine Murphy, quien poco después regresó a su casa.

El encuentro de una directora para el primer equipo de consagradas fue una historia singular. No había entre nosotras quien pudiera ser la directora, el alma espiritual y la figura representativa, porque para todas la vida consagrada era algo desconocido, y eramos muy jóvenes. El Fundador buscaba en España una mujer consagrada o seglar que tuviera experiencia y dotes humanas y espirituales para dirigir a aquel pequeño grupo de Dublín. La Providencia vino en ayuda de la manera más inesperada.

Se encontraba el Fundador en Santa Cruz de Tenerife, en las Islas Canarias, visitando a un amigo sacerdote mejicano, Mons. Flórez. Durante la comida el Fundador le expuso la necesidad que tenía de una directora para el nuevo grupo. Mons. Flórez le dijo: "creo que tengo la persona que Ud. busca, si ella quiere. Déjeme hacerle una llamada telefónica a ver si puede venir para que Ud. la conozca y le hable". Unos momentos después se presentó una señorita de 42 años, Lolita Medina, que vivía cuidando a un hermano suyo que estaba enfermo. Sus padres ya habían fallecido. Lolita estaba consagrada en una asociación religiosa local. Monseñor Flórez le presentó al Fundador, le dijo lo que él andaba buscando, y si ella creía que podía ser la persona que el Padre necesitaba. La repuesta de Lolita fue: "Monseñor, Ud. es mi director espiritual, y Ud. me conoce; si cree que yo puedo realizar esa misión, y es voluntad de Dios, aquí estoy".

Llegó Lolita a Dublín hacia el 17 de febrero, una semana antes del grupo. También ya estaba en Dublín la Srta. Ma.Teresa Peláez. Las dos juntas se encargaron de recibir a las que llegaron de México. De esta manera fue posible abrir el Centro contando con una directora, que bien pronto se dejó querer, respetar y obedecer por todas. Era como nuestra mejor amiga, y ella, como una hermana mayor en el medio. Lolita Medina estuvo como directora 3 años, hasta final de 1972, en que la Srta. Mari Carmen Perochena, después de un año de formación, fue nombrada directora. Lolita regresó a Tenerife y allí siguió su vida de consagración en la institución a la que pertenecía. La relación con ella sigue hasta el momento.

El período de formación estaba programado para dos años. El Fundador creía que era suficiente, y por otro lado era urgente nuestrea presencia en el apostolado. Dos años después se vio que era necesario dar más tiempo a la formación para lograr una mayor maduración humana, intelectual y, sobre todo, espiritual. El período de formación se alargó a 4 años.

En el tema de la formación de las señoritas consagradas el Fundador consideraba necesario que se estudiaran a fondo la espiritualidad, la filosofía, la teología, la Sagrada Escritura, y la Pedagogía. Mientras fuera posible la formación en estas materias la deberían recibir de profesores legionarios con el fin de lograr cierta harmonía y uniformidad de método académico y de contenido. El estudio de una carrera civil era posible, pero no necesario para todos los miembros. En Dublín algunas señoritas irlandesas de las primeras generaciones aprovecharon que se encontraba en la misma calle una escuela para maestros y asistían a clases para obtener el título de maestras. El Fundador, sin embargo, insistía en que se cuidara mucho la fidelidad a la propia vacación, pues tenía presente lo que había sucedido a las Congregaciones religiosas de monjas en países como Estados Unidos que muchas de ellas, habiendo obtenido un título académico, abandonaron el convento para seguir una carrera civil.

…. el Cursillo de Cubas de la Sagra (Toledo). Navidad de 1971.

En la Navidad de 1971 todas las consagradas de Dublín, más las del Centro de apostolado de España y las candidatas que vinieron de México, en total alrededor de 25 señoritas, se reunieron en Madrid para tener un cursillo sobre el Manual del Movimiento *Regnum Christi*. Este se tuvo en una casa de retiros en el pueblo de Cubas de la Sagra, en la provincia de Toledo. Se inició el día 8 de diciembre, tercer aniversario, de la fundación del Tercer Grado, y se concluyó el 25 de enero, fiesta de la Conversión de San Pablo, patrono del Tercer Grado.

El P. Gregorio López fungió como capellán del grupo. El P.José Antonio Alonso daba las conferencias. Y el Hno. Héctor Gómez, era auxiliar para las dinámicas de grupo del cursillo. El día 25 de enero, durante la Misa se llevó a cabo la consagración de algunas candidatas, entre ellas, María Laura Moreno, Griselda Suárez, Teresa Vaca y Mari Flórez.

Finalizado el cursillo, la mayoría regresó a Dublín, y el equipo de Madrid, instalado desde hacía seis meses ahí, en un piso rentado del barrio de Arguelles, siguió su trabajo de Reino. En el mes de febrero, por la fiesta de San Patricio, llegó el Fundador a Dublín para hacer una visita, y trajo con él al nuevo capellán y profesor, al P. José A. Alonso, quien junto con el P. Guillermo Izquierdo, instructor del Noviciado, se encargarían de la asistencia espiritual y formación intelectual de las consagradas. Hacia el año 1978, debido al crecimiento de las alumnas, llegó también como profesor el P. Antonio Izquierdo, quien fungiría al mismo tiempo como superior y director espiritual del primer equipo de chicos irlandeses de Tercer Grado.

En la Vigilia de Pascua de ese mismo año hicieron su consagración las señoritas Maricarmen Perochena y Elisabeth Cosgrave. Maricarmen había llegado al Centro en el mes de febrero con el fin de hacer un último discernimiento vocacional. Aprovechó la ocasión de que su familia se iba a hacer un crucero por un mes y optó por venir a Dublín. La acompañó en esa noche de la Vigilia de Pascua la señorita Cosgrave, estudiante de maestra, y las dos juntas emitieron sus promesas.

El grupo en formación a su regreso del cursillo de España era pequeño de número. Todas cabían alrededor de una mesa grande a la hora de las clases. Pero la casa ya resultaba estrecha. Ese mismo verano de 1972 la Divina Providencia nos presentó la ocasión de adquirir la propiedad de "Dal Riada", una antigua mansión victoriana convertida en convento, en Avoca Avenue, Blacrock, Co.Dublin. Nos la vendieron las religiosas de "Las Esclavas del Sagrado Corazón" por la suma de 25.000 libras irlandesas, que fue el primer beneficio económico obtenido de la recién fundada academia "Dublin Oak Language". La

Hermana María, superiora de la comunidad de las Esclavas, y española de Sevilla, experimentó una gran alegría cuando supo que se instalaría en la casa una comunidad de consagradas que tendrían, como ellas, el Santísimo diariamente expuesto. Este particular fue un factor que contribuyó a inclinar la balanza de nuestro lado frente a otros compradores.

En otros países, grupos nuevos de señoritas consagradas se fueron sumando cada año. De manera que al finalizar esa década de los años setenta el número de consagradas del Tercer Grado sumaba alrededor de 100 señoritas de México, España, Irlanda y Chile. El Centro de formación de Dublín contaba al finalizar esa década con un grupo de 40 señoritas aproximadamente.

Capítulo 23

Crecimiento del Tercer Grado Femenino.

1. Los Centros de Formación.

El primer Centro de Formación se abrió en Dublín, Irlanda el 25 de febrero de 1970, con el nombre de "Residencia Universitaria de la Santa Cruz". De cómo se llevó a cabo este primer Centro ya quedó dicho en el capítulo anterior.

En el año de 1982, después de estar 12 años en Irlanda, el Fundador con el deseo de tener cerca del Papa a las consagradas, trasladó a Roma el Centro de Dublín, a Via della Giustiniana, en la zona norte de la Cassia, a la que había sido sede de la Casa Generalicia de las monjas de "Notre Dame de Namur". Una propiedad espléndida, con árboles, praderas y jardines. A los pocos meses de abrir sus puertas el Centro de Formación en su nueva sede, y con el fin de obtener fondos económicos para su sostenimiento, se decidió, emplear parte del edificio que quedaba sin usar para abrir una pensión para peregrinos venidos a Roma con ocasión del Año Santo de la Redención de 1983. Esta actividad fue una ventana de aire fresco para las señoritas y una fuente de alegría y de sentirse útiles a la Iglesia.

El grupo de consagradas sumaba inicialmente alrededor de 40, y en los diez años sucesivos creció hasta tener entre setenta y ochenta señoritas en formación. Esta constaba de cuatro años y cubría las materias de espiritualidad, humanidades, filosofía, teología y pedagogía. El cuerpo de profesores estaba integrado por legionarios de Cristo del Centro de Estudios Superiores de Roma. El grupo de consagradas de Via della Giustiniana se vio enseguida inmerso en una nueva vida, la de estar en Roma, cerca del Vaticano y del Santo Padre y empapándose del "espíritu de romanidad" que se respira en la Ciudad Eterna. No sólo se abrían nuevos horizontes y posibilidades a la formación intelectual, sino a una nueva percepción de la Iglesia, de su catolicidad y de su irradiación en el mundo.

En 1990 con el fin de dejar espacio para la expansión del Colegio Irish Institute, y acomodar a la dirección General del Tercer Grado en la Giustiniana, se decidió buscar en los alrededores de Roma una nueva sede para el Centro de Formación. Así fue como, gracias a los servicios del Obispo de la zona Mons. Diego Bona, se supo de un hotel que estaba en venta. En ese momento servía de sede a la delegación china ante la FAO. Se llevó a cabo la compra y se comenzaron las tareas de reparación y adaptación. Sin embargo, el nuevo establecimiento no se destinaría a la formación de señoritas del Tercer Grado, pues en ese mismo tiempo se maduró la idea de abrir en Roma un Centro para Sacerdotes venidos de fuera a completar sus estudios. Y así fue como en breve tiempo el nuevo Centro sacerdotal Juan Pablo II comenzó su existencia en Castel di Guido, en una zona de la campiña romana.

Aunque finalmente el Centro de Formación no se instaló en Castel di Guido, sin embargo la decisión de ubicarlo en otra sede había sido tomada, y seis años más tarde se trasladaría a Monterrey, México.

En el año de 1991 el Fundador decidió abrir en los Estados Unidos de América un segundo Centro de Formación para señoritas consagradas. Se llevó a cabo en la diócesis de Providence, en el estado de Rhode Island, en la región noreste, conocida como Nueva Inglaterra. El edificio era una antigua residencia tipo Chateau francés adquirida por las religiosas pasionistas para centro de noviciado y casa de apostolado. Tenía capilla y salón de conferencias, cocina y comedor, dormitorios y salones de clase. Afuera un bosque de pinos y cipreses. Desde la casa era posible ver el mar en la lejanía.

El día 10 de Julio de 1991 tuvo lugar la apertura oficial del Centro con una misa presidida por el Sr. Obispo de la Diócesis de Providence, Louis Gelineau, y la asistencia de unas doscientas personas, entre ellas el anterior gobernador, Joseph Garrahy y señora, y la señora Gabriel D. Mee. Por el lado legionario se encontraban el P. Anthony Bannon, Director Territorial, el P. Peter Hopkins, Administrador Territorial, y el P. José Antonio Alonso, Asesor Espiritual del nuevo centro.

El equipo del centro lo formaban Maricarmen Perochena, Directora; Gabriela Garza, Gerente; cuatro señoritas consagradas venidas del Centro de Formación de Roma para integrar el nuevo grupo, y cinco candidatas americanas. Estaban presentes también cinco pre-candidatas americanas. El grupo en total sumaba 16 personas.

Después de catorce años de estar en Roma, en Septiembre-octubre de 1996 se llevó a cabo la traslación del Centro de Formación de "Via della Giustiniana" a Monterrey (México), instalándose temporalmente en una casa de retiros del Movimiento, mientras se construía el nuevo Centro de Formación. Este fue inaugurado en la Festividad de Cristo Rey del año 1999. En los años 80 y 90 se fundaron, además, los Centros estudiantiles para Pre-Candidatas en México, España, Estados Unidos y Brasil.

2. Los Centros de apostolado.

Centros de apostolado "Domus Mariae".

Los centros donde residen las señoritas consagradas del *Regnum Christi* tienen el nombre común de "Domus Mariae". Unos son Centros de Apostolado, donde viven los equipos dedicados al trabajo apostólico. Otras son Centros de formación. Frecuentemente el centro donde vive un equipo de apostolado o el centro de formación pueden servir como sede de alguna actividad apostólica.

El primero de estos centros de apostolado de consagradas se abrió en Madrid en octubre de 1971. Estaba integrado por tres señoritas que habían sido enviadas desde el Centro de formación de Dublín, Irlanda. Vivían en un apartamento en la calle de Argüelles, y allí comenzaron a trabajar con niñas del ECYD y de Reino, ayudadas por los Legionarios, que trabajaban de capellanes y animadores espirituales en varios colegios de Madrid, y que ya habían desarrollado para ese tiempo una buena red de contactos. El apostolado se extendió enseguida a la ciudad de Toledo, próxima a Madrid. Pronto se formaron unas secciones de Movimiento muy dinámicas y entusiastas. La casa de retiros de Reajo del Roble en la sierra de Navacerrada, en una zona de bosques de pino, fue un apoyo importante en el trabajo con la juventud. Eran tiempos en que los jóvenes estaban espiritualmente muy inquietos, buscando respuestas a sus vidas, huyendo del sinsentido de la vida que predicaba el existencialismo nihilista. Pronto comenzaron a surgir vocaciones a la vida consagrada, y formadores seglares jóvenes que empujaban fuerte la tarea del Movimiento.

Dublín, Irlanda. A partir de 1972 se abrieron tres clubs de niñas para el ECYD en el sur de la ciudad, y se juntaron los primeros equipos de Reino de chicas irlandesas y de señoras. De esos equipos de señoritas salieron las primeras vocaciones irlandesas a la vida consagrada. Fue muy positiva desde un principio la amalgama de chicas mexicanas e irlandesas. El primer atractivo que encontraban las niñas y chicas que visitaban el Centro era, sin lugar a duda, las mismas señoritas consagradas. El mismo fenómeno se daba con el Club Rocklands de niños, el atractivo mayor eran los "brothers". Las actividades del club se pensaban muy bien y se programaban con detalle. Al término de cada sesión de club se analizaba en grupo cómo se había llevado a cabo la actividad. Se procuraba combinar en una fórmula atractiva e interactiva los elementos humanos y formativos. Pronto fueron surgiendo los clubs de niñas. El Primero se llamaba Club "Tepeyac", que tenía lugar en el mismo centro de formación. El segundo club tenía por nombre "Ad Altiora", y desarrollaba sus actividades en la parroquia de la zona. El tercero era el Club de "Maple Lodge", una casa propiedad del Movimiento en la zona de Killiney Hill. Estos clubs del Movimiento ofrecieron a las señoritas consagradas una formación en el apostolado del Movimiento muy valiosa y que sería uno de los factores del florecimiento del Regnum Christi en todos los lugares en donde les tocó trabajar más tarde. Habían aprendido el espíritu y el método de hacer apostolado del Movimeinto. Era lo que se buscaba, dar una formación que fuera al mismo tiempo hacia dentro y hacia afuera, de crecimiento espiritual y de desenvolvimiento práctico, de contacto con Dios en la oración y de interacción con el mundo de las almas. Y así continuó el ambiente religioso de las familias durante esos años.

Después de estos años en Irlanda el Fundador quería trasladar a Roma el Centro de formación. Se le logró convencer de que, por el momento dejara seguir el Centro en Irlanda por el buen ambiente espiritual, las condiciones del apostolado y la cosecha de vocaciones.

México D.F., diciembre de 1974 se formó el primer centro de apostolado de consagradas para el trabajo del ECYD y R.C. Todavía no había colegio de niñas.

Saltillo, agosto de 1976. Se establece ahí un equipo de consagradas que junto con el trabajo en el colegio, inician el Movimiento de niñas y señoras. En diciembre de ese año tiene lugar el primer cursillo de Niñas del Ecyd y de Señoras del Reino en la casa "El Ranchito" de la familia López, dirigido por consagradas.

En Guadalajara, México se abre en mayo de 1980 el Centro de Apostolado. Aunque muchas personas se interesan en tener un centro educativo dirigido por los legionarios y las señoritas consagradas, la curia del arzobispado no cree conveniente acceder por el momento a dar los permisos eclesiásticos.

Roma, 1983. Con el traslado a Roma en febrero de 1982 del Centro de Formación de Dublín, Irlanda, se constituye un equipo de apostolado en Via Della Giustiniana, que se encargará del colegio Irish Institute, y de dirigir la pensión-hospedaje de peregrinos.

En Santiago de Chile el primer equipo de consagradas se instaló en febrero del año 1986.

3. Los Colegios abiertos en las décadas de los 70 y 80.

Colegio Lady Moro. Barcelona, mayo de 1972. Se dio la oportunidad de poder adquirir la Legión este colegio privado. Fue un paso importante, pues representaba la primera incursión del Tercer Grado en la educación. Sin embargo, pronto se descubrieron problemas de orden financiero que no habían sido detectados a la hora de hacer las negociaciones de compra, y no hubo más remedio que deshacerse del mismo.

Colegio Cecvac, Monterrey. En agosto de 1973 se inició el colegio Cecvac (Centro de Educación y Cultura del Valle, Asociación Civil) que cumple actualmente ya 41 años de labor educativa. Fue prácticamente hablando la primera institución educativa del Tercer Grado Femenino. Tuvo como primera directora a la Srta. Graciela Magaña, que tenía título de maestra.

Colegio del Bosque, México, D.F. 1975. Fue una de las primeras obras de apostolado de un grupo de la sección de señoras del Movimiento. El apoyo y el consejo del P. Alfonso Samaniego L.C., que había sido antes por muchos años director del Colegio Cumbres de México, D.F. fue determinante para llevar a buen término aquella obra educativa. La dirección del Colegio fue encomendada a una señora del Movimiento. Después de algunos años de estar funcionando el colegio con éxito, se vio la necesidad de ponerlo en manos de las señoritas consagradas para asegurar la continuidad en el tiempo.

Instituto Alpes, de Saltillo, Coha., 1976. La realización de los dos colegios que el Movimiento tiene en Saltillo, Cohauila se debió a la generosidad y al interés en la educación que tuvieron algunas familias de esa ciudad, entre ellas, la familia López. Conocedores de los buenos servicios que estaban prestando los dos colegios que tenía el Movimiento en la ciudad vecina de Monterrey, querían para sus hijos una educación semejante, sobre todo humana y moral.

A partir de la mitad de los años setenta se vio la conveniencia de tener colegios contiguos, uno al lado del otro, con el fin de facilitar a los papás la ubicación cercana de las escuelas frecuentadas por sus hijos. La idea no era introducir la educación mixta. Sino la practicidad de cara a los padres de familia. La idea de la coeducación en los niveles de escuela secundaria y preparatoria no figuraba en los planes del Movimiento por razones sobre todo académicas. Los estudios de expertos que aparecían en revistas especializadas de los Estados Unidos y otros países atribuían a dicho sistema de coeducación serios inconvenientes y fallos, que afectaban principalmente a las adolescentes.

Colegio Rosedal, México D.F., 1976. Este colegio surgió al lado del colegio Cumbres, que ya gozaba de una larga historia y buen nombre.

Colegio Godwin, México D.F., 1976. Aquí se repitió el mismo modelo de dos colegios vecinos entre sí, uno para varones y otros para niñas. Gabriela Pérez Amieva, que había trabajado muchos años en nuestros colegios fue la primera directora.

Colegio Oxford, México D.F., 1979. Este colegio y la *Academia Madox* vinieron a formar parte de la familia de colegios del Movimiento de manera providencial. Los dos tenían necesidad de encontrar quien los continuase. Quienes los dirigían, unas señoras educadoras ya mayores, y que eran las dueñas también de los mismos, juzgaron que por su edad avanzada ya no podían seguir al frente de aquellas obras. Por esa razón en 1979 se le ofreció al Movimiento la oportunidad de adquirir el Colegio Oxford. Gracias a una buena operación financiera y a un estudio de la situación económica del colegio y de su alumnado, fue posible adquirir esa obra educativa. La primera directora del Oxford fue la Señorita Chilena Juani Lozano, Que ya venía de dirigir el colegio Rosedal, de Lomas, D.F. Algunos años más tarde, dada la buena experiencia habida con el colegio Oxford, la Legión construirá para varones un colegio con el mismo nombre, contiguo al de mujeres.

Academia Madox, México D.F., 1980. Se adquirió de manera muy semejante a la del colegio Oxford. La razón que tenían los dueños, una familia, para venderlo era la edad de los mismos. Con la adquisición de estas dos instituciones educativas que llevaban funcionando muchos años, la población estudiantil en manos del Movimiento creció considerablemente. Entre los dos sumaban alrededor de cinco mil alumnas.

En ese mismo año de 1980 se abrió en la ciudad de Guadalajara, Jalisco, el colegio "Alpes Bugambilias"; al que siguió un año más tarde, 1991, el "Alpes San Javier".

Instituto Irlandés Femenino, Edo. de México, 1982. Al lado del ya veterano Instituto Irlandés de muchachos, se construyó el de mujeres. Tenía las mismas características de educación bilingüe.

Instituto Irlandés Femenino de Roma, Italia (1985) en Via della Giustiniana. Se comienza con la "Scuola Nido" y con la "Elementare". El grupo inicial no suma más de treinta niños y niñas. El interés que suscita la nueva escuela es grande. La característica del colegio es la instrucción bilingüe en italiano e inglés.

Colegio Cumbres Femenino de Santiago de Chile. Su apertura tuvo lugar en febrero de 1986. Fue el primer colegio construido por el Movimiento en Chile. Posteriormente, en la década de los años 90 se crean 8 colegios más, tres de ellos de Mano Amiga para personas de menos recursos, y una Universidad.

En las décadas siguientes los colegios dirigidos por el 3GF seguirán aumentando, y extendiéndose a diversas ciudades y países: Chile, Venezuela, Colombia, Brasil, Estados Unidos, España, Italia. En el espacio de 10 años desde su fundación el Tercer Grado Femenino contaba ya en México, Monterrey y Saltillo con 7 colegios de niñas que sumaban una población estudiantil de más de diez mil alumnas. El Tercer Grado experimentó una gran bonanza en sus obras apostólicas. Tan solo a distancia de 15 años de su fundación tenían en sus manos la educación de miles de alumnas, y el aprecio de familias líderes en México, España, Venezuela, Chile e Italia. Hecho único en la historia de instituciones de vida consagrada en la Iglesia.

NOTA FINAL

Mirando al futuro...

Esta historia del Tercer Grado Femenino y Masculino, y de la Legión ha tenido hombres y mujeres admirables; algunas y algunos muy santos, como los que ya nos han precedido en el Cielo. Vienen a la mente las vidas de Maricarmen Perochena, Mary Flórez, Loli Chambón, Anne O'Beirne, Laura Flórez, Gabrielle D. Mee, y de los Legionarios Carlos Mora, Francisco Yépez, Faustino Pardo, Alvaro Corcuera, Jesús Blázquez, Gregorio López, y otros. Tal vez haya hoy algunos miembros del Tercer Grado y algunos Legionarios, llegados más recientemente a nuestra historia que desconocen la vida y el testimonio de esos hombres y mujeres consagrados a Dios. Fueron grandes apóstoles. Hicieron el bien a manos llenas. Por eso fueron tan queridos y respetados. Pero sobre todo, creyeron en la Legión y en el Movimiento con fe incontaminada y murieron en la fe que profesaron, confiados de haber servido honestamente al llamado que Dios les dio. Tengo por una gracia muy grande el haber acompañado personalmente en su vida consagrada y sobre todo en su muerte a Mary Flórez, a Maricarmen Perochena y a Grabielle D.Mee. Fueron vidas, como túnicas inconsútiles, sin arrugas, grandes. Creyeron en Dios, se fiaron de Él, y se abandonaron a Él hasta el último suspiro, hasta atravesar el umbral de la Gloria. Pensar que están allí y nos acompañan es un consuelo grande y una fuente de ánimo y esperanza en nuestro bregar diario, aguantando el peso y el calor de la jornada.

Con la celebración de las asambleas generales de los miembros consagrados del Tercer Grado y del Capítulo General de la Legión se ha abierto un período de grandes consecuencias en la vida del Movimiento y de la Legión. Se ha llevado a cabo un trabajo importante con la nueva redacción de los documentos legislativos propios de cada rama de la vida consagrada. Nos encontramos llenos de esperanza y entusiasmo de cara al futuro, y dispuestos a reanudar la marcha tras el parón que han supuesto estos últimos años y las convulsiones internas, dolorosas, que han sufrido la Legión y el Movimiento.

Todos necesitamos poner nuestro granito de arena, que no puede ser otro que un gran espíritu de fe, de confianza ilimitada en la acción de Dios, y de una estrecha unión, no en la diferencia y oposición, sino en la verdadera fraternidad y comunión. Para recomponer la unión y la buena marcha de la Legión y del Movimiento necesitamos vivir a nivel del corazón; un corazón más grande que nuestra cabeza, de manera que lo que la cabeza no entienda el corazón sepa abrazarlo. Y por encima de todo están la Legión y el Movimiento. Ojalá que ellos sean capaces de hacer brotar en nuestro espíritu un sentimiento de lealtad por encima del sentir estrecho y egoísta de nuestro yo. No podemos consentir con apartados mentales de estrecho racionalismo que hagan de la Legón y el *Regnum Christi* una túnica rota. Mirando siempre adelante. Duc in altum! que pedía Juan Pablo II. Sin tirar por la ventana el pasado. Más bien según la máxima evangélica: "el buen administrador del tesoro de su corazón saca lo bueno y lo nuevo".

Después del Capítulo General Extraordinario podemos decir que nos encontramos finalmente viviendo un momento de resurgimiento del espíritu, de la vida y de los ideales que nos unen en un mismo cuerpo místico. Se experimenta en las comunidades y en los individuos el deseo profundo de hacer una Legión de hombres santos y apóstoles; fieles seguidores e imitadores de Jesucristo; unidos en la comunión fraterna y en la observancia de nuestra regla de vida religiosa; trabajando en el campo de la Iglesia con el único propósito de llevar a Cristo a las almas por los caminos escogidos del *Regnum Christi*.

Otra cuestión importante en estos tiempos que vivimos en la Legión es si todavía sabemos qué es y cómo trabaja el *Regnum Christi*. Sabemos que existe porque nos encontramos con gente que nos dice que son del *Regnum Christi*. Sabemos que el *Regnum Christi* figura en los registros oficiales del Vaticano y de las curias episcopales. Muchos legionarios tienen años trabajando en las secciones del Movimiento. Muchos seglares adultos crecieron desde niños en el Ecyd y en el Reino. Hay ciudades que tienen grandes concentraciones de miembros del Movimiento y unos apostolados importantes. En otros sitios el número de miembros es más reducido. Unas ciudades sirven como "Hubs", o estaciones de servicio, desde donde se atienden las diásporas que tienen un número menor de miembros. La gente quiere ser del Movimiento porque valora la formación y la atención personal, la dirección espiritual, la disponibilidad para recibir los sacramentos. Les inspira la predicación y el estilo sacerdotal del Legionario. Por eso siempre se encuentra gente que quiere asistir a los cursillos, a los ejercicios espirituales, a las convenciones de juventud y familia, a las campañas misionales.

Otra incógnita sin resolver en estos momentos es como vaya a quedar estructurada la relación Legión y rama consagrada del Movimiento. El Fundador no descartaba la posibilidad de que en un futuro la Santa Sede interviniera para dar otra configuración jurídica a la rama consagrada del Movimiento. Preveía esa posibilidad, y no veía cómo se pudiera evitar que sucediera si la Santa Sede lo requería. Es ahora el momento en que las ramas de consagrados y consagradas, después de sus respectivas asambleas generales, tratan de encontrar su propio estatuto de vida dentro del Movimiento *Regnum Christi*. Los pasos que ya se han dado han ido en el sentido de una vida autónoma. Está por estudiar, tratar y ver qué ligámenes reales, y no sólo nominales, pueden todavía existir. Hasta donde es posible seguir hablando de una comunión real y de sustancia, o más bien de vidas paralelas y separadas. La situación exige que no se de lugar a las indefiniciones o ambigüedades. Se impone una resolución clara, precisa y valiente. Ya que se ha entrado por el camino de la autonomía, una posibilidad es que esa opción se lleve hasta su lógico término, asumiendo lúcidamente cada rama la gestión responsable de su vida, trabajo y gobierno, en las esferas tanto espirituales y apostólicas, como también en lo económico. Sin duda que la Legión estaría dispuesta a prestar su ayuda en esa coyuntura.

A modo de examen práctico

¿Qué tanto conozco el *Regnum Christi*?

1. **Su espiritualidad:**
   - ¿Cuáles son las principales líneas de la espiritualidad del Movimiento?
   - ¿Qué finalidad tienen? ¿Qué aportan?
   - ¿Son tarea de todos los miembros el hacer suyas estas líneas de espiritualidad? ¿Por qué medios?

2. **Sobre el fin o los fines del *Regnum Christi*?**
   - ¿Conoces lo que dicen sobre ello las Constituciones y los Estatutos?
   - ¿Podrías explicárselo a alguien con tus propias palabras?

3. **Naturaleza del *Regnum Christi*: El dinamismo misionero (cfr. Manual del Miembro).** Movimiento, militante de apostolado, activo evangelizador.
   - ¿Qué sentido le da el *Regnum Christi* a estos términos?
   - ¿A que comprometen estos términos?
   - ¿A qué se oponen en la vida del apóstol?

4. **Estructura y organización del Movimiento.**
   - ¿Cuál es la estructura de gobierno del Movimiento?
   - ¿Cómo se organiza la vida de los miembros dentro del Movimiento?
   - ¿Cuál es el proceso a seguir para entrar a formar parte del *Regnum Christi*?
   - ¿Los miembros del *Regnum Christi* se comprometen a vivir y hacer algo, o simplemente pueden estar ahí?

5. **El apostolado del Movimiento:**
   - ¿En qué apostolados trabaja un miembro del *Regnum Christi*?
   - ¿Hay algo específico que caracterice el apostolado del Movimiento? ¿Algo en lo que se trabaja como específico de nuestro carisma apostólico?

6. **¿Podrías nombrar las diversas unidades operativas en el apostolado del Movimiento?** (cfr. Manual del Movimiento, capítulo XII. Manual del miembro, 3ª parte, capítulo 1)

7. **¿Qué tipo de miembro** tiene en mente el *Regnum Christi* cuando dice que este tiene que ser al mismo tiempo "contemplativo y activo"? ¿Quiere esto decir que el Movimiento no tiene en mente a los que sólo rezan o a los que sólo hacen?

8. **El trabajo apostólico del miembro del *Regnum Christi*.**
    - ¿Es cualquier trabajo de ayuda?
    - ¿Existen unos criterios que guían lo qué se hace y cómo se hace?
    - ¿Cuáles criterios, según el Movimiento, hay que tener en cuenta a la hora de trabajar en el apostolado propio? (cfr. Manual del *Regnum Christi,* capítulo IX. Manual del Miembro, 3ª Parte, capítulo 2).
    - El modo de hacer apostolado es un campo libre a la iniciativa de cada quien, o se debe ajustar a unos lineamientos o estrategias comunes?

9. **La vida en el Movimiento.**
    - ¿Sobre qué elementos basilares se apoya la vida del *Regnum Christi*? (cfr. Manual del Movimiento, capítulo X. Manual del Miembro, capítulo III-VII).

10. **Sobre los programas de formación del Movimiento**
    - ¿Conozco las temáticas establecidas y aprobadas?
    - ¿O voy en esto por libre?
    - ¿Conozco la temática y la secuencia del Triduo de Incorporación.

11. **¿Sabrías iniciar y guiar** en la vida y apostolado del *Regnum Christi* a un miembro?